河北省社会科学基金项目

RUJIA BEIXUE
FAZHANSHI

儒家北学发展史

唐 元／著

人民出版社

目　录

绪 论

中国学术博大精深，水土广博多样总括，然而回首文明史，可以看到的不仅有星罗棋布、点点滴滴的璀璨光华，也有体现出不同时代的风貌和展现出不同地域的风格。所以，对中国文明史的研究，不仅可以从大量的个案入手，也可以进行群体、区域、时代的总结与对比。在两千余年前，《中庸》中的一句话，非常适合作为中国学术的两大血脉的总结——"尊德性而道问学，致广大而尽精微"，《中庸》中的两种学术进境，成为后世学术发展出的两条大道的凝练概括。北学之厚朴广大与南学之神韵精微，共同谱写了中国的儒家学术史，亦实为中华两千年来之心灵史。在关学、洛学、晋学、齐鲁之学等重要北方学术流派中，又以大略相当于今天的京、津、冀地区的燕赵之学成为"北学"之专指。燕赵之学中，又以儒家学术为主干和本色。

河北地区一直是中国儒学重镇，在各个历史时期，儒学大师的涌现层出不穷。古时相当于今天的河北地区（包含京、津地区）的行政划分和治所名称，历代不尽相同，但从先秦时期开始，燕、赵地区就被认作是一个共同的心理认同的地域，而成为今天的河北地区的文化性格的渊源。至西汉时期，今天的京津冀地区主要归属于冀州和幽州，这里成了汉代儒学恢复、上升时期的重要根据地。《汉书·地理志》中，对燕、赵两地的风俗特征是分别总结的，对赵地有言："赵、中山地薄人众，犹有沙丘纣淫乱余民。丈夫相聚游戏，悲歌慷慨。"① 对燕地有言："蓟，南通齐、赵，勃、碣之间一都会也。初太子丹宾养勇士，不爱后宫美女，民化以为俗，至今犹然。……其俗愚悍少虑，轻薄无威，亦有所长，敢于急人，燕丹遗风也。"②"悲歌慷慨"和"敢于急人"，成为燕赵民风最典型的特征。如韩愈《送董邵南序》："燕赵古称多感慨悲歌之士。"③ 曾国藩《劝学篇示直隶士子》："前史称燕赵慷慨悲歌，敢于急人之难，盖有豪侠之风。"④ 在悲歌慷慨的豪侠之气的激荡之下，燕赵学术陶铸出积极用世、勇于开拓的魄力和性情，又在这种入世深、尚实效的作风引领下，陶冶成重实学、重济世的学术特质。燕赵儒学之一脉，代表、沿承着朴实敦厚的北学特色，于学术路径上偏重于致广大、道问学的目标和方法，重史识，重文献，重经世致用。体现鲜明的特色，广有杰出的大师，频现丰硕的成果。本书梳理出一条清晰的古来河北地区儒家学术的发展脉络，并钩沉其中薪尽火传的北学学术的鲜明独特的气质与方法。明确各个时期北学发展中的代表学者、学派、著作，串联北学在中国古代各个时期的发展历程；证实北学在中国学术发展中的地位，发现燕赵区域儒家学术的风格和特点，为京、津、冀地区的现实心理认同提供了历史根源，对京津冀区域文化研究作出促进。

作为一个拥有厚重而悠久的文化涵养的民族，在每一时期，社会革新往往自学术革新始，而学术革新又往往自文体革新始。"六经"和孔、孟、荀无疑在先秦时期为儒学树立了永恒的经典，打下了坚实的基础，但是，

---

① 班固：《汉书》，中华书局 1962 年版，第 1655 页。

② 班固：《汉书》，中华书局 1962 年版，第 1657 页。

③ 韩愈撰，马其昶校注，马茂元整理：《韩昌黎文集校注》，上海古籍出版社 1986 年版，第 247 页。

④ 曾国藩：《曾国藩文选》，苏州大学出版社 2001 年版，第 357 页。

如果汉代儒生只是对先秦经典文本和方法的陈陈相因，儒学不可能重获新生，这个道理，在儒学两千余年的发展史上被不断地证实。儒学发展，不仅是继承的历史，更是革新的历史。使得儒家学术成为东方文明中具有最持久生命力和最大影响力的学派的动因，不仅因它拥有杰出的经典文本和创始圣贤，更重要的是在每一个变化了的时代中，它都能够迎来新的变革者，以发展的眼光带领儒家学术稳重、兼容而华丽地转身。从而避免了所有学派发展日久都必然产生的朽烂和滞涩，一次次地将各个时代的新风尚和新方法融入核心层，起死回生，重获新颜。积极的变革性和普遍的适应性，是儒家学派滋养这个文明古国的文化内核的最有效的特性。

钱穆《中国学术通义》中言："中国人爱说通经致用，或说明体达用。中国人看重经学，认为经学的伟大，其理想即在此。即由学问来完成一个人，再由此人来贡献于社会。所贡献的主要事业对象则为政治与教育。此等理想人格之最高境界，便是中国自古相传所谓的圣人。因此，经学在中国，一向看为是一种做人之学，一种成圣之学。"① 儒家北学切实走出一条通经致用、明体达用的历程，将儒与侠、实绩与胸怀、质朴与创新等各具气质又相辅相成的精神与方法融合在一起，学风、士风、民风协调并进，成为典型的文化集成体。儒学对于社会的效用、学术带动国运之动能，皆可在儒家北学演进史中窥见。回望历代儒家北学的发展历程，可鉴古知今。

---

① 钱穆:《中国学术通义》，台湾学生书局1975年版，第6页。

第一章　儒家北学在先秦的奠基

第一节　春秋战国时期燕国学术要略

自武王灭商之后封召公姬奭于"燕"①，这个本义为玄鸟的字就成了华北北部的代名词。"燕"字中包含的"北"字，似乎有了一种地域喻指的机缘。这片在传统的中华文明区域中偏于北方的土地，骨子里带着色调的素朴、寒风的凛冽和边疆的慷慨，兵戈铁马、大开大合、跌宕起伏。自元代之后，成为大一统王朝的长期国都，直至今天，燕京之地依然是伟大祖国的心脏所在。

燕国的初封之宗召公姬奭，是周朝初年彪炳史册的名臣，在文、武、成、康四代成为国家之砥柱。《史记·燕召公世家》载：

> 召公奭与周同姓，姓姬氏。周武王之灭纣，封召公于北燕。

---

① 司马贞《史记索隐》："召者，畿内菜地。始食于召，故曰召公。或说者以为文王受命，取岐周故墟周、召地分爵二公，故《诗》有周、召二南，言皆在岐山之阳，故言南也。后武王封之北燕，在今幽州蓟县故城是也。亦以元子就封，而次子留周室代为召公。至宣王时，召穆公虎其后也。"司马迁：《史记》，中华书局1959年版，第1549页。

其在成王时，召王为三公：自陕以西，召公主之；自陕以东，周公主之。成王既幼，周公摄政，当国践祚，召公疑之，作《君奭》。《君奭》不说周公。周公乃称"汤时有伊尹，假于皇天；在太戊时，则有若伊陟、臣扈，假于上帝，巫咸治王家；在祖乙时，则有若巫贤；在武丁时，则有若甘般：率维兹有陈，保乂有殷。"于是召公乃说。

召公之治西方，甚得兆民和。召公巡行乡邑，有棠树，决狱政事其下，自侯伯至庶人各得其所，无失职者。召公卒，而民人思召公之政，怀棠树不敢伐，哥咏之，作《甘棠》之诗。①

此中提及之《君奭》，为《尚书·周书》中一篇，此"奭"字，即是召公之名。文中所载，乃周公之言语，多有"君奭！"之呼告，可见召公是周公所倾诉之对象。文中纵论商周兴衰与辅政之道，言辞恳切，忠心拳拳，字里行间可感受到周公当时所受到的猜忌压力。尽管据《史记》所载，召公也曾对周公之权势有过疑虑，但是道同者才会相商，召公亦如周公一样，成为周朝初建期的肱股之臣。《诗经·召南·甘棠》也成为流传千古的歌颂召公的诗篇：

　　　　蔽芾甘棠，勿翦勿伐，召伯所茇。
　　　　蔽芾甘棠，勿翦勿败，召伯所憩。
　　　　蔽芾甘棠，勿翦勿拜，召伯所说。②

---

① 司马迁：《史记》，中华书局 1959 年版，第 1549 页。
② 《十三经注疏·毛诗正义》，北京大学出版社 1999 年版，第 78 页。

《毛诗》小序言："《甘棠》，美召伯也。召伯之教，明于南国。"① 此诗背景，司马迁所言是最可靠的参照，乃民众对召伯曾判事的场所的纪念，表达对召伯的怀念。郑玄《笺》云："召伯听男女之讼，不重烦劳百姓，止舍小棠之下而听断焉。国人被其德，说其化，思其人，敬其树。"② 除《甘棠》外，《毛诗》亦于《召南》中之《行露》③，明言此诗乃为召公所作："行露，召伯听讼也。衰乱之俗微，贞信之教兴，强暴之男不能侵陵贞女也。"④ 此两首诗皆有召公听讼判事之意，当时召公所擅长之政治能力，或在其公正与决断。以此反推召公对周公的质疑，则其出于公正严明之立场，召公凛然铿锵的重臣气质，亦跃然纸上。

至西周末年，召穆公姬虎即是著名的"周召共和"中的召公，也是宣王中兴的重要人物。《诗经·大雅·江汉》记载了召穆公姬虎平定淮夷的事迹：

江汉浮浮，武夫滔滔，匪安匪游，淮夷来求。既出我车，既设我旟，匪安匪舒，淮夷来铺。

江汉汤汤，武夫洸洸，经营四方，告成于王。四方既平，王国庶定，时靡有争，王心载宁。

江汉之浒，王命召虎，式辟四方，彻我疆土。匪疚匪棘，王国来极，于疆于理，至于南海。

---

① 《十三经注疏·毛诗正义》，北京大学出版社 1999 年版，第 78 页。

② 《十三经注疏·毛诗正义》，北京大学出版社 1999 年版，第 78 页。

③ 《诗经·召南·行露》："厌浥行露，岂不夙夜？谓行多露。/ 谁谓雀无角？何以穿我屋？谁谓女无家？何以速我狱？虽速我狱，室家不足！/ 谁谓鼠无牙？何以穿我墉？谁谓女无家？何以速我讼？虽速我讼，亦不女从！"《十三经注疏·毛诗正义》，北京大学出版社 1999 年版，第 79 页。

④ 《十三经注疏·毛诗正义》，北京大学出版社 1999 年版，第 79 页。

王命召虎，来旬来宣，文武受命，召公维翰。无曰予小子，召公是似，肇敏戎公，用锡尔祉。

釐尔圭瓒，秬鬯一卣，告于文人，锡山土田。于周受命，自召祖命，虎拜稽首，天子万年。

虎拜稽首，对扬王休，作召公考，天子万寿。明明天子，令闻不已，矢其文德，洽此四国。①

《毛诗》认为这首诗是宣王中兴时的著名大臣尹吉甫所作，其《序》言："《江汉》，尹吉甫美宣王也。能兴衰拨乱，命召公平淮夷。"②《后汉书·东夷列传》载："厉王无道，淮夷入寇，王命虢仲征之，不克，宣王复命召公伐而平之。"③诗中君臣之间的话语、动作和礼节，很有画面感和仪式感，流露出宣王中兴之际的恳切心情，燕国分封之君主也再次成为周朝王廷的栋梁。

至战国时，燕昭王姬职广募贤才，形成"士争趋燕"之景观，燕国国力增长，与五国联合伐齐，一雪齐国破燕前耻。常识中，皆将燕国看为战国七雄中最弱小者，然而燕国在战国那个风云际会、群雄血战的时代里，也称得上不乏英才。在著名的易水送别之前，其实燕国的历史中就开始响起北地的萧萧风骨。《史记·燕召公世家》载：

燕昭王于破燕之后即位，卑身厚币以招贤者。谓郭隗曰："齐因孤之国乱而袭破燕，孤极知燕小力少，不足以报。然诚得贤士以共

---

① 《毛诗正义》，北京大学出版社 1999 年版，第 1240 页。
② 《毛诗正义》，北京大学出版社 1999 年版，第 1240 页。
③ 范晔：《后汉书》，中华书局 1965 年版，第 2808 页。

国，以雪先王之耻，孤之愿也。先生视可者，得身事之。"郭隗曰："王必欲致士，先从隗始。况贤于隗者，岂远千里哉！"于是昭王为隗改筑宫而师事之。乐毅自魏往，邹衍自齐往，剧辛自赵往，士争趋燕。燕王吊死问孤，与百姓同甘苦。

二十八年，燕国殷富，士卒乐轶轻战，于是遂以乐毅为上将军，与秦、楚、三晋合谋以伐齐。齐兵败，湣王出亡于外。燕兵独追北，入至临淄，尽取齐宝，烧其宫室宗庙。齐城之不下者，独唯聊、莒、即墨，其余皆属燕，六岁。①

此处司马迁提及的"昭王为隗改筑宫而师事之"，亦见于《战国策·燕策》，即成为千古佳话的"黄金台"。燕昭王与郭隗，也留下著名的"千金买骨"的故事。《战国策·燕策》载：

燕昭王收破燕后即位，卑身厚币以招贤者，欲将以报仇。故往见郭隗先生曰："齐因孤国之乱而袭破燕。孤极知燕小力少，不足以报。然得贤士与共国，以雪先王之耻，孤之愿也。敢问以国报仇者奈何？"郭隗先生对曰："帝者与师处，王者与友处，霸者与臣处，亡国与役处。诎指而事之，北面而受学，则百己者至。先趋而后息，先问而后嘿，则什己者至。人趋己趋，则若己者至。冯几据杖，眄视指使，则厮役之人至。若恣睢奋击，呴籍叱咄，则徒隶之人至矣。此古服道致之法也。王诚博选国中之贤者而朝其门下，天下闻王朝其贤臣，天下之士必趋于燕矣。"

---

① 司马迁：《史记》，中华书局 1959 年版，第 1558 页。

昭王曰:"寡人将谁朝而可?"郭隗先生曰:"臣闻古之君人有以千金求千里马者,三年不能得。涓人言于君曰:'请求之。'君遣之。三月得千里马,马已死,买其首五百金,反以报君。君大怒曰:'所求者生马,安事死马而捐五百金?'涓人对曰:'死马且买之五百金,况生马乎?天下必以王为能市马,马今至矣。'于是不能期年,千里马至者三。今王诚欲致士,先从隗始;隗且见事,况贤于隗者乎?岂远千里哉?"于是昭王为隗筑宫而师之。乐毅自魏往,邹衍自齐往,剧辛自赵往,士争凑燕。燕王吊死问生,与百姓同甘共苦。二十八年,燕国殷富,士卒乐佚轻战。于是遂以乐毅为上将军,与秦、楚、三晋合谋以伐齐,齐兵败,闵王出走于外。燕兵独追北入至临淄,尽取齐宝,烧其宫室宗庙。齐城之不下者,唯独莒、即墨。①

可见燕昭王之求贤若渴和郭隗的远见卓识。黄金台成为文学史上的重要典故,历代吟咏不绝。孔融《论盛孝章书》以此阐发纳士之理:"昭王筑台以尊郭隗,隗虽小才,而逢大遇,竟能发明主之至心,故乐毅自魏往,剧辛自赵往,邹衍自齐往。向使郭隗倒悬而王不解,临溺而王不拯,则士亦将高翔远引,莫有北首燕路者矣。"②唐代陈子昂的千古名篇《登幽州台歌》:"前不见古人,后不见来者。念天地之悠悠,独怆然而涕下。"③此"幽州台",即是燕昭王时的"黄金台",陈子昂以之为礼贤下士之象征,抒发怀才不遇之悲慨。又如李白《古风》第十四首:"燕昭延

---

① 王守谦、喻芳葵、王凤春、李烨译注:《战国策全译》,贵州人民出版社 1992 年版,第 917 页。

② 俞绍初辑校:《建安七子集》,中华书局 1989 年版,第 21 页。

③ 徐鹏校点:《陈子昂集》,中华书局 1960 年版,第 232 页。

郭隗，遂筑黄金台。剧辛方赵至，邹衍复齐来。奈何青云士，弃我如尘埃。珠玉买歌笑，糟糠养贤才。方知黄鹤举，千里独徘徊。"① 李白《行路难》第二首："大道如青天，我独不得出。羞逐长安社中儿，赤鸡白雉赌梨栗。弹剑作歌奏苦声，曳裾王门不称情。淮阴市井笑韩信，汉朝公卿忌贾生。君不见昔时燕家重郭隗，拥篲折节无嫌猜。剧辛乐毅感恩分，输肝剖胆效英才。昭王白骨萦蔓草，谁人更扫黄金台？行路难，归去来！"② 李贺《雁门太守行》："黑云压城城欲摧，甲光向日金鳞开。角声满天秋色里，塞上燕脂凝夜紫。半卷红旗临易水，霜重鼓寒声不起。报君黄金台上意，提携玉龙为君死。"③ 等等，皆是运用"黄金台"典故的名作。

因为燕昭王对人才的重视，战国时阴阳家代表人物、齐国人邹衍也前往燕国。《史记·孟子荀卿列传》载："如燕，昭王拥篲先驱，请列弟子之座而受业，筑碣石宫，身亲往师之。作《主运》。"④ 邹衍的到来，也为燕国开启了阴阳学的影响⑤，《史记·封禅书》载："自齐威、宣之时，驺子之徒，论著终始五德之运，及秦帝而齐人奏之，故始皇采用之。而宋毋忌、正伯侨、充尚、羡门高最后皆燕人，为方仙道，形解销化，依于鬼神之

---

① 葛景春选注：《李白诗选》，中华书局 2005 年版，第 114 页。
② 葛景春选注：《李白诗选》，中华书局 2005 年版，第 117 页。
③ 王琦等注：《李贺诗歌集注》，上海古籍出版社 1978 年版，第 52 页。
④ 司马迁：《史记》，中华书局 1959 年版，第 2345 页。
⑤ 靳宝《燕国学术文化成就及原因分析》："随着春秋战国学术文化的迁移，作为北方边地的燕国，积极汲取这份难得的学术养分，使得自身在阴阳学说、纵横学说、诗学、易学、史学等诸多领域，卓有建树。这与其文化传统、战略决策、经济发展以及地缘环境等密不可分，特别是地缘环境的交叉性与特殊性，造成了燕国学术文化中阴阳学说的兴盛，最终形成了神仙方术这一文化形态，对战国秦汉政治与社会产生了深远影响。"《北京文博文丛》2016 年第 2 期。

事。驺衍以阴阳主运显于诸侯，而燕齐海上之方士传其术不能通，然则怪迂阿谀苟合之徒自此兴，不可胜数也。"①此处以"燕齐"并举，华北与齐鲁之地在地域上直接接壤，其学风影响理所当然，兴起于鲁地的儒家学说也很快在燕赵之地落地生根。但华北毕竟不似山东之地直接面对东海，两地风土亦有明显差异，燕、齐之学风，于气质上显然不同。所以，阴阳学说确然在燕地有很大反响，但是并未成为主流之学派。事实上，自战国大儒荀子横空出世后，儒家学说即是燕赵华北之地的主导性学派，而且燕赵北学走的还是儒家朴质切实之一派风格。邹衍入燕和其后的荀子入齐相类似，是来自另一个文化地域的大学者的良好的新鲜的激励，但是对地域文化起到根基性作用的，还是大量的本土学者的积累。

至战国末年，燕国留给中国历史浓墨重彩的一笔，即是易水送别与荆轲刺秦。司马迁在《史记》中专篇为刺客群体作《刺客列传》，记录曹沫、专诸、豫让、聂政、荆轲五人事迹，并认可其气节："此其义或成或不成，然其立意较然，不欺其志，名垂后世，岂妄也哉！"②荆轲并不是燕国人，但他刺秦之举是燕太子丹所派："燕见秦且灭六国，秦兵临易水，祸且至燕。太子丹阴养壮士二十人，使荆轲献督亢地图于秦，因袭刺秦王。秦王觉，杀轲，使将军王翦击燕。"（《史记·燕召公世家》）③，这个故事中最富于文学审美性的环节也是发生在燕国的易水之畔④：

太子及宾客知其事者，皆白衣冠以送之。至易水之上，既祖，取

---

① 司马迁：《史记》，中华书局 1959 年版，第 1368 页。
② 司马迁：《史记》，中华书局 1959 年版，第 2538 页。
③ 司马迁：《史记》，中华书局 1959 年版，第 1561 页。
④ 易水，发源于今河北省易县境内。

道，高渐离击筑，荆轲和而歌，为变徵之声，士皆垂泪涕泣。又前而为歌曰："风萧萧兮易水寒，壮士一去兮不复还！"复为羽声慷慨，士皆瞋目，发尽上指冠。于是荆轲就车而去，终已不顾。(《史记·刺客列传》) ①

在燕国艺术家高渐离的击筑声中响起的易水之歌，成了与燕文化血脉相连的千古绝唱。易水送别和荆轲刺秦的故事，在后世得到了不绝如缕的传诵，是塑造河朔地区文化特质的重要源泉。陶渊明的《咏荆轲》是吟咏荆轲的代表作："燕丹善养士，志在报强嬴。招集百夫良，岁暮得荆卿。君子死知己，提剑出燕京；素骥鸣广陌，慷慨送我行。雄发指危冠，猛气冲长缨。饮饯易水上，四座列群英。渐离击悲筑，宋意唱高声。萧萧哀风逝，淡淡寒波生。商音更流涕，羽奏壮士惊。心知去不归，且有后世名。登车何时顾，飞盖入秦庭。凌厉越万里，逶迤过千城。图穷事自至，豪主正怔营。惜哉剑术疏，奇功遂不成。其人虽已没，千载有余情。"② 龚自珍以此诗为江湖侠骨之作："陶潜诗喜说荆轲，想见停云发浩歌。吟到恩仇心事涌，江湖侠骨恐无多。"③ 快意恩仇的豪侠之气，确然是荆轲的气节留在燕地的气韵。"易水歌"也是历代诗人喜爱创作的题目，在朝代更迭的背景下，就更加具有借古喻今的力量，如明末陈子龙的《易水歌》："赵北燕南之古道，水流汤汤沙皓皓。送君迢遥西入秦，天风萧条吹白草。车骑衣冠满路旁，骊驹一唱心茫茫。手持玉觞不能饮，羽声飒沓飞清霜。白虹照天光未灭，七尺屏风袖将绝。督亢图中不杀人，咸阳

---

① 司马迁：《史记》，中华书局 1959 年版，第 2534 页。
② 逯钦立校注：《陶渊明集》，中华书局 1979 年版，第 131 页。
③ 刘逸生注：《龚自珍己亥杂诗注》，中华书局 1980 年版，第 183 页。

殿上空流血。可怜六合归一家，美人钟鼓如云霞。庆卿成尘渐离死，异日还逢博浪沙。"① 和夏完淳的同题之作："白日苍茫落易水，悲风动地萧条起。荆卿入秦功不成，遗恨骊山暮烟紫。昔年此地别燕丹，哀歌变徵风雨阑。白虹翕翕贯燕市，黄金台下阴云寒。袖中宝刀霜华重，此事千秋竟成梦。十三杀人徒尔为，百二河山俨不动。呜呼，荆卿磊落殊不伦，渐离慷慨得其真！长安无限屠刀肆，独有吹箫击筑人。"② 正如同司马迁对刺客群体的判定，不以成败论英雄，而以气节分高下，易水之畔的萧萧的风、寒凉的水、不回头的身影，都为华北民气埋下了慷慨悲壮的种子，滋养不竭。

第二节　伯夷叔齐故事的儒家接受

在先秦时期华北地区所发生的故事里，孤竹国的伯夷叔齐也是书写史上一直以来的热点。孤竹国始封于商朝，地望在今河北省东北部迁安、卢龙一带，其国土主要在今河北省的东北部，并延伸到辽宁省的西南部。伯夷、叔齐是孤竹国历史上的著名人物，二人为孤竹国君之子，为避让国君之位而出逃，长途跋涉，来到善养老的周部族，却遇到武王伐纣。他们也反对纣王的残暴统治，但认为武王此举乃以暴易暴，叩马而谏，武王不从。武王灭商后，伯夷叔齐不仕周朝、不食周粟，在首阳山采薇而食，后

① 施蛰存、马祖熙标校：《陈子龙诗集》，上海古籍出版社 1983 年版，第 303 页。
② 白坚笺："历代咏荆轲者甚多，陈子龙乙酉后所作《焚余草》有《易水歌》。完淳此篇，诗体、章法、句数，皆与陈同，意趣亦甚相近，当继陈而作。陈作苍茫浑厚，格调自高，咏古而见新意，此篇跌宕生姿，笔力雄健，悲歌慷慨，怀古即以感今，可谓青出于蓝，步趋无迹者矣。"白坚笺校：《夏完淳集笺校》，上海古籍出版社 1991 年版，第 171 页。

饿死。伯夷叔齐故事见于《论语》《孟子》《庄子》《楚辞》《史记》等诸多
文献，其独立的气节和隐逸的情怀自古以来被广为称颂，成为中国文学史
上的重要原型。但是他们的政治立场和出处观念也遭到很多批判，形成了
一个巨大的阐释、争论的空间。

　　虽然伯夷、叔齐站在儒家倍加推崇的周王朝和武王伐纣的对立面，
但是在孔子、孟子等儒家早期的言谈中，伯夷叔齐就经常被提及，并且
加以正面的挖掘和评价。如《论语·公冶长》中记载："子曰：'伯夷、
叔齐，不念旧恶，怨是用希。'"钱穆的《论语新解》中这样解释："怨是
用希：希，少义。旧说怨，指别人怨二子，则旧恶应如第二解。惟《论
语》又云伯夷叔齐：'求仁而得仁，又何怨。'则此处亦当解作二子自不
怨。希，如老子听之不闻曰希，谓未见二子有怨之迹。孟子曰：'伯夷
圣之清者'。又称其不立于恶人之朝，不与恶人言。盖二子恶恶严，武
王伐纣，二子犹非之，则二子之于世，殆少可其意者。然二子能不念旧
恶，所谓朝有过夕改则与之，夕有过朝改则与之。其心清明无滞碍，故
虽少所可，而亦无所怨。如孔子不怨天不尤人，乃二子己心自不怨。"①
《论语·述而》载："冉有曰：'夫子为卫君乎？'子贡曰：'诺，吾将问之。'
入，曰：'伯夷叔齐何人也？'曰：'古之贤人也。'曰：'怨乎？'曰：'求
仁而得仁，又何怨？'出，曰：'夫子不为也。'"钱穆解释："求仁而得
仁：此仁字亦可作心安解。父命叔齐立为君，若伯夷违父命而立，在伯
夷将心感不安，此伯夷之能孝。但伯夷是兄，叔齐是弟，兄逃而己立，
叔齐亦心感不安，遂与其兄偕逃，此叔齐之能弟。孝弟之心，即仁心。
孝弟之道，即仁道。夷齐在当时，逃国而去，只求心安，故曰求仁而得

---

① 　钱穆：《论语新解》，三联书店 2002 年版，第 132 页。

仁，何怨也。"①《论语·季氏》载："齐景公有马千驷，死之日，民无德而称焉。伯夷、叔齐饿于首阳之下，民到于今称之。其斯之谓与！"②《论语·微子》载："逸民：伯夷、叔齐、虞仲、夷逸、朱张、柳下惠、少连。子曰：'不降其志，不辱其身，伯夷、叔齐与？'谓'柳下惠、少连，降志辱身矣。言中伦，行中虑，其斯而已矣'。谓'虞仲、夷逸，隐居放言，身中清、废中权'。'我则异于是，无可无不可。'"钱穆解释："本章列举隐遁者七人，伯夷、叔齐，天子不得臣，诸侯不得友，盖已遁世离群矣。此为逸民之最高者。柳下惠、少连，虽降志而不枉己，虽辱身而非求合，言能合于伦理，行能中于思考，是逸民之次也。虞仲、夷逸，清而不滓，废而有宜，其身既隐，其言亦无闻，此与柳下惠、少连又不同，亦其次也。此等皆清风远韵，如鸾鹄之高翔，玉雪之不污，视世俗犹腐鼠粪壤耳。惟孔子之道，高而出之。故孔子曰：我则异于是，正见其有相同处，故自举以与此辈作比，则孔子之重视逸民可知。小人无忌惮，自居为中庸，逸民清士皆受讥评，岂亦如孔子之有异于此辈乎？学者当审别也。"③可见，伯夷、叔齐能够不怨天不尤人、心安而守德，是孔子所看重的，并将之作为逸民的代表。

《孟子》中亦多次提及伯夷、叔齐，如《孟子·公孙丑上》：

　　曰："伯夷、伊尹何如？"曰："不同道。非其君不事，非其民不使；治则进，乱则退，伯夷也。何事非君，何使非民；治亦进，乱亦进，伊尹也。可以仕则仕，可以止则止，可以久则久，可以速

---

① 钱穆：《论语新解》，三联书店 2002 年版，第 178 页。
② 钱穆：《论语新解》，三联书店 2002 年版，第 439 页。
③ 钱穆：《论语新解》，三联书店 2002 年版，第 475 页。

则速，孔子也。皆古圣人也，吾未能有行焉。乃所愿，则学孔子也。""伯夷、伊尹于孔子，若是班乎？"曰："否！自有生民以来，未有孔子也。""然则有同与？"曰："有。得百里之地而君之，皆能以朝诸侯，有天下；行一不义，杀一不辜，而得天下，皆不为也。是则同。"曰："敢问其所以异。"曰："宰我、子贡、有若，智足以知圣人，污不至阿其所好。宰我曰：'以予观于夫子，贤于尧、舜远矣。'子贡曰：'见其礼而知其政，闻其乐而知其德，由百世之后，等百世之王，莫之能违也。自生民以来，未有夫子也。'有若曰：'岂惟民哉？麒麟之于走兽，凤凰之于飞鸟，泰山之于丘垤，河海之于行潦，类也。圣人之于民，亦类也。出于其类，拔乎其萃，自生民以来，未有盛于孔子也。'"①

在公孙丑的提问中，伯夷、叔齐和伊尹被拿来与孔子比较，孟子也认可他们有共同之处，乃在于"得百里之地而君之，皆能以朝诸侯，有天下；行一不义，杀一不辜，而得天下，皆不为也。是则同。"焦循《孟子正义》解释为："孟子曰，此三人君国，皆能使邻国诸侯尊敬其德而朝之。不以其义得之，皆不为也。是则孔子同之矣。"②但是孔子更加高明，在于"可以仕则仕，可以止则止，可以久则久，可以速则速"。孔子又超越了更早的先贤。《孟子·万章下》又言："孟子曰：'伯夷，目不视恶色，耳不听恶声。非其君不事，非其民不使。治则进，乱则退。横政之所出，横民之所止，不忍居也。思与乡人处，如以朝衣朝冠坐于涂炭也。当纣之时，居北海之滨，以待天下之清也。故闻

---

① 焦循：《孟子正义》，中华书局1987年版，第215页。
② 焦循：《孟子正义》，中华书局1987年版，第217页。

伯夷之风者，顽夫廉，懦夫有立志。'"焦循解释："孟子反复差伯夷、
伊尹、柳下惠之德，以为足以配于圣人，故数章陈之，犹诗人有所诵
述，至于数四，盖其留意者也。……此复言不视恶色，谓行不正而有
美色者，若夏姬之比也。耳不听恶声，谓郑声也。后世闻其风者，顽
贪之夫更思廉洁，懦弱之人更思有立义之志也。"[1] 则孟子在伯夷的身
上，最重视的要素，是"辟纣"[2]，即《孟子·告子下》所云："居下位，
不以贤事不肖者，伯夷也。"[3] 伯夷能够坚定地离开暴虐的君主而保持
高洁。并且这种做法还与太公是一致的："伯夷辟纣，居北海之滨，闻
文王作，兴曰：'盍归乎来！吾闻西伯善养老者。'太公辟纣，居东

---

[1]　焦循：《孟子正义》，中华书局1987年版，第669页。

[2]　焦循《正义》引赵佑《温故录》："伯夷叔齐，《论语》每言之，必兼二人，而孟子
则独举伯夷。《史记》之言伯夷，以让国，以耻周也，而孟子则言其辟纣，且屡言之。此章
与前伯夷隘章，极言其恶恶，非君不事，不立恶人之朝，犹是辟纣意。于耻周有可通，于
让国则绝无与也。若以史传为不实，则非让国，何为子贡援以问卫事？《论语》言饿于首
阳，言逸民，明是耻粟采薇事，史即可为经注也。孟子何独有异？窃以伯夷当纣之时，亲
稔其暴，至于脯醢无罪诸侯，为从古所未有；廉来之助恶，皆非可以力争，而自以远国疏
臣，欲谏正之不得，徒苟奉职贡，而以为耻，固久有欲辟之心矣，而不忍言，因生事之既
终，有遗命之可托，遂以不顾而逃。叔齐与兄同志者也，亦以有托而逃。叔齐特从兄也，
孟子故不及之，为其举兄可以见弟也。其事从让国起，而其心实从辟恶起。史传据事言之，
孟子原心论之也。然而曰待天下之清，则吾惟辟纣之恶，未尝不待纣之改。辟之已耳，其
于君臣之大义，未尝有他志也，故以陈武王。武诛纣，遂以耻周粟，而孔子特表之曰'不
念旧恶'。是则伯夷之所以为伯夷者，其行事甚委曲，其用心甚平直，第求无污于己，而非
必有苛于人，故得为圣之清。"焦循：《孟子正义》，中华书局1987年版，第669页。

[3]　《孟子·告子下》："居下位，不以贤事不肖者，伯夷也；五就汤，五就桀者，伊尹
也；不恶污君，不辞小官者，柳下惠也。三子者不同道，其趋一也。一者何也？曰，仁也。
君子亦仁而已矣，何必同？"焦循：《孟子正义》，中华书局1987年版，第829页。钱穆《中
国学术通义》："孟子曰：'伊尹圣之任，伯夷圣之清，柳下惠圣之和。''任'与'清'与'和'
之三德，皆为人类在人文社会中共通德性所不能缺。豪侠亦是任，高隐则是清。至于和之
一德，尤为人道所贵。就三人论，柳下惠似不如伊尹、伯夷之受人重视，而孟子特并举以
为三圣人。此中尤见深意。"钱穆：《中国学术通义》，台湾学生书局1975年版，第197页。

海之滨，闻文王作，兴曰：'盍归乎来！吾闻西伯善养老者。'二老者，天下之大老也，而归之，是天下之父归之也。天下之父归之，其子焉往？诸侯有行文王之政者，七年之内，必为政于天下矣。"①（《孟子·离娄上》）

在历来众多与伯夷叔齐故事有关的文献中，司马迁《史记》中的七十列传第一篇《伯夷列传》，在伯夷叔齐故事记载中起到基础性的作用，在《史记》全书中也意义重大，获得了研究者们普遍的关注。叶嘉莹认为《伯夷列传》的章法颇为独特。通篇夹叙夹议，多以感慨疑问出之，掩抑低回，其旁生侧出，若断若续，使人难以遽窥意旨，有"神龙见首不见尾"的变化莫测之致。与词之若隐若现、缠绵不露，要眇幽微、意在言外的美感特质相合拍，以寄"贤人君子幽约怨悱不能自言之情"。②单少杰拈出"公正"与"永恒"两个关键词来对《史记·伯夷列传》的文化价值作出了创造性的解读。他认为，几乎所有文明的核心价值，都含有"公正"理念和"永恒"理念。至于如何阐释这些理念，不同的文明采取不同的方式，中国文明主要采取刻诸青史的方式。中国文明这一阐释方式，最经典地体现在《史记》中，特别是体现在其间的《伯夷列传》中：司马迁一是问难苍天，问出了人间有无"公正"的问题；二是引言孔子，引出了人生能否"永恒"的问题。"公正"使得"永恒"成为必要，而"永恒"又使得"公正"成为可能。③尽管伯夷、叔齐在《论语》《孟子》《庄子》《楚辞》这些较之《史记》更早

① 焦循：《孟子正义》，中华书局1987年版，第512页。

② 叶嘉莹：《神龙见首不见尾——谈〈史记·伯夷列传〉的章法与词之若隐若现的美感特质》，《中国韵文学刊》2009年第4期。

③ 单少杰：《〈伯夷列传〉中的公正理念和永恒理念》，《中国人民大学学报》2005年第6期。

的文献中都有提及，可见司马迁并不是伯夷叔齐的"发现者"而是"讲述者"，但是，司马迁这篇写法独特的《伯夷列传》，确实把这对兄弟的精神内核集中了、升华了：

夫学者载籍极博，犹考信于六艺。诗书虽缺，然虞夏之文可知也。尧将逊位，让于虞舜，舜禹之间，岳牧咸荐，乃试之于位，典职数十年，功用既兴，然后授政。示天下重器，王者大统，传天下若斯之难也。而说者曰尧让天下于许由，许由不受，耻之逃隐。及夏之时，有卞随、务光者。此何以称焉？太史公曰：余登箕山，其上盖有许由冢云。孔子序列古之仁圣贤人，如吴太伯、伯夷之伦详矣。余以所闻由、光义至高，其文辞不少概见，何哉？

孔子曰："伯夷、叔齐，不念旧恶，怨是用希。""求仁得仁，又何怨乎？"余悲伯夷之意，睹轶诗可异焉。其传曰：

伯夷、叔齐，孤竹君之二子也。父欲立叔齐，及父卒，叔齐让伯夷。伯夷曰："父命也。"遂逃去。叔齐亦不肯立而逃之。国人立其中子。于是伯夷、叔齐闻西伯昌善养老，盍往归焉。及至，西伯卒，武王载木主，号为文王，东伐纣。伯夷、叔齐叩马而谏曰："父死不葬，爰及干戈，可谓孝乎？以臣弑君，可谓仁乎？"左右欲兵之。太公曰："此义人也。"扶而去之。武王已平殷乱，天下宗周，而伯夷、叔齐耻之，义不食周粟，隐于首阳山，采薇而食之。及饿且死，作歌。其辞曰："登彼西山兮，采其薇矣。以暴易暴兮，不知其非矣。神农、虞、夏忽焉没兮，我安适归矣？于嗟徂兮，命之衰矣！"遂饿死于首阳山。

由此观之，怨邪非邪？

或曰："天道无亲，常与善人。"若伯夷、叔齐，可谓善人者非邪？积仁絜行如此而饿死！且七十子之徒，仲尼独荐颜渊为好学。然回也屡空，糟糠不厌，而卒蚤夭。天之报施善人，其何如哉？盗跖日杀不辜，肝人之肉，暴戾恣睢，聚党数千人横行天下，竟以寿终。是遵何德哉？此其尤大彰明较著者也。若至近世，操行不轨，专犯忌讳，而终身逸乐，富厚累世不绝。或择地而蹈之，时然后出言，行不由径，非公正不发愤，而遇祸灾者，不可胜数也。余甚惑焉，傥所谓天道，是邪非邪？

子曰"道不同不相为谋"，亦各从其志也。故曰"富贵如可求，虽执鞭之士，吾亦为之。如不可求，从吾所好"。"岁寒，然后知松柏之后凋"。举世混浊，清士乃见。岂以其重若彼，其轻若此哉？

"君子疾没世而名不称焉。"贾子曰："贪夫徇财，烈士徇名，夸者死权，众庶冯生。""同明相照，同类相求。""云从龙，风从虎，圣人作而万物睹。"伯夷、叔齐虽贤，得夫子而名益彰。颜渊虽笃学，附骥尾而行益显。岩穴之士，趣舍有时若此，类名堙灭而不称，悲夫！闾巷之人，欲砥行立名者，非附青云之士，恶能施于后世哉？①

《伯夷列传》之中，记事的部分只有"伯夷、叔齐，孤竹君之二子也"至"遂饿死于首阳山"这一段，其余的部分，都是司马迁的议论文字，发

---

① 司马迁：《史记》，中华书局1959年版，第2121页。

出对天道与人世的悲愤诘问。① 天道并不会必然给予善人一个好的回报，但是对是非功过，汗青自会有评判。在司马迁看来，伯夷叔齐是经由圣人的发现才彰显名声的，他也想要成为《史记》的"列传"部分中那些人物的发现者，可以看到，在列传的部分，司马迁表现出勇敢的史识，将大量的草根人物纳入传记之中，并且对他们的精神作出积极的总结和肯定。《伯夷列传》之作意，亦在寻究"天道"与"人道"之关联，通过伯夷叔齐故事诘问天道，进而诘问人道，并希望通过自己如孔子彰显颜回、伯夷一般的影响，来为古来人事作判定。此即为司马迁为诸人立传的目的。

学界对《伯夷列传》的研究主要集中于两点：一是《伯夷列传》在写法上的独到之处；二是《伯夷列传》所蕴含的司马迁的创作心态。而这两个要点又是互相融合的，因为《伯夷列传》隐约低回的写作艺术手法，正是对司马迁在文字背后心灵的表幽阐微。其文本和心灵的美感特质高度合一，因而形成这篇史传散文杰出的艺术魅力。

在伯夷叔齐故事流传的历史上，韩愈的《伯夷颂》是讨论伯夷叔齐故事的名篇，也是带有鲜明的观点和倾向的作品：

　　士之特立独行，适于义而已，不顾人之是非。皆豪杰之士，信道笃而自知明者也。

---

① 司马迁"对每一个历史人物的记录，似乎都是拿自己的生命与之对话，传中人物的客体人生，与作传笔者的主体人生高度地融合在一起，在这些历史人物身上，往往带着司马迁的观点，有着司马迁的影子，以至于整个一部《史记》，不仅历数了上古至汉武帝时代的众多人生，而且这些人生的记录合并在一起，分明烘托出司马迁的生命、性格形象。这里的伯夷叔齐的故事，表面上，是替伯夷叔齐发出的诘问，实际上，是司马迁基于自己的人生遭遇，有感而发的。"唐元：《司马迁〈史记〉对解经"传"文体的改造》，《作家》2013 年第 2 期。

一家非之，力行而不惑者，寡矣；至于一国一州非之，力行而不惑者，盖天下一人而已矣；若至于举世非之，力行而不惑者，则千百年乃一人而已耳。若伯夷者，穷天地、亘万世而不顾者也。昭乎日月不足为明，崒乎泰山不足为高，巍乎天地不足为容也。

当殷之亡、周之兴，微子贤也，抱祭器而去之。武王、周公，圣也，从天下之贤士与天下之诸侯而往攻之，未尝闻有非之者也。彼伯夷、叔齐者，乃独以为不可。殷既灭矣，天下宗周，彼二子乃独耻食其粟，饿死而不顾。繇是而言，夫岂有求而为哉？信道笃而自知明也。

今世之所谓士者，一凡人誉之，则自以为有余；一凡人沮之，则自以为不足。彼独非圣人，而自是如此。夫圣人，乃万世之标准也。余故曰：若伯夷者，特立独行，穷天地、亘万古而不顾者也。虽然，微二子，乱臣贼子接迹于后世矣。①

在这篇文章里，韩愈以"特立独行"为论点，认为伯夷叔齐能够不顾天下之非议而坚守自己的信念，信道笃而自知明，足以警醒那些"一凡人誉之，则自以为有余；一凡人沮之，则自以为不足"，没有自我坚守，随他人评价而摇摆的世人。这篇文章大气磅礴，观点特殊，有褒贬天下、横亘古今，而特立于世之气势，在韩愈诸多名文中也毫不逊色，历来为人喜爱。韩愈的着眼点，并不在于伯夷叔齐的出世隐者的身份，而是将他们的"特立独行""信道笃而自知明"的处事方式，直接放置在天地万古之中，来当作所有人应该秉持的标准。王安石曾作《伯夷》一文，反

---

① 马其昶：《韩昌黎文集校注》，上海古籍出版社 1986 年版，第 64 页。

驳韩愈的观点，试图将对伯夷叔齐行为的评判再度拉回仁人与隐者的身份。[①] 但是，韩愈的看法，显然更加具有发展的眼光。综合观察北学两千年来的风气，确实从不以避世自全为主调，而是以砥砺入世为价值。所以，韩愈对伯夷叔齐精神的挖掘，正是与孤竹国的原生地域的文化气质合拍的。

第三节　春秋战国时期赵国学术要略

燕国是周武王分封的同姓诸侯国，国君曾为周王廷之股肱。组成燕赵文化的另一个诸侯国——赵国，则与燕国不同，其君主出身微末。到晋文

---

① 王安石《伯夷》："事有出于千世之前，圣贤辩之甚详而明，然后世不深考之，因以偏见独识，遂以为说，既失其本，而学士大夫共守之不为变者，盖有之矣，伯夷是已。夫伯夷，古之论有孔子、孟子焉。以孔、孟之可信而又辩之反复不一，是愈益可信也。孔子曰：'不念旧恶，求仁而得仁，饿于首阳之下，逸民也。'孟子曰：'伯夷非其君不事，不立恶人之朝，避纣居北海之滨，目不视恶色，不事不肖，百世之师也。'故孔、孟皆以伯夷遭纣之恶，不念以怨，不忍事之，以求其仁，饿而避，不自降辱，以待天下之清，而号为圣人耳。然则司马迁以为武王伐纣，伯夷叩马而谏，天下宗周，而耻之，义不食周粟，而为《采薇》之歌。韩子因之，亦为之颂，以为微二子，乱臣贼子接迹于后世，是大不然也。夫商衰而纣以不仁残天下，天下孰不病矣？而尤者，伯夷也。尝与太公闻西伯善养老，则往归焉。当是之时，欲夷纣者，二人之心岂有异邪？及武王一奋，太公相之，遂出元元于涂炭之中，伯夷乃不与，何哉？盖二老，所谓天下之大老，行年八十余，而春秋固已高矣。自海滨而趋文王之都，计亦数千里之远，文王之兴以至武王之世，岁亦不下十数，岂伯夷欲归西伯而志不遂，乃死于北海邪？抑来而死于道路邪？抑其至文王之都而不足以及武王之世而死邪？如是而言伯夷，其亦理有不存者也。且武王倡大义于天下，太公相而成之，而独以为非，岂伯夷乎？天下之道二，仁与不仁也。纣之为君，不仁也；武王之为君，仁也。伯夷固不事不仁之纣，以待仁而后出。武王之仁焉，又不事之，则伯夷何处乎？余故曰：圣贤辩之甚明，而后世偏见独识者之失其本也。呜呼，使伯夷之不死，以及武王之时，其烈岂独减太公哉！"王安石：《王文公文集》，上海人民出版社1974年版，第300页。

侯的时候，在晋国建立赵氏家族①。至赵衰，成为晋文公重耳之重臣，"文公所以反国及霸，多赵衰计策"②。赵衰子赵盾，晋灵公时独揽晋国政事，而出现历史上著名的"赵盾弑其君"案例。《春秋》经文于宣公二年载："秋九月乙丑，晋赵盾弑其君夷皋。"③《左传》述其本末为：

> 　　晋灵公不君。厚敛以彫墙。从台上弹人，而观其辟丸也。宰夫胹熊蹯不熟，杀之，寘诸畚，使妇人载以过朝。赵盾、士季见其手，问其故，而患之。将谏，士季曰："谏而不入，则莫之继也。会请先，不入，则子继之。"三进，及溜，而后视之。曰："吾知所过矣，将改之。"稽首而对曰："人谁无过！过而能改，善莫大焉。诗曰：'靡不有初，鲜克有终。'夫如是，则能补过者鲜矣。君能有终，则社稷之固也，岂惟群臣赖之。又曰：'衮职有阙，惟仲山甫补之。'能补过也。君能补过，衮不废矣。"
>
> 　　犹不改。宣子骤谏，公患之，使鉏麑贼之。晨往，寝门辟矣，盛服将朝。尚早，坐而假寐。麑退，叹而言曰："不忘恭敬，民之主也。贼民之主，不忠；弃君之命，不信。有一于此，不如死也。"触槐而死。

　　① 《史记·赵世家》："赵氏之先，与秦共祖。至中衍，为帝大戊御。其后世蜚廉有子二人，而命其一子曰恶来，事纣，为周所杀，其后为秦。恶来弟曰季胜，其后为赵。季胜生孟增。孟增幸于周成王，是为宅皋狼。皋狼生衡父，衡父生造父。造父幸于周缪王。造父取骥之乘匹，与桃林盗骊、骅骝、绿耳，献之缪王。缪王使造父御，西巡狩，见西王母，乐之忘归。而徐偃王反，缪王日驰千里马，攻徐偃王，大破之。乃赐造父以赵城，由此为赵氏。自造父已下六世至奄父，曰公仲，周宣王时伐戎，为御。及千亩战，奄父脱宣王。奄父生叔带。叔带之时，周幽王无道，去周如晋，事晋文侯，始建赵氏于晋国。"司马迁：《史记》，中华书局1959年版，第1779页。

　　② 司马迁：《史记》，中华书局1959年版，第1781页。

　　③ 杨伯峻：《春秋左传注》，中华书局1990年版，第650页。

秋九月，晋侯饮赵盾酒，伏甲，将攻之。其右提弥明知之，趋登，曰："臣侍君宴，过三爵，非礼也。"遂扶以下。公嗾夫獒焉，明搏而杀之。盾曰："弃人用犬，虽猛何为！"斗且出。提弥明死之。

初，宣子田于首山，舍于翳桑。见灵辄饿，问其病，曰："不食三日矣。"食之，舍其半。问之，曰："宦三年矣，未知母之存否。今近焉，请以遗之。"使尽之，而为之箪食与肉，寘诸橐以与之。既而与为公介，倒戟以御公徒而免之。问何故，对曰："翳桑之饿人也。"问其名居，不告而退。遂自亡也。

乙丑，赵穿杀灵公于桃园。宣子未出山而复。大史书曰："赵盾弑其君。"以示于朝。宣子曰："不然。"对曰："子为正卿，亡不越竟，反不讨贼，非子而谁？"宣子曰："呜呼！《诗》曰'我之怀矣，自诒伊戚。'其我之谓矣。"

孔子曰："董狐，古之良史也，书法不隐。赵宣子，古之良大夫也，为法受恶。惜也，越竟乃免。"①

《史记·赵世家》亦载："灵公立十四年，益骄。赵盾骤谏，灵公弗听。及食熊蹯，胹不熟，杀宰人，持其尸出，赵盾见之。灵公由此惧，欲杀盾。盾素仁爱人，尝所食桑下饿人反扞救盾，盾以得亡。未出境，而赵穿弑灵公而立襄公弟黑臀，是为成公。赵盾复反，任国政。君子讥盾'为正卿，亡不出境，反不讨贼'，故太史书曰'赵盾弑其君'。"②董狐秉笔直书，孔子称赞其"书法不隐"，可看作是班固在《汉书·司马迁传》中总

① 杨伯峻：《春秋左传注》，中华书局 1990 年版，第 655 页。
② 司马迁：《史记》，中华书局 1959 年版，第 1782 页。

结史笔实录之前奏①。文天祥《正气歌》亦以此为正气之模范:"时穷节乃见,一一垂丹青。在齐太史简,在晋董狐笔。"②

至晋景公三年(公元前 597 年),屠岸贾杀赵氏全族,唯赵氏孤儿即赵武幸存。在程婴、公孙杵臼等忠义之士的佐助和牺牲之下,加上大夫韩厥等人的帮扶,在赵武十五岁时,晋悼公为赵氏昭雪。《左传》《史记》皆记载此事,跌宕起伏,感人肺腑。"赵氏孤儿"成为叙事史上的重要题材,至元代大都(今北京市)剧作家纪君祥的杂剧,成为古来最成功的版本,王国维在《宋元戏曲史》中大加推崇:"其最有悲剧之性质者,则如关汉卿之《窦娥冤》,纪君祥之《赵氏孤儿》,剧中虽有恶人交构其间,而其赴汤蹈火者,仍出于其主人翁之意志,即列于世界大悲剧中,亦无愧色也。"③后来赵武担任了赵国正卿,赵氏复兴。晋定公二十一年(公元前 486 年),赵简子攻入邯郸,赵氏开始占有后来赵国的国都邯郸。公元前 403 年,魏、韩、赵皆相立为诸侯。公元前 386 年,赵国开始以邯郸为都城。公元前 376 年,魏、韩、赵三家分晋,成为由春秋过渡到战国的重要事件。

战国时,赵武灵王进行胡服骑射的改革,国力大盛。其子平原君赵胜是战国四公子之一,善养士,《史记·平原君虞卿列传》中称其为"翩翩浊世之佳公子也",然未睹大体而有长平之败。此篇传记中亦提及出自赵国的战国时代名家代表学者公孙龙,"虞卿欲以信陵君之存邯郸为平原君请封。公孙龙闻之,夜驾见平原君曰:'龙闻虞卿欲以信陵君之存邯郸为君请封,有之乎?'平原君曰:'然。'龙曰:'此甚不可。且王举君而相赵者,

---

① 《汉书·司马迁传》:"然自刘向、扬雄博极群书,皆称迁有良史之材,服其善序事理,辨而不华,质而不俚,其文直,其事核,不虚美,不隐恶,故谓之实录。"班固:《汉书》,中华书局 1962 年版,第 2738 页。

② 文天祥:《文天祥全集》,中国书店 1985 年版,第 375 页。

③ 王国维:《宋元戏曲史》,上海古籍出版社 1998 年版,第 99 页。

非以君之智能为赵国无有也。割东武城而封君者，非以君为有功也，而以国人无勋，乃以君为亲戚故也。君受相印不辞无能，割地不言无功者，亦自以为亲戚故也。今信陵君存邯郸而请封，是亲戚受城而国人计功也。此甚不可。且虞卿操其两权，事成，操右券以责；事不成，以虚名德君。君必勿听也。'平原君遂不听虞卿。"①此段进言，公孙龙颇有纵横家之特色，但是他最为世人所熟知的，乃是白马、坚白等名实之论。《平原君虞卿列传》亦载："平原君厚待公孙龙。公孙龙善为坚白之辩，及邹衍过赵言至道，乃绌公孙龙。"②此段邹衍与公孙龙的争议，裴骃《史记集解》引刘向《别录》云："齐使邹衍过赵，平原君见公孙龙及其徒綦毋子之属，论白马非马之辩，以问邹子。邹子曰：'不可。彼天下之辩有五胜三至，而辞正为下。辩者，别殊类使不相害，序异端使不相乱，抒意通指，明其所谓，使人与知焉，不务相迷也。故胜者不失其所守，不胜者得其所求，若是，故辩可为也。及至烦文以相假，饰辞以相惇，巧譬以相移，引人声使不得及其意，如此，害大道。夫缴纷争言而竞后息，不能无害君子。'众皆称善。"③在百家争鸣的时代，赵国的都城邯郸，也是一个争鸣的地域中心，邹衍与公孙龙的异见，是赵国本土学者与外来学者的一次争论。公孙龙最著名的"白马非马"论，于今依然可在存有六篇的《公孙龙子》中见到，《白马论》云：

"白马非马，可乎？"

曰："可。"

---

① 司马迁：《史记》，中华书局 1959 年版，第 2370 页。

② 司马迁：《史记》，中华书局 1959 年版，第 2370 页。

③ 司马迁：《史记》，中华书局 1959 年版，第 2370 页。

曰："何哉?"

曰："马者,所以命形也。白者,所以命色也。命色者,非命形也。故曰白马非马。"

曰："有白马不可谓无马也。不可谓无马者,非马也? 有白马为有马,白之,非马何也?"

曰："求马,黄、黑马皆可致;求白马,黄、黑马不可致。使白马乃马也,是所求一也。所求一者,白者不异马也。所求不异,如黄、黑马有可有不可,何也? 可与不可,其相非明。故黄、黑马一也,而可以应有马,而不可以应有白马。白马之非马,审矣!"

曰："以马之有色为非马,天下非有无色之马也。天下无马,可乎?"

曰："马固有色,故有白马。使马无色,有马如已耳,安取白马? 故白者非马也。白马者,马与白也。马与白马也。故曰白马非马也。"

曰："马未与白为马,白未与马为白。合马与白,复名白马,是相与。以不相与为名,未可。故曰白马为马未可。"

曰："以有白马为有马,谓有白马为有黄马,可乎?"

曰："未可。"

曰："以有马为异有黄马,是异黄马于马也,异黄马于马,是以黄马为非马。以黄马为非马,而以白马为有马,此飞者入池而棺椁异处,此天下之悖言乱辞也。

"曰有白马不可谓无马者,离白之谓也。不离者,有白马不可谓有马也。故所以为有马者,独以马为有马耳,非有白马为有马也。故其为有马也不可。以谓马,马也,曰白者不定所白,忘之而可也。

"白马者,言白,定所白也,定所白者,非白也。马者,无去取于色，故黄、黑皆所以应；白马者，有去取于色，黄、黑马皆以色去，故唯白马独可以应耳。无去者，非有去也，故曰白马非马。"①

"白马非马"不只是一个名家的著名论断，也衍生出公孙龙的一段生动故事，如东汉桓谭《新论》所载："公孙龙，六国时辩士也，为坚白之论，假物取譬，谓白马为非马。非马者，言白所以名色，马所以名形也，色非形，形非色。人不能屈。后乘白马，无符传，欲出关；关吏不听。此虚言难以夺实也。"②其实，"白马非马"的逻辑并不难懂，"马者，所以命形也。白者，所以命色也。命色者，非命形也。故曰白马非马。"这句话，就是公孙龙的理由和结论，马说的是形，白说的是色，白马既有形又有色，那么"白马"和"马"是不同的。学者们在"白马非马"是否有道理的问题上争论日久，而公孙龙此说目的和价值是同样值得重视的，如曾海军所说："'白马非马'作为一个命题与骑马过关这一思想事件息息相关，这才是真正重要的。因为这充分说明，名家对于'名'的论辩关心的是对'实'的直接影响，而不是与客观世界相对独立的概念或范畴自身的关系。名家人物极其关心对'名'做出某种异乎寻常的论辩，能否直接作用到生活当中，尤如唐僧口中念念有词的紧箍咒可以制服大闹天宫的齐天大圣一样。"③桓谭对公孙龙的身份形容是"公孙龙，六国时辩士也"，所以，把公孙龙当作我国先秦时期的逻辑学家而与西方哲学理论相类比，当然是有意义的，而将他的言论视为一种由类似纵横家的论辩技巧而总结出来的逻辑方法，这与《平原君虞卿列传》中对公孙龙的身份记载也是相符的。战

① 谭业谦：《公孙龙子译注》，中华书局1997年版，第1页。
② 桓谭：《新论》，上海人民出版社1976年版，第48页。
③ 曾海军：《论辩者之圃》，《中国哲学史》2018年第3期。

国名家的另一位代表惠施，也与公孙龙一样，多有与诸侯大夫谋划之事，读者们从《庄子》一书中熟悉惠施的时候，也可以明显看出他与庄子不同的入世与务实。因为与西方逻辑学的类比，名家似乎被过多地哲学化、抽象化了，其实，他们从亲缘上来讲，与纵横家、法家的血脉更近。如果和赵国的文化气质相结合，则更可看出名家思想的"名"是要落于"实"的目的。① 可以说，名家是庄子那一派出世的道家和深度入世的各家之间的一个中间态，他们对脱胎于入世的政治经验中的论辩道理进行了形而上的理论化抽象，进而又试图反哺于现实的话语效果。

《史记·孟子荀卿列传》中亦提到赵国学者慎到，将其归为学黄老之术者。而《汉书·艺文志》中则将其著作《慎子》列入法家类。《庄子·天下》篇中提及慎到。《慎子》有辑本传世。慎到的学术路径，应是由道入法，乔健、张彦龙认为慎到对老子的思想进行了根本的修正②。在后世

---

① 景阳、张路安：《公孙龙名辩思想的文化特征探析》："公孙龙的名辩思想有着鲜明的文化特征。其恢宏气势和广阔内涵体现了赵人'慷慨悲歌'的文化气势，高度的思辨性体现了赵人敢于标新立异的文化风范，逻辑论证和语言分析的科学方法体现了赵人'设智巧'的文化风尚，对纯思维的反思与关注发扬了赵国以人为本的文化气质。"《人民论坛》2010年第20期。

② 乔健、张彦龙：《论慎到对老子思想的修正》："深受老子思想影响的慎到在根本上'修正'了老子的思想，这种'修正'突出体现在慎到对'法度'和'因循'的强调上。慎到认为'法度'体现的是'公利'，而战国时期'公利'的本质实际就是'富国强兵'以及与此密切相关的'重法尊君'，这种'公利'恰恰否定了芸芸众生的'私利'，其本质是使芸芸众生都为君王实现'富国强兵'目的的工具与手段。慎到重视'法'的客观性和确定性，注重'因循'人性中的'人欲'，并通过体现君王意志的'法度'将'人欲'引向实现'富国强兵'的目标上去。为了有效地落实'法'，慎到还特别注重以'尊君'为核心的等级制以及巨大权力为支撑的'势位'。慎到的这些思想回归了时代思想发展演变的主流。而老子则是以'自然→无为→自为'这样具有永恒普遍性质的价值为依据，以实现人的本真自我为目标，来对抗当时具有主流地位的广土众民、富国强兵的价值追求，来构建自己思想系统的。"《兰州大学学报》（社会科学版）2017年第4期。

的认知中，也确实是将慎到当作法家的创始人之一。在学者的学术生涯中，思想、学派发生转移的情况并不鲜见，在战国百家争鸣的时代里，保持着积极论争状态的各家之间也有着千丝万缕的联系。赵国出于三晋，北与燕国为邻，西北与匈奴相交，而又与齐鲁之地接壤，是多重文化的交融处，国力兵力强盛，学术也很活跃，民风慷慨开放，赵文化具有兼收并蓄、锐意进取、勇于破立的风范。赵武灵王以"夫有高世之名，必有遗俗之累"的魄力，实现胡服骑射的改革，并非偶然，是与地缘和文化气质相符合的，并且也对赵地文化的发展有着长期的影响。

最能够代表战国时代赵国学术文化成就、影响后世最深远的，是大儒荀子。

第四节　荀子对儒家北学发展的奠基作用

荀子是河北儒学的辉煌起点，也是河北儒学精神的深厚基点。这位赵国大儒获得了战国学术界的持久影响力，可看作河北儒家学者在学术史上的第一次光辉亮相，可视为一个学派的诞生："荀卿，赵人。年五十始来游学于齐。驺衍之术迂大而闳辩；奭也文具难施；淳于髡久与处，时有得善言。故齐人颂曰：'谈天衍，雕龙奭，炙毂过髡。'田骈之属皆已死。齐襄王时，而荀卿最为老师。齐尚修列大夫之缺，而荀卿三为祭酒焉。齐人或谗荀卿，荀卿乃适楚，而春申君以为兰陵令。春申君死而荀卿废，因家兰陵。李斯尝为弟子，已而相秦。荀卿嫉浊世之政，亡国乱君相属，不遂大道而营于巫祝，信禨祥，鄙儒小拘，如庄周等又滑稽乱俗，于是推儒、墨、道德之行事兴坏，序列著数万言而卒。因葬兰陵。"① 在孔子去世后，儒学分裂而争夺，此时河朔地区能够孕育出荀子这样的划时代的大儒，在儒学动荡期的重要性不言而喻。《韩非子·显学》载："自孔子之死也。有子张之儒，有子思之儒，有颜氏之儒，有孟氏之儒，有漆雕氏之儒，有仲良氏之儒，有孙氏之儒，有乐正氏之儒。……故孔、墨之后，儒分为八，墨离为三，取舍相反不同，而皆自谓真孔、墨，孔、墨不可复生，将谁使定世之学乎？"②《史记·儒林列传》载："自孔子卒后，七十字之徒散游诸侯，大者为师傅卿相，小者友教士大夫，或隐而不见。故子路居卫，子张居陈，澹台子羽居楚，子夏居西河，子贡终于齐。如田子方、段干木、吴起、禽滑厘之属，皆受业于子夏之伦，为王者师。是时独魏文侯好学，后陵迟以至于始皇。天下并争于战国，儒术既绌焉，然齐鲁之间，学者独不废也。于威、宣之际，孟子、荀卿之列，咸遵夫子之业而润色之，以学显于当世。"③ 皮锡瑞的《经学历史》认为荀子对传承儒家经典的作用巨大：

　　惟荀卿传经之功甚巨。《释文序录·毛诗》云："孙卿子传鲁人大毛公"，则《毛诗》为荀子所传。《汉书·楚元王交传》："少时尝与鲁穆生、白生、申公同受诗于浮丘伯。伯者，孙卿之门人。"《鲁诗》出于申公，则《鲁诗》亦荀子所传。《韩诗》今存《外传》，引《荀子》以说《诗》者，四十有四，则《韩诗》亦与《荀子》合。《序录》"左丘明作传以授曾申。申传卫人吴起。起传其子期。期传楚人铎椒。椒传赵人虞卿。卿传同郡荀卿。"则《左氏春秋》，荀子所传。《儒林传》

---

① 司马迁：《史记》，中华书局 1959 年版，第 2348 页。
② 王先慎：《韩非子集解》，中华书局 1998 年版，第 456 页。
③ 司马迁：《史记·儒林列传》，中华书局 1959 年版，第 3116 页。

云："瑕丘江公受《穀梁春秋》及《诗》于鲁申公。"申公为荀卿再传弟子，则《穀梁春秋》亦荀子所传。大戴《曾子立事篇》载《荀子·修身》《大略》二篇文，小戴《乐记》《三年问》《乡饮酒义篇》载《荀子·礼论》《乐论》篇文，则二戴之《礼》亦荀子所传。刘向称荀卿善为《易》，其义略见《非相》《大略》二篇。是荀子能传《易》《诗》《礼》《乐》《春秋》，汉初传其学者极盛。①

可见荀子对文献传承之重要作用。个体生命有限，而文本生命无限，文献之延续性和儒家学者对文献研究的持续热情，是儒家学派能够延续两千余载至今的重要基石。荀子对儒学的贡献，还有十分重要的一个层面，那就是他对河北地区学风的创造和引领作用。钱穆的《秦汉史》中对齐鲁学风和三晋学风的对比分析，非常有见地：

　　东土学术，本自有齐鲁与三晋之别。凡秦人所师受而信用者，特三晋功利之士耳。至于齐鲁间学者讲学，重历史文化精神，求为社会整个的改造之理想，则秦之君臣，固未之前闻，抑亦无情欣赏。而方列国争强，方宇割裂，诸家论学，异说竞鸣，初惟见其陵杂，乃不感其相互间之冲突。逮于战国晚世，则固已有恶此凌杂而求有以出之于一途者。如老子（其书晚出，应在此），如荀卿，如韩非，三子之著书，皆于此特加强调。荀卿虽久游稷下，熟闻东方学者尚文化重历史之高论，然卿本赵人，亦自不脱三晋务实际尚功利之流风。韩非李斯受其学而体究不深，则不免一切以趋于功利。及秦既统一，而天下学

---

① 皮锡瑞：《经学历史》，中华书局1959年版，第55页。

人萃于一国，于是相互间冲突之形势遂大显。则有称说上古三代以鄙薄朝廷之建设者，此等大率出于齐士。李斯得君行道，乃本其师说，以法后王之见相绳。此实有合于秦廷向来对于东土文教不甚珍重护惜之态度，而于是乃有所谓焚书之事，此实中国史上一至值重视之事件也。

……李斯之见，谓三代事何足法，诸生不师今而学古，斯引以为大恨。此其蔑弃历史传统文化之观点，而一切以趋于当前之便利功利为主。其与淳于越诸人思想上之冲突，其背景实即战国以来齐鲁学与三晋学之冲突也。且始皇李斯知古代封建旧制之不足复，而犹尚希慕于古者学术统于王官之成规。不悟此与封建，同一根底，皆由贵族阶级之世袭而来。今既无世袭之贵族，而欲尊王学于一统，皆由贵族阶级之世袭而来。今既无世袭之贵族，而欲尊王学于一统，以禁绝民间私家之学，其事要为不可久。则始皇李斯之识见，亦与其所斥当时之愚儒者，相差无多耳。政治家过于自信，欲以一己之意见，强天下以必从，而不知其流弊之深，为祸之烈也。然此等议论，自荀卿韩非著书，早已高唱极论。惩于游士之嚣张，不惜为一切之裁抑。褊狭峻刻，早为秦廷焚书埋下种子。李斯亦不过实行其师门之主张，同情其友生之感慨而已。荀卿自视太高，韩非急于事功，两人议论，不期而合。亦不悟其身后流弊之深，为祸之烈，有如此也。盖齐鲁诸儒之病，或有陷于迂远，而三晋群士之弊，则不免流于刻急。此当时两派之得失也。至后世学人，乃专以专制愚民归罪秦之君臣，此亦未尝不是，然亦仅呵谴其外貌，犹未能深探其内情耳。[1]

---

[1]　钱穆：《秦汉史》，三联书店 2005 年版，第 21 页。

　　齐鲁之学法先王，重理想，三晋之学法后王，重事功，在战国时代，不同地域的儒学，已经形成了不同的学术风格。这种差异，确实存在于孟子和荀子的很多观点之中，也是解开同为战国大儒，孟、荀之间有针对性差异的原因所在。

　　荀子较孟子略晚，故《荀子》中之《性恶》一篇，可看作对孟子学派之"性善"论的直接反驳。这一方面说明，关于本性的善恶问题，确实是战国学术界的热门话题；另一方面，也通过这两位战国最重要的大儒针锋相对的观点，将这个本来并不仅仅是儒家在讨论的普遍话题，上升到了带有鲜明儒家色彩的最重要的学术议题之一，而影响及于后世。而《孟子》与《荀子》的体例不同，相较于"性善"的观点在语录体的《孟子》中还需要去寻找和提炼，《荀子》中的"性恶"观点已经是用单篇论辩文章来集中阐述了。这也体现出《荀子》中开始明确采用的专题单篇论文的方法来集中讨论问题的优势。此外，孟子主张"性善"，重先天，而荀子主张"性恶"，重后天，这实则也是时时刻刻在发生潜移默化影响的齐鲁之学和三晋之学差异的表现。

　　"人之性恶，其善者伪也。"在《荀子·性恶》篇中，作者开门见山，说明观点，也说明了最主要的论据。相较于孟子之请君入瓮、循循善诱式的讲论方法，荀子的论说风格确实更加直截了当。此一"伪"字，可看作全篇之眼。段玉裁《说文解字注》："徐锴曰：'伪者，人为之。非天真也。故人为为伪。'是也。荀卿曰：'桀纣，性也。尧舜，伪也。人之性恶，其善者伪也。不可学、不可事而在人者，谓之性；可学而能、可事而成之在人者，谓之伪。'又曰：'生之所以然者谓之性，心虑而能为之动谓之伪。虑积焉，能习焉而后成谓之伪。'荀卿之意，谓尧舜不能无待于人为耳。"[1]

---

① 段玉裁：《说文解字注》，凤凰出版社 2007 年版，第 665 页。

荀子言："今人之性，生而有好利焉，顺是，故争夺生而辞让亡焉；生而有疾恶焉，顺是，故残贼生而忠信亡焉；生而有耳目之欲，有好声色焉，顺是，故淫乱生而礼义文理亡焉。然则，从人之性，顺人之情，必出于争夺，合于犯分乱理而归于暴。故必将有师法之化，礼义之道，然后出于辞让，合于文理，而归于治。用此观之，然则人之性恶明矣，其善者伪也。"[①] 来看《孟子·告子上》："恻隐之心，人皆有之；羞恶之心，人皆有之；恭敬之心，人皆有之；是非之心，人皆有之。恻隐之心，仁也；羞恶之心，义也；恭敬之心，礼也；是非之心，智也。仁义礼智，非由外铄我也，我固有之也，弗思耳矣。"[②] 针对孟子所说的恻隐、羞恶、恭敬、是非，荀子要讲的是好利、疾恶、耳目之欲。司马迁曾说："余读孟子书，至梁惠王问'何以利吾国'，未尝不废书而叹也。曰：嗟乎，利诚乱之始也！夫子罕言利者，常防其原也。故曰'放于利而行，多怨'。自天子至于庶人，好利之弊何以异哉！"[③] 孟子不愿与诸侯国君谈论利，他认为这会导致祸乱，可以说，孟子是要人们淡化、消融人性中的弊端，而荀子直接表明"今人之性，生而有好利焉"，他要直面人性的弊端，却又要逆转此弊端。两者一者看到善，一者看到恶，事实上，两者都没有说自己看到的是人之本性之全部，而是以各自的标准，各自看重其中最有价值的部分。所以，与其说是对人类本性的认识不同，倒不如说是对人类向善的途径认识不同。他们其实都没有必要非要把对人类本性的认识善恶单一化——这会在根本上形成漏洞。他们的焦点，都在于用什么样的方法，可以让人类更好，让世界更好，那么，孟子是采用正向力——发扬，发扬本性中的美

---

① 王先谦：《荀子集解》，中华书局 1988 年版，第 434 页。

② 焦循：《孟子正义》，中华书局 1987 年版，第 757 页。

③ 司马迁：《史记》，中华书局 1959 年版，第 2343 页。

好；荀子是采用反向力——教导，归化本性中的恶劣。后世经常武断地称孟子为性善派，荀子为性恶派，但是，孟荀在这个问题上有似异而同的一面——人类的本性是有善有恶的，而后天的所作所为对人类的塑造是有积极意义的。这就是孟荀的殊途同归，这就是儒家的思想本色——积极有为，入世救世。在厘清了这个层次之后，我们才能明白为什么在百家之中，孟荀是一家。孟子也好，荀子也好，百家争鸣时代的各家代表人物也好，他们穷尽心力想要为那个乱世规划一个和盘托出的救世方案，那是一个难以再现的思想家的盛世。

荀子将《劝学》放到第一篇，是对《论语》第一篇的遥相呼应："学而时习之，不亦说乎？"① 亦可看出，在"尊德性"和"道问学"的派别区分中，荀子是倾向于"道问学"的。在重入世、重教化、重现实的儒学学派中，学习是修身与治世的不可或缺的重要途径。正如孔子所言，"学而时习之"，学习不是一个瞬息的、短暂的、一蹴而就的过程，而是一个渐进的、坚持的长期训练。钱穆《论语新解》中阐释《论语·学而》篇首章大意："本章乃叙述一理想学者之毕生经历，实亦孔子毕生为学之自述。学而时习，乃初学事，孔子十五志学以后当之。有朋远来，则中年成学后事，孔子三十而立后当之。苟非学邃行尊，达于最高境界，不宜轻言人不我知，孔子五十知命后当之。学者惟当牢守学而时习之一境，斯可有远方朋来之乐。最后一境，本非学者所望。学求深造日进，至于人不能知，乃属无可奈何。圣人深造之已极，自知弥深，自信弥笃，乃曰：知我者其天乎，然非浅学所当骤企也。孔子一生重在教，孔子之教重在学。孔子之教人以学，重在学为人之道。本篇各章，多务本之义，乃学者之先务，故

---

① 钱穆：《论语新解》，三联书店 2002 年版，第 4 页。

《论语》编者列之全书之首。又以本章列本篇之首，实有深义。学者循此为学，时时反验之于己心，可以自考其学之虚实浅深，而其进不能自已矣。学者读《论语》，当知反求诸己之义。如读此章，若不切实学而时习，宁知不亦悦乎之真义？孔子之学，皆由真修实践来。无此真修实践，即无由明其义蕴。本章学字，乃兼所学之事与为学之功言。孔门论学，范围虽广，然必兼心地修养与人格完成之两义。学者诚能如此章所言，自始即可有逢源之妙，而终身率循，亦不能尽所蕴之深。此圣人之言所以为上下一致，终始一辙也。孔子距今已逾二千五百年，今之为学，自不能尽同于孔子之时。然即在今日，仍有时习，仍有朋来，仍有人不能知之一境。学者内心，仍亦有悦、有乐、有愠、不愠之辨。即再逾两千五百年，亦当如是。故知孔子之所启示，乃属一种通义，不受时限，通于古今，而义无不然，故为可贵。读者不可不知。"①

"孔子之学，皆由真修实践来。无此真修实践，即无由明其义蕴。"钱穆所言孔门学术之真谛，实亦为荀子学术之核心。《劝学》作为首篇，彰显了荀子学术之大旨：

　　君子曰：学不可以已。

　　青，取之于蓝，而青于蓝；冰，水为之，而寒于水。木直中绳，𫐓以为轮，其曲中规。虽有槁暴，不复挺者，𫐓使之然也。故木受绳则直，金就砺则利，君子博学而日参省乎己，则知明而行无过矣。

　　故不登高山，不知天之高也；不临深溪，不知地之厚也；不闻先王之遗言，不知学问之大也。干、越、夷、貉之子，生而同声，长而

---

① 钱穆：《论语新解》，三联书店 2002 年版，第 4 页。

异俗，教使之然也。诗曰："嗟尔君子，无恒安息。靖共尔位，好是正直。神之听之，介尔景福。"神莫大于化道，福莫长于无祸。

吾尝终日而思矣，不如须臾之所学也；吾尝跂而望矣，不如登高之博见也。登高而招，臂非加长也，而见者远；顺风而呼，声非加疾也，而闻者彰。假舆马者，非利足也，而致千里；假舟楫者，非能水也，而绝江河。君子生非异也，善假于物也。

南方有鸟焉，名曰蒙鸠，以羽为巢，而编之以发，系之苇苕，风至苕折，卵破子死。巢非不完也，所系者然也。西方有木焉，名曰射干，茎长四寸，生于高山之上，而临百仞之渊，木茎非能长也，所立者然也。蓬生麻中，不扶而直；白沙在涅，与之俱黑。兰槐之根是为芷，其渐之滫。君子不近，庶人不服。其质非不美也，所渐者然也。故君子居必择乡，游必就士，所以防邪辟而近中正也。

物类之起，必有所始。荣辱之来，必象其德。肉腐出虫，鱼枯生蠹。怠慢忘身，祸灾乃作。强自取柱，柔自取束。邪秽在身，怨之所构。施薪若一，火就燥也，平地若一，水就湿也。草木畴生，禽兽群焉，物各从其类也。是故质的张而弓矢至焉，林木茂而斧斤至焉，树成荫而众鸟息焉，醯酸而蚋聚焉。故言有召祸也，行有召辱也，君子慎其所立乎！

积土成山，风雨兴焉；积水成渊，蛟龙生焉；积善成德，而神明自得，圣心备焉。故不积跬步，无以至千里；不积小流，无以成江海。骐骥一跃，不能十步；驽马十驾，功在不舍。锲而舍之，朽木不折；锲而不舍，金石可镂。蚓无爪牙之利，筋骨之强，上食埃土，下饮黄泉，用心一也。蟹六跪而二螯，非蛇鳝之穴无可寄托者，用心躁也。是故无冥冥之志者，无昭昭之明；无惛惛之事者，无赫赫之功。

行衢道者不至，事两君者不容。目不能两视而明，耳不能两听而聪。螣蛇无足而飞，鼫鼠五技而穷。《诗》曰："尸鸠在桑，其子七兮。淑人君子，其仪一兮。其仪一兮，心如结兮。"故君子结于一也。

昔者瓠巴鼓瑟而流鱼出听，伯牙鼓琴而六马仰秣。故声无小而不闻，行无隐而不形。玉在山而草木润，渊生珠而崖不枯。为善不积邪，安有不闻者乎？

学恶乎始？恶乎终？曰：其数则始乎诵经，终乎读礼；其义则始乎为士，终乎为圣人，真积力久则入，学至乎没而后止也。故学数有终，若其义则不可须臾舍也。为之，人也；舍之，禽兽也。故《书》者，政事之纪也；《诗》者，中声之所止也；《礼》者，法之大分，类之纲纪也。故学至乎《礼》而止矣。夫是之谓道德之极。《礼》之敬文也，《乐》之中和也，《诗》《书》之博也，《春秋》之微也，在天地之间者毕矣。君子之学也，入乎耳，着乎心，布乎四体，形乎动静。端而言，蝡而动，一可以为法则。小人之学也，入乎耳，出乎口；口耳之间，则四寸耳，曷足以美七尺之躯哉！古之学者为己，今之学者为人。君子之学也，以美其身；小人之学也，以为禽犊。故不问而告谓之傲，问一而告二谓之囋。傲，非也；囋，非也；君子如向矣。

学莫便乎近其人。《礼》《乐》法而不说，《诗》《书》故而不切，《春秋》约而不速。方其人之习，君子之说，则尊以遍矣，周于世矣。故曰：学莫便乎近其人。学之经莫速乎好其人，隆礼次之。上不能好其人，下不能隆礼，安特将学杂，顺《诗》《书》而已耳，则末世穷年，不免为陋儒而已。将原先王，本仁义，则礼正其经纬蹊径也。若挈裘领，诎五指而顿之，顺者不可胜数也。不道礼宪，以《诗》《书》为之，譬之犹以指测河也，以戈舂黍也，以锥餐壶也，不可以得之矣。故隆礼，虽未明，法士也；不隆礼，虽察辩，散儒也。

问楛者，勿告也；告楛者，勿问也；说楛者，勿听也。有争气者，勿与辩也。故必由其道至，然后接之；非其道则避之。故礼恭，而后可与言道之方；辞顺，而后可与言道之理；色从，而后可与言道之致。故未可与言而言谓之傲；可与言而不言谓之隐；不观气色而言谓之瞽。故君子不傲、不隐、不瞽，谨顺其身。诗曰："匪交匪舒，天子所予。"此之谓也。

百发失一，不足谓善射；千里跬步不至，不足谓善御；伦类不通，仁义不一，不足谓善学。学也者，固学一之也。一出焉，一入焉，涂巷之人也；其善者少，不善者多，桀纣盗跖也；全之尽之，然后学者也。君子知夫不全不粹之不足以为美也，故诵数以贯之，思索以通之，为其人以处之，除其害者以持养之。使目非是无欲见也，使耳非是无欲闻也，使口非是无欲言也，使心非是无欲虑也。及至其致好之也，目好之五色，耳好之五声，口好之五味，心利之有天下。是故权利不能倾也，群众不能移也，天下不能荡也。生乎由是，死乎由是，夫是之谓德操。德操然后能定，能定然后能应。能定能应，夫是之谓成人。天见其明，地见其光，君子贵其全也。[①]

此《劝学》一篇，讲透"学习"之大道，乃一不懈渐进之努力过程，而且不仅仅是重过程，亦是重结果，正是为了结果，才需要坚持这个过程。怎样的结果呢？儒家学术的"终极"在哪里？——"学恶乎始？恶乎终？曰：其数则始乎诵经，终乎读礼；其义则始乎为士，终乎为圣人。"作

---

① 王先谦：《荀子集解》，中华书局 1988 年版，第 1 页。

为一个绵延两千余年至今的学派，儒家在历朝历代不断吐故纳新，派别林立，其中已经容纳了不胜枚举的跨界思想。但是，回归儒家思想的本色，作为一个入世的学派，其核心确实就是修身，就是君子，就是圣人。正如《大学》中所言："自天子以至于庶人，一是皆以修身为本。"①"修身，即陶冶身心，涵养德性。修身是儒家的教育思想之一，荀子学宗儒术，是儒家学派的政治思想家。因此荀子十分注重道德修养，他认为道德修养关系到个人自身的安危，国家的生死存亡。而修身的标准是'礼'，也是学问的最高境界。荀子说：'人无礼则不生，事无礼则不成，国家无礼则不宁。'即人没有礼法的约束就不能生存，做事没有礼法就难以成功，国家没有礼法就不会安宁。荀子认为人性本恶，只有通过修身才能改变，因此，他提出培养良好道德品质是十分重要的，而修身、养心的最好办法是严格要求自己，按礼的要求去做，得到良师的教导。"②因此，儒家学派相信存在有现世的圆满，通过学而时习之，可以完成修身，可以成为君子，此一圆满的浪漫表达，即是《论语·里仁》中那句："子曰：'朝闻道，夕死可矣。'"③

这是孔子站在死亡想象的边界上，对生的意义的呐喊。"道，人生之大道。人生必有死，死又不可预知。正因时时可死，故必急求闻道。否则生而为人，不知为人之道，岂不枉了此生？若使朝闻道，夕死即不为枉活。因道亘古今，千万世而常然，一日之道，即千万世之道。故若由道而生，则一日之生，亦犹夫千万世之生矣。本章警策人当汲汲以求道。"④能

---

① 朱熹：《四书章句集注》，中华书局1983年版，第4页。
② 高长山：《荀子译注》，黑龙江人民出版社2003年版，第17页。
③ 钱穆：《论语新解》，三联书店2002年版，第92页。
④ 钱穆：《论语新解》，三联书店2002年版，第92页。

够将生命的圆满意义归结于人格，可见儒家对人性的力量有充分的信心。荀子虽从人性恶立论，但他将后天的教化作用反复言明，儒家的性恶观与道家对人的社会性的蔑视完全不同。因为肯定了人性之自强不息的强大力量，所以在天人之间，荀子强调的是"明于天人之分"："天行有常，不为尧存，不为桀亡。应之以治则吉，应之以乱则凶。强本而节用，则天不能贫；养备而动时，则天不能病；循道而不贰，则天不能祸。故水旱不能使之饥，寒暑不能使之疾，祅怪不能使之凶。本荒而用侈，则天不能使之富；养略而动罕，则天不能使之全；倍道而妄行，则天不能使之吉。故水旱未至而饥，寒暑未薄而疾，祅怪未至而凶。受时与治世同，而殃祸与治世异，不可以怨天，其道然也。故明于天人之分，则可谓至人矣。"① 天之分有常，无法干涉，人之分则当砥砺，达于圣人之道。此等对于天人之际的冷静看法，亦于孔子处有根源。《论语·先进》中载："季路问事鬼神。子曰：'未能事人，焉能事鬼？'敢问死。曰：'未知生，焉知死。'"② 钱穆《论语新解》阐发曰："孔子曾告子路，知之为知之，不知为不知，是知也。生人之事，人所易知，死后鬼神之事则难知。然孔子又曰：'举一隅不以三隅反，则不复也。'盖人所不知，尚可就其所知推以知之，故子贡闻一以知二，颜子闻一以知十。死生本属一体，茧茧而生，则必昧昧而死。生而茫然，则必死而惘然。生能俯仰无愧，死则浩然天壤。今日浩然天壤之鬼神，皆即往日俯仰无愧之生人。苟能知生人之理，推以及于死后之鬼神，则由于死生人鬼之一体，而可推见天人之一体矣。孔子之教，能近取譬。或谓鬼神及死后事难明，语之无益。又或谓孔子只论人生，不问鬼神事。似孔子有意不告子路之问，其实乃

---

①　王先谦：《荀子集解》，中华书局1988年版，第306页。

②　钱穆：《论语新解》，三联书店2002年版，第285页。

所以深告之，学固不可以躐等而求。"①

如此种种，皆可看出荀子对于孔子思想之继承，实乃战国之际醇儒。"战国思想，在庄周惠施同时，及其稍后，除却道名两家外，尚多有反对儒家别树异帜的，于是又出了荀卿，来驳击诸家，重回孔子。荀子在当时，其有功儒家，不在孟子下。"②正如《论语》与《荀子》中相似的这两句——子曰："吾尝终日不食，终夜不寝，以思，无益，不如学也。"③"吾尝终日而思矣，不如须臾之所学也。"④战国儒学体现出孟荀的派系之争，在后世儒学的演进中，派系更多，逻辑更杂，但是荀子的思想依然清晰干脆，劝学修身，富国强兵，锲而不舍，金石可镂。

① 钱穆：《论语新解》，三联书店 2002 年版，第 285 页。

② 钱穆：《中国思想史》，台湾学生书局 1988 年版，第 56 页。

③ 钱穆：《论语新解》："人必生于群，必于群中而始成其为人。故学非一人之学，道非一人之道，亦必于群而始有学有道也。群亦非一日之群，自远古以来，久有此群，久有此人矣。故人必学于人，尤必学于古之人，始获知道。学如日，静居而独思则如火。舍学而思，譬犹去日之明于庭，而就火之光于室，可以小见，不可以大知。故君子贵乎乐群而敬学，不贵离群而独思。"三联书店 2002 年版，第 418 页。

④ 王先谦：《荀子集解》，中华书局 1988 年版，第 4 页。

第二章　儒家北学在两汉时期的崛起

第一节　毛诗学派的教化观念

西汉时期，华北地区主要归属于幽州和冀州。西汉地方诸郡国治所在今河北省、北京市、天津市境内的有：魏郡，治所邺城（今河北省邯郸市临漳县西南）；巨鹿郡，治巨鹿（今河北省邢台市平乡县西南）；常山郡，治元氏（今河北省石家庄市元氏县西北）；清河郡，治清阳（今河北省邢台市清河县东南）；涿郡，治涿（今河北省涿州市）；勃海郡，治浮阳（今河北省沧州市东南）；代郡，治代（今河北省张家口市蔚县东北）；上谷郡，治沮阳（今河北省张家口市怀来县东南）；渔阳郡，治渔阳（今北京市密云区西南）；赵国，治邯郸（今河北省邯郸市）；广平郡，治广平（今河北省邯郸市鸡泽县东南）；真定国，治真定（今河北省石家庄市东）；中山国，治卢奴（今河北省定州市）；信都郡，治信都（今河北省衡水市冀州区）；河间国，治乐成（今河北省沧州市献县东南）；广阳国，治蓟（今北京市西南）。冀州刺史部的分察郡国包括魏、清河、巨鹿、广平、信都、常山、赵、真定、中山、河间，各治所均在今京津冀区域内。幽州刺史部的分察郡国中，除了治所在今京津冀区域的涿、勃海、上谷、渔阳，治所在平冈

（今辽宁省凌源市）的右北平郡也包含今河北省部分辖地。①《汉书·地理志》这样来形容燕、赵及其周边的民风：

赵地，昴，毕之分野。赵分晋，得赵国。北有信都、真定、常山、中山，又得涿郡之高阳、鄚、州乡；东有广平、巨鹿、清河、河间，又得渤海郡之东平舒、中邑、文安、束州，成平、章武，河以北也；南至浮水、繁阳、内黄、斥丘；西有太原、定襄、云中、五原、上党。上党，本韩之别郡也，远韩近赵，后卒降赵，皆越分也。

自赵凤后九世称侯，四世敬侯徙都邯郸，至曾孙武灵王称王，五世为秦所灭。

赵、中山地薄人众，犹有沙丘纣淫乱余民。丈夫相聚游戏，悲歌忼慨，起则椎剽掘冢，作奸巧，多弄物，为倡优。女子弹弦跕躧，游媚富贵，遍诸侯之后宫。

邯郸北通燕、涿，南有郑、卫，漳、河之间一都会也。其土广俗杂，大率精急，高气势，轻为奸。

太原、上党又多晋公族子孙，以诈力相倾，矜夸功名，报仇过直，嫁取送死奢靡。汉兴，号为难治，常择严猛之将，或任杀伐为威。父兄被诛，子弟怨愤，至告讦刺史二千石，或报杀其亲属。

钟、代、石、北，迫近胡寇，民俗慓忮，好气为奸，不事农商，自全晋时，已患其剽悍，而武灵王又益厉之。故冀州之部，盗贼常为它州剧。

定襄、云中、五原，本戎狄也，颇有赵、齐、卫、楚之徙。其民

---

① 参见谭其骧：《中国历史地图集》，中国地图出版社1982年版。

鄙朴，少礼文，好射猎。雁门亦同俗，于天文别属燕。

燕地，尾、箕分野也。武王定殷，封召公于燕，其后三十六世与六国俱称王。东有渔阳、右北平、辽西、辽东，西有上谷、代郡、雁门，南得涿郡之易、容城、范阳、北新城、故安、涿县、良乡、新昌，及勃海之安次，皆燕分也。乐浪、玄菟，亦宜属焉。

燕称王十世，秦欲灭六国，燕王太子丹遣勇士荆轲西刺秦王，不成而诛，秦遂举兵灭燕。

蓟，南通齐、赵，勃、碣之间一都会也。初，太子丹宾养勇士，不爱后宫美女，民化以为俗，至今犹然。宾客相过，以妇侍宿，嫁取之夕，男女无别，反以为荣。后稍颇止，然终未改。其俗愚悍少虑，轻薄无威，亦有所长，敢于急人，燕丹遗风也。

上谷至辽东，地广民希，数被胡寇，俗与赵、代相类，有渔盐枣栗之饶。北隙乌丸、夫馀，东贾真番之利。①

《汉书》行文，喜褒贬并言，以中立持重之态度作评价，尽管其贬损之处措辞常常比较苛刻，但是对各种描述对象的总结在整体方向上总是很到位的。班固对燕赵民风的总结，对其慷慨爽利之长短处的评价，针针见血。两汉时期，河北地区是学术发展的重点区域，尤其是儒学在两汉的强势兴起的路途中，河北儒学占据了重要分量。这为后世儒家北学的千古流传，奠定了坚实的基础。仅在西汉时期，故里在相当于河北地区的冀、幽二州的儒家学者，就带来了《毛诗故训传》（毛苌）、《韩诗外传》（韩婴）和《春秋繁露》（董仲舒）三部儒学史上留存至今的杰

---

① 班固：《汉书》，中华书局 1962 年版，第 1655 页。

作。此外，西汉冀、幽二州的儒家学者还有韩婴之孙、博士韩商；韩婴后裔，传韩婴《易》学的涿郡韩生；田氏易学派的孟但①；精通《穀梁传》的胡常；申培弟子，治《诗》的赵绾；治《公羊传》的段仲；治《左传》的贯长卿②，以及徐乐、隽不疑、盖宽饶、韩延寿、鲍宣等。还有虽不是燕赵人却在燕赵之地作出儒学功绩的诸侯王，代表是河间献王刘德。燕赵学术还通过师传影响到周边地区，《汉书·儒林传》载，河内赵子事韩婴，后经过数代师徒传承，包括蔡谊、食子公、王吉、栗丰、长孙顺，而形成《韩诗》的王、食、长孙三派。赵子的这些后学皆不是冀、幽二州人，而是集中在治所在今河南省境内的河内郡和山东各郡。河北儒学在西汉时期做出了丰厚的实际贡献，进而影响时代学术的发展趋势。其中，《毛诗故训传》《韩诗外传》和《春秋繁露》这三部，是最重要的文献成果。

《毛诗故训传》是古来《诗经》注释最为成功、最为重要的注本之一，也是在《诗经》学史上得到后世最大程度继承和弘扬的注本，唐代大儒孔颖达等人收录《毛诗故训传》与东汉郑玄《毛诗笺》，并作注疏，著成《毛诗正义》，将经、传、笺、疏融汇一体，这是《诗经》最为通行的版本。从基础意义上，大众所看到的《诗经》，其实就是《毛诗》，大众对《诗经》篇目的理解，也受到《毛诗》的极大影响。张舜徽《汉书艺文志通释》述《毛诗故训传》的成书言：

---

① 班固《汉书·儒林传》："广川人孟但以《易》为太子门大夫。"班固：《汉书》，中华书局 1962 年版，第 3127 页。

② 班固《汉书·儒林传》："谊为《左氏传》训故，授赵人贯公，为河间献王博士，子长卿为荡阴令，授清河张禹长子。禹与萧望之同时为御史，数为望之言《左氏》，望之善之，上书数以称说。后望之为太子太傅，荐禹于宣帝，征禹待诏，未及问，会疾死。"班固：《汉书》，中华书局 1962 年版，第 3620 页。

郑玄《诗谱》云："鲁人大毛公为《诂训传》于其家，河间献王得而献之，以小毛公为博士。"陆玑《诗疏》谓子夏五传至荀卿，"荀卿授鲁国毛亨，亨作《诂训传》，以授赵国毛苌，时人谓亨为大毛公，苌为小毛公。以其所传，故名其《诗》曰《毛诗》，苌为河间献王博士。"据此二书，可知作传者为毛亨，传其学者乃毛苌，故《毛诗正义》亦云："大毛公为其《传》，由小毛公而题毛也。"郑氏、后汉时人，陆氏，三国吴人，俱治《毛诗》，闻见亲切，所言可信，足以正《隋志》所云"毛苌善《诗》，作《诂训传》"之失也。毛公作《传》，本与《经》别行，惟以《序》文分置篇首。今本题"《周南诂训传》第一"至"《那诂训传》第三十"，即《毛诗传》之旧次也。郑玄作《笺》，则以《笺》文附于经传之下，又约卷为二十。而毛公卷次，尚仍其旧。至唐修《正义》，附以《诗谱》，仍以《郑笺》二十卷为大目，而别为子卷焉。《隋志》著录《毛诗》二十卷，据郑氏本也。①

在毛诗学派中，"小毛公"毛苌曾是河间献王博士，传"大毛公"毛亨之学而发扬之，《汉书·儒林传》载："毛公，赵人也。治《诗》，为河间献王博士，授同国贯长卿。长卿授解延年。延年为阿武令，授徐敖。敖授九江陈侠，为王莽讲学大夫。由是言《毛诗》者，本之徐敖。"②可见学派之传递。两汉经学呈现今文、古文相争之局面，在《诗经》学领域，今文派有齐、鲁、韩三家诗③，而古文派的毛诗成为这场今古文之争的最终

---

① 张舜徽：《汉书艺文志通释》，湖北教育出版社1990年版，第39页。

② 班固：《汉书》，中华书局1962年版，第3614页。

③ 《后汉书·儒林列传》："《前书》鲁人申公受《诗》于浮丘伯，为作诂训，是为《鲁诗》；齐人辕固生亦传《诗》，是为《齐诗》；燕人韩婴亦传《诗》，是为《韩诗》；三家皆立博士。赵人毛苌传《诗》，是为《毛诗》，未得立。"范晔：《后汉书》，中华书局1962年版，第2569页。

胜利者。曾盛极一时的齐、鲁、韩三家诗只剩下了一部《韩诗外传》，较为完整地流传至今。相较于《春秋》学领域中，今文派的《公羊传》《穀梁传》也完整存世，并和古文派的《左传》一起进入了"十三经"，则今古文之争中，古文派在《诗经》学领域赢得了一个彻底性的胜利。

《毛诗》于《诗经》之作用，相当于《左传》之于《春秋》之作用。其以史释诗的倾向非常明显，思路恰如清代学者章学诚之"六经皆史"的论断："六经皆史也。古人不著书，古人未尝离事而言理，六经皆先王之政典也。"①钱穆《中国学术通义》即认为《毛诗》更具有历史性："《诗经》可谓是中国古代一部史诗。因其诗中大部分内容，实即是历史。"②"中国传统文化，是注重历史精神的。既是看重了一切人文社会的实际措施，自然必会看重历史经验。因社会人文是在历史演变中完成，又须历史经验来作指导。……孔子作春秋，成为中国第一部最有系统而又寓有甚深哲理的历史书，此是孔子生平的唯一著作。即此可见中国经学里历史一项所占分量之重大。所以中国此下经史之学是密切相通的。"③"孔子所学，也即是在孔子当时的历史。孔门由于其所讲习之诗书礼乐，而获得其所从来之演变得失之全部知识，其与历史实无严格界限。故后人谓六经皆史，此说实难否认。下到汉武帝时，董仲舒提出复古更化之主张，其意即主不再近效秦代，而须上溯六经，复兴三代之盛运。更可见汉儒治经，亦求通史。若不治经，试问更何从而知三代？故谓汉儒之提倡经学，无异即是提倡史学，亦可不辩而明。"④"毛诗因各诗之首有序，自较之三家诗更见有历史

① 章学诚著，叶瑛校注：《文史通义校注》，中华书局1985年版，第1页。
② 钱穆：《中国学术通义》，台湾学生书局1975年版，第4页。
③ 钱穆：《中国学术通义》，台湾学生书局1975年版，第4页。
④ 钱穆：《中国学术通义》，台湾学生书局1975年版，第74页。

价值。以今传韩诗外传相比，岂不见毛诗更重历史性。"①在《毛诗故训传》中，"序"的部分，确实是以历史进行解经的最明显的部分。而序的部分又在《诗经》最重要的注本《毛诗正义》中各首诗的本文之前，它对每首诗的接受过程的定调作用非常明显。这种"定调"，又往往是与历史人物和时间相结合的。如《小雅·鸿雁》，《毛诗》小序为："《鸿雁》，美宣王也。万民离散，不安其居，而能劳来还定安集之，至于矜寡，无不得其所焉。"②而《鸿雁》的本文，显然是无法看出这些信息的，读者能够从本文看到的，是流民之苦：

> 鸿雁于飞，肃肃其羽。之子于征，劬劳于野。爰及矜人，哀此鳏寡。
>
> 鸿雁于飞，集于中泽。之子于垣，百堵皆作。虽则劬劳，其究安宅？
>
> 鸿雁于飞，哀鸣嗷嗷。维此哲人，谓我劬劳。维彼愚人，谓我宣骄。③

因此，《鸿雁》被当作"饥者歌其食，劳者歌其事"④的典型之作，朱熹《诗集传》亦认为"流民以鸿雁哀鸣自比而作此歌也"⑤。其实这并不矛盾，

---

① 钱穆：《中国学术通义》，台湾学生书局 1975 年版，第 74 页。

② 《十三经注疏·毛诗正义》，北京大学出版社 1999 年版，第 660 页。

③ 《十三经注疏·毛诗正义》，北京大学出版社 1999 年版，第 661 页。

④ 出自东汉何休《春秋公羊解诂·宣公十五年》中对《公羊传》解释《春秋》经文"初税亩"之"什一行而颂声作矣"的注解。《十三经注疏·春秋公羊传注疏》，北京大学出版社 1999 年版，第 360 页。

⑤ 朱熹：《诗集传》，中华书局 1958 年版，第 119 页。

以《鸿雁》为流民哀鸣，是此诗本文的表意，而以此诗作为对宣王的赞美，是将它放在了创作的历史坐标上，来解释这首诗的创作背景和意义。《毛诗》小序所言，在"美宣王也"的判断之后，即是以分析本文进而揭示意义的思路来阐发的。古来对毛诗学派类似此种比附历史的做法，有过很多质疑，以为牵强。但是，阐释并不是一种还原，而是一种发展，我们看待《毛诗》之中所提供的诗歌背景和历史意义时，与其求其证据，倒不如求其动机，毛诗学派为何以史释诗？正在于其"大序"中反复申明教化之目的：

> 《关雎》，后妃之德也，风之始也，所以风天下而正夫妇也。故用之乡人焉，用之邦国焉。风，风也，教也，风以动之，教以化之。

> 诗者，志之所之也，在心为志，发言为诗。情动于中而形于言，言之不足故嗟叹之，嗟叹之不足故永歌之，永歌之不足，不知手之舞之，足之蹈之也。

> 情发于声，声成文谓之音，治世之音安以乐，其政和；乱世之音怨以怒，其政乖；亡国之音哀以思，其民困。故正得失，动天地，感鬼神，莫近于诗。先王以是经夫妇，成孝敬，厚人伦，美教化，移风俗。

> 故诗有六义焉：一曰风，二曰赋，三曰比，四曰兴，五曰雅，六曰颂。上以风化下，下以风刺上，主文而谲谏，言之者无罪，闻之者足以戒，故曰风。至于王道衰，礼义废，政教失，国异政，家殊俗，而变风、变雅作矣。国史明乎得失之迹，伤人伦之废，哀刑政之苛，吟咏情性，以风其上，达于事变而怀其旧俗者也。故变风发乎情，止乎礼义。发乎情，民之性也；止乎礼义，先王之泽也。是以一

国之事，系一人之本，谓之风；言天下之事，形四方之风，谓之雅。雅者，正也，言王政之所由废兴也。政有小大，故有小雅焉，有大雅焉。颂者，美盛德之形容，以其成功告于神明者也。是谓四始，诗之至也。

然则《关雎》《麟趾》之化，王者之风，故系之周公。南，言化自北而南也。《鹊巢》《驺虞》之德，诸侯之风也，先王之所以教，故系之召公。《周南》《召南》，正始之道，王化之基。是以《关雎》乐得淑女，以配君子，忧在进贤，不淫其色；哀窈窕，思贤才，而无伤善之心焉。是《关雎》之义也。①

此为《诗经》首篇《周南·关雎》前的《毛诗》"大序"。"诗大序"影响极为深远，可视为毛诗学派之纲领，亦可视为当时河朔地区学派之纲领。关于《毛诗序》的问题，古来一直聚讼于它的作者到底是谁，实际上，春秋战国直至西汉时期的著作，多是体现学派的，而不是体现个人的，所以，《毛诗序》并非成于一时一人之手，是非常正常的，而且正是相似的学术倾向的长期贯穿，才能够形成一个成熟的学派，形成《毛诗》这个在《诗经》学中起到中流砥柱作用的学派。

"大序"位于《关雎》之前，从对《关雎》的总结起始："后妃之德也"，进而至于《关雎》在其所归属的"风"的部分的地位："风之始也"，进而至于《关雎》之"风"的意义："所以风天下而正夫妇也，故用之乡人焉，用之邦国焉"，进而至于对"风"的解释："风，风也，教也，风以动之，教以化之。"从而引出"国风"的真正价值——教化。整个"国风"的部分，

---

① 《十三经注疏·毛诗正义》，北京大学出版社1999年版，第4页。

其"小序"皆以教化目的为根基，揭示各首诗的教化作用，而与各首诗的历史背景紧密结合：

《周南·葛覃》：《葛覃》，后妃之本也。后妃在父母家，则志在于女功之事，躬俭节用，服澣濯之衣，尊敬师傅，则可以归安父母，化天下以妇道也。

《周南·卷耳》：《卷耳》，后妃之志也，又当辅佐君子，求贤审官，知臣下之勤劳。内有进贤之志，而无险诐私谒之心，朝夕思念，至于忧勤也。

《周南·樛木》：《樛木》，后妃逮下也。言能逮下，而无嫉妒之心焉。

《周南·螽斯》：《螽斯》，后妃子孙众多也。言若螽斯不妒忌，则子孙众多也。

《周南·桃夭》：《桃夭》，后妃之所致也。不妒忌，则男女以正，婚姻以时，国无鳏民也。

《周南·兔罝》：《兔罝》，后妃之化也。《关雎》之化行，则莫不好德，贤人众多也。

《周南·芣苢》：《芣苢》，后妃之美也。和平则妇人乐有子矣。

《周南·汉广》：《汉广》，德广所及也。文王之道被于南国，美化行乎江汉之域，无思犯礼，求而不可得也。

《周南·汝坟》：《汝坟》，道化行也。文王之化行乎汝坟之国，妇人能闵其君子，犹勉之以正也。

《周南·麟之趾》：《麟之趾》，《关雎》之应也。《关雎》之化行，则天下无犯非礼，虽衰世之公子，皆信厚如麟趾之时也。

《召南·鹊巢》：《鹊巢》，夫人之德也。国君积行累功以致爵位，夫人起家而居有之，德如鸤鸠，乃可以配焉。

《召南·采蘩》：《采蘩》，夫人不失职也。夫人可以奉祭祀，则不失职矣。

《召南·草虫》：《草虫》，大夫妻能以礼自防也。

《召南·采蘋》：《采蘋》，大夫妻能循法度也。能循法度，则可以承先祖，共祭祀矣。

《召南·甘棠》：《甘棠》，美召伯也。召伯之教，明于南国。

《召南·行露》：《行露》，召伯听讼也。衰乱之俗微，贞信之教兴，强暴之男不能侵陵贞女也。

《召南·羔羊》：《羔羊》，《鹊巢》之功致也。召南之国，化文王之政，在位皆节俭正直，德如羔羊也。

《召南·殷其雷》：《殷其雷》，劝以义也。召南之大夫远行从政，不遑宁处。其室家能闵其勤劳，劝以义也。

《召南·摽有梅》：《摽有梅》，男女及时也。召南之国，被文王之化，男女得以及时也。

《召南·小星》：《小星》，惠及下也。夫人无妒忌之行，惠及贱妾，进御於君，知其命有贵贱，能尽其心矣。

《召南·江有汜》：《江有汜》，美媵也。勤而无怨，嫡能悔过也。文王之时，江沱之间，有嫡不以其媵备数，媵遇劳而无怨，嫡亦自悔也。

《召南·野有死麕》：《野有死麕》，恶无礼也。天下大乱，强暴相陵，遂成淫风。被文王之化，虽当乱世，犹恶无礼也。

《召南·何彼襛矣》：《何彼襛矣》，美王姬也。虽则王姬亦下嫁於诸侯，车服不系其夫，下王后一等，犹执妇道，以成肃雍之德也。

《召南·驺虞》：《驺虞》，《鹊巢》之应也。《鹊巢》之化行，人伦既正，朝廷既治，天下纯被文王之化，则庶类蕃殖，蒐田以时，仁如驺虞，则王道成也。

《邶风·柏舟》：《柏舟》，言仁而不遇也。卫顷公之时，仁人不遇，小人在侧。

《邶风·绿衣》：《绿衣》，卫庄姜伤己也。妾上僭，夫人失位而作是诗也。

《邶风·燕燕》：《燕燕》，卫庄姜送归妾也。

《邶风·日月》：《日月》，卫庄姜伤己也。遭州吁之难，伤己不见答于先君，以至困穷之诗也。

《邶风·终风》：《终风》，卫庄姜伤己也。遭州吁之暴，见侮慢而不能正也。

《邶风·击鼓》：《击鼓》，怨州吁也。卫州吁用兵暴乱，使公孙文仲将而平陈与宋，国人怨其勇而无礼也。

《邶风·凯风》：《凯风》，美孝子也。卫之淫风流行，虽有七子之母，犹不能安其室，故美七子能尽其孝道，以慰其母心，而成其志尔。

《邶风·雄雉》：《雄雉》，刺卫宣公也。淫乱不恤国事，军旅数起，大夫久役，男女怨旷，国人患之而作是诗。

《邶风·匏有苦叶》：《匏有苦叶》，刺卫宣公也。公与夫人并为淫乱。

《邶风·谷风》：《谷风》，刺夫妇失道也。卫人化其上，淫于新昏而弃其旧室，夫妇离绝，国俗伤败焉。

《邶风·式微》:《式微》,黎侯寓于卫,其臣劝以归也。

《邶风·旄丘》:《旄丘》,责卫伯也。狄人迫逐黎侯,黎侯寓于卫。卫不能修方伯连率之职,黎之臣子以责于卫也。

《邶风·简兮》:《简兮》,刺不用贤也。卫之贤者仕于伶官,皆可以承事王者也。

《邶风·泉水》:《泉水》,卫女思归也。嫁于诸侯,父母终,思归宁而不得,故作是诗以自见也。

《邶风·北门》:《北门》,刺仕不得志也。言卫之忠臣不得其志尔。

《邶风·北风》:《北风》,刺虐也。卫国并为威虐,百姓不亲,莫不相携持而去焉。

《邶风·静女》:《静女》,刺时也。卫君无道,夫人无德。

《邶风·新台》:《新台》,刺卫宣公也。纳伋之妻,作新台于河上而要之。国人恶之,而作是诗也。

《邶风·二子乘舟》:《二子乘舟》,思伋、寿也。卫宣公之二子争相为死,国人伤而思之,作是诗也。

《鄘风·柏舟》:《柏舟》,共姜自誓也。卫世子共伯蚤死,其妻守义,父母欲夺而嫁之,誓而弗许,故作是诗以绝之。

《鄘风·墙有茨》:《墙有茨》,卫人刺其上也。公子顽通乎君母,国人疾之而不可道也。

《鄘风·君子偕老》:《君子偕老》,刺卫夫人也。夫人淫乱,失事君子之道,故陈人君之德,服饰之盛,宜与君子偕老也。

《鄘风·桑中》:《桑中》,刺奔也。卫之公室淫乱,男女相奔,至于世族在位,相窃妻妾,期于幽远,政散民流而不可止。

《鄘风·鹑之奔奔》：《鹑之奔奔》，刺卫宣姜也。卫人以为，宣姜，鹑鹊之不若也。

《鄘风·定之方中》：《定之方中》，美卫文公也。卫为狄所灭，东徙渡河，野处漕邑。齐桓公攘戎狄而封之。文公徙居楚丘，始建城市而营宫室，得其时制，百姓说之，国家殷富焉。

《鄘风·蝃蝀》：《蝃蝀》，止奔也。卫文公能以道化其民，淫奔之耻，国人不齿也。

《鄘风·相鼠》：《相鼠》，刺无礼也。卫文公能正其群臣，而刺在位承先君之化无礼仪也。

《鄘风·干旄》：《干旄》，美好善也。卫文公臣子多好善，贤者乐告以善道也。

《鄘风·载驰》：《载驰》，许穆夫人作也。闵其宗国颠覆，自伤不能救也。卫懿公为狄人所灭，国人分散，露于漕邑。许穆夫人闵卫之亡，伤许之小，力不能救，思归唁其兄，又义不得，故赋是诗也。

《卫风·淇奥》：《淇奥》，美武公之德也。有文章，又能听其规谏，以礼自防，故能入相于周，美而作是诗也。

《卫风·考槃》：《考槃》，刺庄公也。不能继先公之业，使贤者退而穷处。

《卫风·硕人》：《硕人》，闵庄姜也。庄公惑於嬖妾，使骄上僭。庄姜贤而不答，终以无子，国人闵而忧之。

《卫风·氓》：《氓》，刺时也。宣公之时，礼义消亡，淫风大行，男女无别，遂相奔诱。华落色衰，复相弃背。或乃困而自悔，丧其妃耦，故序其事以风焉。美反正，刺淫泆也。

《卫风·竹竿》：《竹竿》，卫女思归也。适异国而不见答，思而能以礼者也。

《卫风·芄兰》:《芄兰》,刺惠公也。骄而无礼,大夫刺之。

《卫风·河广》:《河广》,宋襄公母归于卫,思而不止,故作是诗也。

《卫风·伯兮》:《伯兮》,刺时也。言君子行役,为王前驱,过时而不反焉。

《卫风·有狐》:《有狐》,刺时也。卫之男女失时,丧其妃耦焉。古者国有凶荒,则杀礼而多昏,会男女之无夫家者,所以育人民也。

《卫风·木瓜》:《木瓜》,美齐桓公也。卫国有狄人之败,出处于漕,齐桓公救而封之,遗之车马器服焉。卫人思之,欲厚报之,而作是诗也。

《王风·黍离》:《黍离》,闵宗周也。周大夫行役至于宗周,过故宗庙宫室,尽为禾黍。闵周室之颠覆,彷徨不忍去,而作是诗也。

《王风·君子于役》:《君子于役》,刺平王也。君子行役无期度,大夫思其危难以风焉。

《王风·君子阳阳》:《君子阳阳》,闵周也。君子遭乱,相招为禄仕,全身远害而已。

《王风·扬之水》:《扬之水》,刺平王也。不抚其民,而远屯戍于母家,周人怨思焉。

《王风·中谷有蓷》:《中谷有蓷》,闵周也。夫妇日以衰薄,凶年饥馑,室家相弃尔。

《王风·兔爰》:《兔爰》,闵周也。桓王失信,诸侯背叛,构怨连祸,王师伤败,君子不乐其生焉。

《王风·葛藟》:《葛藟》,王族刺平王也。周室道衰,弃其九族焉。

《王风·采葛》：《采葛》，惧谗也。

《王风·大车》：《大车》，刺周大夫也。礼义陵迟，男女淫奔，故陈古以刺今大夫不能听男女之讼焉。

《王风·丘中有麻》：《丘中有麻》，思贤也。庄王不明，贤人放逐，国人思之，而作是诗也。

《郑风·缁衣》：《缁衣》，美武公也。父子并为周司徒，善于其职，国人宜之，故美其德，以明有国善善之功焉。

《郑风·将仲子》：《将仲子》，刺庄公也。不胜其母，以害其弟。弟叔失道而公弗制，祭仲谏而公弗听，小不忍以致大乱焉。

《郑风·叔于田》：《叔于田》，刺庄公也。叔处于京，缮甲治兵，以出于田，国人说而归之。

《郑风·大叔于田》：《大叔于田》，刺庄公也。叔多才而好勇，不义而得众也。

《郑风·清人》：《清人》，刺文公也。高克好利而不顾其君，文公恶而欲远之不能。使高克将兵而御狄于竟，陈其师旅，翱翔河上。久而不召，众散而归，高克奔陈。公子素恶高克进之不以礼，文公退之不以道，危国亡师之本，故作是诗也。

《郑风·羔裘》《羔裘》，刺朝也。言古之君子，以风其朝焉。

《郑风·遵大路》：《遵大路》，思君子也。庄公失道，君子去之，国人思望焉。

《郑风·女曰鸡鸣》：《女曰鸡鸣》，刺不说德也。陈古义以刺今，不说德而好色也。

《郑风·有女同车》：《有女同车》，刺忽也。郑人刺忽之不昏于齐。太子忽尝有功于齐，齐侯请妻之。齐女贤而不取，卒以无大国之助，至于见逐，故国人刺之。

《郑风·山有扶苏》：《山有扶苏》，刺忽也。所美非美然。

《郑风·萚兮》：《萚兮》，刺忽也。君弱臣强，不倡而和也。

《郑风·狡童》：《狡童》，刺忽也。不能与贤人图事，权臣擅命也。

《郑风·褰裳》：《褰裳》，思见正也。狂童恣行，国人思大国之正己也。

《郑风·丰》：《丰》，刺乱也。婚姻之道缺，阳倡而阴不和，男行而女不随。

《郑风·东门之墠》：《东门之墠》，刺乱也。男女有不待礼而相奔者也。

《郑风·风雨》：《风雨》，思君子也。乱世则思君子，不改其度焉。

《郑风·子衿》：《子衿》，刺学校废也。乱世则学校不修焉。

《郑风·扬之水》：《扬之水》，闵无臣也。君子闵忽之无忠臣良士，终以死亡，而作是诗也。

《郑风·出其东门》：《出其东门》，闵乱也。公子五争，兵革不息，男女相弃，民人思保其室家焉。

《郑风·野有蔓草》：《野有蔓草》，思遇时也。君之泽不下流，民穷于兵革，男女失时，思不期而会焉。

《郑风·溱洧》：《溱洧》，刺乱也。兵革不息，男女相弃，淫风大行，莫之能救焉。

《齐风·鸡鸣》：《鸡鸣》，思贤妃也。哀公荒淫怠慢，故陈贤妃贞女夙夜警戒相成之道焉。

《齐风·还》：《还》，刺荒也。哀公好田猎，从禽兽而无厌。国人化之，遂成风俗，习于田猎谓之贤，闲于驰逐谓之好焉。

《齐风·著》：《著》，刺时也。时不亲迎也。

《齐风·东方之日》：《东方之日》，刺衰也。君臣失道，男女淫奔，不能以礼化也。

《齐风·东方未明》：《东方未明》，刺无节也。朝廷兴居无节，号令不时，挈壶氏不能掌其职焉。

《齐风·南山》：《南山》，刺襄公也。鸟兽之行，淫乎其妹，大夫遇是恶，作诗而去之。

《齐风·甫田》：《甫田》，大夫刺襄公也。无礼义而求大功，不修德而求诸侯，志大心劳，所以求者非其道也。

《齐风·卢令》：《卢令》，刺荒也。襄公好田猎毕弋而不修民事，百姓苦之，故陈古以风焉。

《齐风·敝笱》：《敝笱》，刺文姜也。齐人恶鲁桓公微弱，不能防闲文姜，使至淫乱，为二国患焉。

《齐风·载驱》：《载驱》，齐人刺襄公也。无礼义故，盛其车服，疾驱于通道大都，与文姜淫播其恶于万民焉。

《齐风·猗嗟》：《猗嗟》，刺鲁庄公也。齐人伤鲁庄公有威仪技艺，然而不能以礼防闲其母，失子之道，人以为齐侯之子焉。

《魏风·葛屦》：《葛屦》，刺褊也。魏地陋隘，其民机巧趋利，其君俭啬褊急，而无德以将之。

《魏风·汾沮洳》：《汾沮洳》，刺俭也。其君俭以能勤，刺不得礼也。

《魏风·园有桃》：《园有桃》，刺时也。大夫忧其君国小而迫，而俭以啬，不能用其民，而无德教，日以侵削，故作是诗也。

《魏风·陟岵》：《陟岵》，孝子行役，思念父母也。国迫而数侵削，役乎大国，父母兄弟离散，而作是诗也。

《魏风·十亩之间》：《十亩之间》，刺时也。言其国削小，民无所居焉。

《魏风·伐檀》：《伐檀》，刺贪也。在位贪鄙，无功而受禄，君子不得进仕尔。

《魏风·硕鼠》：《硕鼠》，刺重敛也。国人刺其君重敛，蚕食于民，不修其政，贪而畏人，若大鼠也。

《唐风·蟋蟀》：《蟋蟀》，刺晋僖公也。俭不中礼，故作是诗以闵之，欲其及时以礼自虞乐也。此晋也，而谓之唐，本其风俗，忧深思远，俭而用礼，乃有尧之遗风焉。

《唐风·山有枢》：《山有枢》，刺晋昭公也。不能修道以正其国，有财不能用，有钟鼓不能以自乐，有朝廷不能洒埽，政荒民散，将以危亡。四邻谋取其国家而不知，国人作诗以刺之也。

《唐风·扬之水》：《扬之水》，刺晋昭公也。昭公分国以封沃，沃盛强，昭公微弱，国人将叛而归沃焉。

《唐风·椒聊》：《椒聊》，刺晋昭公也。君子见沃之盛强，能修其政，知其蕃衍盛大，子孙将有晋国焉。

《唐风·绸缪》：《绸缪》，刺晋乱也。国乱则婚姻不得其时焉。

《唐风·杕杜》：《杕杜》，刺时也。君不能亲其宗族，骨肉离散，独居而无兄弟，将为沃所并尔。

《唐风·羔裘》：《羔裘》，刺时也。晋人刺其在位不恤其民也。

《唐风·鸨羽》：《鸨羽》，刺时也。昭公之后，大乱五世，君子下从征役，不得养其父母，而作是诗也。

《唐风·无衣》：《无衣》，美晋武公也。武公始并晋国，其大夫为之请命乎天子之使，而作是诗也。

《唐风·有杕之杜》：《有杕之杜》，刺晋武也。武公寡特，兼其宗族，而不求贤以自辅焉。

《唐风·葛生》：《葛生》，刺晋献公也。好攻战，则国人多丧矣。

《唐风·采苓》：《采苓》，刺晋献公也。献公好听谗焉。

《秦风·车邻》：《车邻》，美秦仲也。秦仲始大，有车马礼乐侍御之好焉。

《秦风·驷驖》：《驷驖》，美襄公也。始命，有田狩之事，园囿之乐焉。

《秦风·小戎》：《小戎》，美襄公也。备其兵甲，以讨西戎。西戎方强，而征伐不休，国人则矜其车甲，妇人能闵其君子焉。

《秦风·蒹葭》：《蒹葭》，刺襄公也。未能用周礼，将无以固其国焉。

《秦风·终南》：《终南》，戒襄公也。能取周地，始为诸侯，受显服，大夫美之，故作是诗以戒劝之。

《秦风·黄鸟》：《黄鸟》，哀三良也。国人刺穆公以人从死，而作是诗也。

《秦风·晨风》：《晨风》，刺康公也。忘穆公之业，始弃其贤臣焉。

《秦风·无衣》：《无衣》，刺用兵也。秦人刺其君好攻战，亟用兵，而不与民同欲焉。

《秦风·渭阳》：《渭阳》，康公念母也。康公之母，晋献公之女。文公遭丽姬之难，未反，而秦姬卒。穆公纳文公，康公时为大子，赠送文公于渭之阳，念母之不见也。我见舅氏，如母存焉。及其即位，思而作是诗也。

《秦风·权舆》：《权舆》，刺康公也。忘先君之旧臣，与贤者有始而无终也。

《陈风·宛丘》：《宛丘》，刺幽公也。淫荒昏乱，游荡无度焉。

《陈风·东门之枌》：《东门之枌》，疾乱也。幽公淫荒，风化之所行，男女弃其旧业，亟会于道路，歌舞于市井尔。

《陈风·衡门》：《衡门》，诱僖公也。愿而无立志，故作是诗以诱掖其君也。

《陈风·东门之池》：《东门之池》，刺时也。疾其君之淫昏，而思贤女以配君子也。

《陈风·东门之杨》：《东门之杨》，刺时也。昏姻失时，男女多违。亲迎，女犹有不至者也。

《陈风·墓门》：《墓门》，刺陈佗也。陈佗无良师傅，以至于不义，恶加于万民焉。

《陈风·防有鹊巢》：《防有鹊巢》，忧谗贼也。宣公多信谗，君子忧惧焉。

《陈风·月出》：《月出》，刺好色也。在位不好德，而说美色焉。

《陈风·株林》：《株林》，刺灵公也。淫乎夏姬，驱驰而往，朝夕不休息焉。

《陈风·泽陂》：《泽陂》，刺时也。言灵公君臣淫于其国，男女相说，忧思感伤焉。

《桧风·羔裘》：《羔裘》，大夫以道去其君也。国小而迫，君不用道，好絜其衣服，逍遥游燕，而不能自强于政治，故作是诗也。

《桧风·素冠》：《素冠》，刺不能三年也。

《桧风·隰有苌楚》：《隰有苌楚》，疾恣也。国人疾其君之淫恣，而思无情欲者也。

《桧风·匪风》：《匪风》，思周道也。国小政乱，忧及祸难，而思周道焉。

《曹风·蜉蝣》：《蜉蝣》，刺奢也。昭公国小而迫，无法以自守，好奢而任小人，将无所依焉。

《曹风·候人》：《候人》，刺近小人也。共公远君子而好近小人焉。

《曹风·鸤鸠》：《鸤鸠》，刺不壹也。在位无君子，用心之不壹也。

《曹风·下泉》：《下泉》，思治也。曹人疾共公侵刻下民，不得其所，忧而思明王贤伯也。

《豳风·七月》：《七月》，陈王业也。周公遭变故，陈后稷先公风化之所由，致王业之艰难也。

《豳风·鸱鸮》：《鸱鸮》，周公救乱也。成王未知周公之志，公乃为诗以遗王，名之曰《鸱鸮》焉。

《豳风·东山》：《东山》，周公东征也。周公东征，三年而归，劳归士，大夫美之，故作是诗也。一章言其完也，二章言其思也，三章言其室家之望女也，四章乐男女之得及时也。君子之于人，序其情而闵其劳，所以说也。"说以使民，民忘其死"，其唯《东山》乎？

《豳风·破斧》：《破斧》，美周公也。周大夫以恶四国焉。

《豳风·伐柯》：《伐柯》，美周公也。周大夫刺朝廷之不知也。

《豳风·九罭》：《九罭》，美周公也。周大夫刺朝廷之不知也。

《豳风·狼跋》：《狼跋》，美周公也。周公摄政，远则四国流言，近则王不知。周大夫美其不失其圣也。

以上为"国风"诸诗的"小序"，"大序"中，又将"风"之意义，推广及于"雅"与"颂"："是以一国之事，系一人之本，谓之风；言天下之事，形四方之风，谓之雅。雅者，正也，言王政之所由废兴也。政有小大，故有小雅焉，有大雅焉。颂者，美盛德之形容，以其成功告于神明者也。"尽管，不同的诗篇之间、不同的国风之间，风、雅、颂之间，各自的内容和教化意义是不同的，但是"经夫妇，成孝敬，厚人伦，美教化，移风俗"的教化目的是一致的。此循循善诱的教化效果，正如《礼记·经解》中引孔子所言："入其国，其教可知也。其为人也温柔敦厚，《诗》教也。……其为人也，温柔敦厚而不愚，则深于《诗》者也。"①

第二节　韩诗学派的解经特点

燕地大儒韩婴，是西汉《诗经》学中"韩诗学派"的代表人物。《汉书·儒林传》载："韩婴，燕人也。孝文时为博士，景帝时至常山太傅。婴推诗人之意，而作内、外《传》数万言，其语颇与齐、鲁间殊，然归一也。淮南贲生受之。燕、赵间言《诗》者由韩生。韩生亦以《易》授人，推《易》意而为之传。燕、赵间好《诗》，故其《易》微，唯韩氏自传之。武帝时，婴尝与董仲舒论于上前，其人精悍，处事分明，仲舒不能难也。后其孙商为博士。孝宣时，涿郡韩生其后也，以《易》征，待诏殿中，曰：'所受《易》即先太傅所传也。尝受《韩诗》，不如韩氏《易》深，太傅故专传

---

① 《十三经注疏·礼记正义》，北京大学出版社1999年版，第1368页。孙希旦《礼记集解》言："温柔，以辞气言；敦厚，以性情言。……蔽于温柔敦厚而不知通变，故至于愚。……深，谓学之而能深知其义也。深知其义，则有得而无失矣。"孙希旦：《礼记集解》，中华书局1989年版，第1254页。

之。'司隶校尉盖宽饶本受《易》于孟喜，见涿韩生说《易》而好之，即更从受焉。"① 有关西汉韩诗学派的解经著作，《汉书·艺文志》著录有《韩故》三十六卷、《韩内传》四卷、《韩外传》六卷、《韩说》四十一卷。韩婴著有内传、外传、训诂，是解经著作非常丰富的学者。《韩故》为训诂体，《韩说》为论说体，而在汉代解经文体中，"内传"侧重义理阐发，"外传"侧重征引史事。汉代今文经学的《诗经》学派，有齐、鲁、韩三家诗，皆曾立于学官，得到朝廷的认可，《韩诗外传》是三家诗学派中唯一完整留存至今的作品。从《韩诗外传》的文本可以看出，它是以外传体为主，杂以部分内传体，可看作当时的内外传的杂糅传世本。从中可以看出"外传"体的书写方式：先讲故事作为引导和铺垫，然后引出《诗经》的语句。这些故事，和毛诗学派《毛诗故训传》中的历史背景交代并不一样，并不能当作实事来看，也不能当作史料来取信，它的虚构性和传奇性与小说的书写方式是类似的。这种看起来很特别的做传记的方式，其实是继承从春秋时就被提出的"断章取义"的运用《诗经》的传统而来。

《左传·襄公二十八年》："赋诗断章，余取所求焉。"杨伯峻《春秋左传注》言："赋诗断章，譬喻语。春秋外交常以赋诗表意，赋者与听者各取所求，不顾本义，断章取义也。"②《诗经》是分章的，截取《诗经》中的某一章的诗句，即是"断章"，用采出的章句来表达自己的意见，而不顾及所引的诗句的原意，即是"取义"。这种断章式的对《诗经》的使用方式，是各种经典被运用时的常见方法，并不局限于《诗经》的领域，但

---

① 班固：《汉书》，中华书局 1962 年版，第 3613 页。司马迁《史记·儒林列传》："韩生者，燕人也。孝文帝时为博士，景帝时为常山王太傅。韩生推《诗》之意而为内、外《传》数万言，其语颇与齐鲁间殊，然其归一也。淮南贲生受之。自是之后，而燕赵间言《诗》者由韩生。韩生孙商为今上博士。"司马迁：《史记》，中华书局 1959 年版，第 3124 页。

② 杨伯峻：《春秋左传注》，中华书局 1995 年版，第 1145 页。

是，在春秋时代，《诗经》是士大夫的言辞表达中非常重要的交流工具，即如孔子所说："不学《诗》，无以言。"（《论语·季氏》）所以，这种话语使用方式，就借由《诗经》的使用而被总结出来。《韩诗外传》的文体，可看作断章取义这种运用诗经的方式在解经上的体现。这是《韩诗外传》在文体上最重要的特色之一，而另一个重要特色，就是它进行叙事性解经时的虚构性。没有证据表明《韩诗外传》中的一些故事到底是出自韩诗学派学者的杜撰，还是他们搜集的传说，但是即便"断章取义"和"诗无达诂"[①]是通识，《韩诗外传》中的某些叙述还是会引起争议，毕竟这部作品不是小说，而是解经之作。例如第三章：

> 孔子南游适楚，至于阿谷之隧，有处子佩璜而浣者。孔子曰："彼妇人其可与言矣乎？"抽觞以授子贡，曰："善为之辞，以观其语。"子贡曰："吾北鄙之人也，将南之楚。逢天之暑，思心潭潭，顾乞一饮，以表我心。"妇人对曰："阿谷之隧，隐曲之氾，其水载清载浊，流而趋海，欲饮则饮，何问于婢子！"受子贡觞，迎流而挹之，奂然而溢之，从流而挹之，奂然而觉得之，坐置之沙上。曰："礼固不亲授。"子贡以告。孔子曰："丘知之矣。"抽琴去其轸，以授子贡曰："善为之辞，以观其语。"子贡曰："向子之言，穆如清风，不悖我语，和畅我心。于此有琴而无轸，愿借子以调其音。"女人对曰："吾野鄙之人也，僻陋而无心，五音不知，安能调琴？"子贡以告。孔子曰："丘知之矣。"抽絺五两以授子贡，曰："善为之辞，以观其语。"子贡曰："吾北鄙之人也，将南之楚。于此有絺纮五两，吾不敢以当子身，敢

---

① 董仲舒《春秋繁露·精华》："《诗》无达诂，《易》无达占，《春秋》无达辞。"见苏舆撰，钟哲点校：《春秋繁露义证》，中华书局1992年版，第95页。

置之水浦。"妇人对曰："行客之人，嗟然永久，分其资财，弃之野鄙。吾年甚少，何敢受子？子不早去，今窃有狂夫守之者矣。"《诗》曰："南有乔木，不可休思，汉有游女，不可求思。"此之谓也。①

这一章引起很大的争议，因为这种一而再、再而三的对一位陌生女子的试探和交流，实在太不像是孔子和子贡的行事风格，如洪迈《容斋续笔·韩婴诗》就曾批判："观此章，乃谓孔子见处女而教子贡以微词三挑之，以是说《诗》，可乎？其谬戾甚矣，它亦无足言。"②从故事本身的情节来讲，由其中叙事逻辑而引出《周南·汉广》中的"汉有游女，不可求思"之诗句，是颇为顺畅的，如果发出试探行为的不是圣人，而是一位普通人，这就是一个合理的故事，由一则小故事来佐证、阐发了《汉广》。但是，这个故事中孔子和子贡的出场，实在是让读者尤其是儒家后学难以接受，因为这和圣人的主张与作风背道而驰，许维遹云："此文久为儒者所诟病，不惜毁乘者已。"③其实，《毛诗故训传》中的以史事相比附的解释《诗经》的方法，也未尝是全然"真实"的，古来以为毛诗牵强附会的学者也不少。但是，毛诗的释诗是以教化为旨归，其思路与儒家诗教观自始至终相吻合，思想指向性是归于儒家思想的核心。可以说，《毛诗故训传》是通过解释《诗经》来弘扬儒家思想。所以，就形成了事未必然但理所当然的效果。而《韩诗外传》尽管也带有鲜明的儒家色彩，但是它行文的走向皆是《诗经》的某一诗句。因此，《毛诗故训传》是对《诗经》由文学层面到思想层面的提升，而《韩诗外传》则还是就文学谈文学而已，广搜

---

① 韩婴撰，许维遹校释：《韩诗外传集释》，中华书局1980年版，第1页。

② 洪迈：《容斋随笔》，中华书局2005年版，第312页。

③ 韩婴撰，许维遹校释：《韩诗外传集释》，中华书局1980年版，第5页。

而来的故事与话语，引导出某一诗句的含义，来加深对此诗句的理解。所以，《韩诗外传》并不是以儒家思想的建设和教化导向任务为目的的，它的编写目的，还是展示《诗经》文本的普遍适用性，如接下来也提到孔子的这两章：

第四章

哀公问孔子曰："有智者寿乎？"孔子曰："然。人有三死而非命也者，自取之也。居处不理，饮食不节，佚劳过度者，病共杀之。居下而好干上，嗜欲无厌，求索不止者，刑共杀之。少以敌众，弱以侮强，忿不量力者，兵共杀之。故有三死而非命者，自取之也。"《诗》云："人而无仪，不死何为。"①

第八章

王子比干杀身以成其忠，尾生杀身以成其信，伯夷叔齐杀身以成其廉，此四子者，皆天下之通士也，岂不爱其身哉！为夫义之不立，名之不显，则士耻之，故杀身以遂其行。由是观之，卑贱贫穷，非士之耻也。夫士之所耻者，天下举忠而士不与焉，举信而士不与焉，举廉而士不与焉。三者存乎身，名传于世，与日月并而不息，天不能杀，地不能生，当桀纣之世，不之能污也。然则非恶生而乐死也，恶富贵好贫贱也，由其理尊贵及己而仕，不辞也。孔子曰："富而可求也，虽执鞭之士，吾亦为之。如不可求，从吾所好。"故阨穷而不悯，劳辱而不苟，然后能有致也。《诗》曰："我心匪石，不可转也。我心

---

① 韩婴撰，许维遹校释：《韩诗外传集释》，中华书局 1980 年版，第 5 页。

匪席，不可卷也。"此之谓也。①

这两章中孔子的话语，就不像第三章那样难以接受了，第八章中的引言，亦见于《论语·述而》篇。事实上，《诗经》的断章取义、赋诗言志的语用特性，使它成为五经中使用最为灵活广泛的文本，"断章取义""诗无达诂"等理论之所以能被提出，能体现出儒家学者在早期的经典文本的语用中，就是大胆而灵活的。而《韩诗外传》的文体特征，也展示出汉代儒家学者在解经时明确的文体意识，不同的文体以不同的方法来解释、运用经典，亦是儒家经典在文本和实用方面的多元性和广泛性的体现。

第三节　董仲舒的天人合一思想

如果说荀子是河北儒家学术的开创者和奠基者，那么，董仲舒就是带领河北学术更上一层楼的超越者，甚至在他的手上，儒家学术实现了孔、孟、荀以来未曾实现的梦想——真正地落实成了治国纲领。自此，儒家学术终于不再仅仅是理想的蓝图和师友的呼唤，而真正实现了与君主的坐而论道，儒生真正开始获得了与执政者分庭抗礼的政治身份，儒学的理论阐释也真正实现了可以影响到执政策略的政治话语权。

董仲舒（公元前179—公元前104），广川（今属河北省衡水市景县）人，生平跨越西汉文帝、景帝、武帝三代。《史记·儒林列传》载：

---

① 韩婴撰，许维遹校释：《韩诗外传集释》，中华书局1980年版，第9页。

董仲舒，广川人也。以治《春秋》，孝景时为博士。下帷讲诵，弟子传以久次相受业，或莫见其面，盖三年董仲舒不观于舍园，其精如此。进退容止，非礼不行，学士皆师尊之。今上即位，为江都相。以《春秋》灾异之变推阴阳所以错行，故求雨闭诸阳，纵诸阴，其止雨反是。行之一国，未尝不得所欲。中废为中大夫，居舍，著灾异之记。是时辽东高庙灾，主父偃疾之，取其书奏之天子。天子召诸生示其书，有刺讥。董仲舒弟子吕步舒不知其师书，以为下愚。于是下董仲舒吏，当死，诏赦之。于是董仲舒竟不敢复言灾异。

董仲舒为人廉直。是时方外攘四夷，公孙弘治《春秋》不如董仲舒，而弘希世用事，位至公卿。董仲舒以弘为从谀。弘疾之，乃言上曰："独董仲舒可使相胶西王。"胶西王素闻董仲舒有行，亦善待之。董仲舒恐久获罪，疾免居家。至卒，终不治产业，以修学著书为事。故汉兴至于五世之间，唯董仲舒名为明于《春秋》，其传公羊氏也。[①]

董仲舒之前的儒生，或如毛亨这样著作传世而个人事迹甚简略，或如贾谊这样事迹传世而经学之作不传。在个人形象和经学著作上并传于世的儒者，汉代建立以来董仲舒是第一人。董仲舒的出现，代表着随着西汉进入中期，儒生们开始正式进入政治活动的核心部分，从而在正史中有事迹之传。换一个角度说，就是处于执政地位的士子们，也开始进行经学著述了。经学与政治的结合，是儒学两千余年发展史上的重要特点，西汉历史发展到董仲舒、公孙弘的时代，可以说经学的适用地域才真正打开了。钱穆《秦汉史》中言："汉廷用儒术，其先盖与吏治相援，此等皆援引古意，

---

① 司马迁：《史记》，中华书局 1959 年版，第 3127 页。

卓然有以自见。其后汉廷议政论事，往往攀援经义以自坚。而经术遂益为朝廷所重。朴属不学者无以伸其意。而公卿彬彬，多向文学矣。"①经学本就有与政治的天然关系，"六经"之中就包含了许多执政者的文件、制度、仪式，以及对政治理论的认识和总结，孔子的释经，也多从为政的角度出发。这种积极入世的学派，一直以兼济天下为己任，虽极重修身，但导向还是治国平天下。所以，到了汉代经学经历了早期的恢复之后进入茁壮的发展期，经学早就在政治的领域里跃跃欲试了。董仲舒的代表作《春秋繁露》中谈到治国之道的部分，也非常多。与先汉时期的儒学言谈对政治的观点不同，汉代的儒生们言及政治，是在一个大一统的国家之中，他们的现实指向更加明确。在董仲舒的政治和学术生涯中，最辉煌的篇章就是被《汉书·董仲舒传》全文收录的"天人三策"，这是董仲舒面对汉武帝的问题的三篇策论，是西汉中期今文经学家的政治理想和思想高度的宏伟表达，其影响可谓震烁古今。

在"天人三策"中，汉武帝提出的第一个问题就非常宏观深邃。他回顾历史变迁，对天道的运行规则产生了困惑。如果天道真的存在的话，作为一个统辖四方的君主，他究竟应该怎么体认天道、贯彻天道呢？他希望董仲舒从根本出发，为他的执政思路作出清晰的指南。

> 制曰：朕获承至尊休德，传之亡穷，而施之罔极，任大而守重，是以夙夜不皇康宁，永惟万事之统，犹惧有阙。故广延四方之豪俊，郡国诸侯公选贤良修洁博习之士，欲闻大道之要，至论之极。今子大夫襃然为举首，朕甚嘉之。子大夫其精心致思，朕垂听而问焉。

---

① 钱穆：《秦汉史》，三联书店 2004 年版，第 209 页。

盖闻五帝三王之道，改制作乐而天下洽和，百王同之。当虞氏之乐莫盛于《韶》，于周莫盛于《勺》。圣王已没，钟鼓管弦之声未衰，而大道微缺，陵夷至乎桀、纣之行，王道大坏矣。夫五百年之间，守文之君，当涂之士，欲则先王之法以戴翼其世者甚众，然犹不能反，日以仆灭，至后王而后止，岂其所持操或诗缪而失其统与？固天降命不可复反，必推之于大衰而后息与？乌乎！凡所为屑屑，夙兴夜寐，务法上古者，又将无补与？三代受命，其符安在？灾异之变，何缘而起？性命之情，或天或寿，或仁或鄙，习闻其号，未烛厥理。伊欲风流而令行，刑轻而奸改，百姓和乐，政事宣昭，何修何饬而膏露降，百谷登，德润四海，泽臻草木，三光全，寒暑平，受天之祜，享鬼神之灵，德泽洋溢，施乎方外，延及群生？

子大夫明先圣之业，习俗化之变，终始之序，讲闻高谊之日久矣，其明以谕朕。科别其条，勿猥勿并，取之于术，慎其所出。乃其不正不直，不忠不极，枉于执事，书之不泄，兴于朕躬，毋悼后害。子大夫其尽心，靡有所隐，朕将亲览焉。

董仲舒的回答，非常准确地对应了汉武帝的疑问，指出他的阐述纲领："臣谨案《春秋》之中，视前世已行之事，以观天人相与之际，甚可畏也。"[①] 他的学术思想的基础，是以《春秋》为根基的儒家典籍。《春秋》是依托真实的史事来表达微言大义的，从人事出发，而上达天道，正是在天人相与之际立论，因此擅长于《春秋》学派的董仲舒，正适合作为汉武帝的困惑的解释者。那么，应该以什么样的心态来接受天人之道的解释

---

① 班固：《汉书》，中华书局 1962 年版，第 2498 页。

呢，董仲舒表述此间大道，"甚可畏也"，希望皇帝体认天道的时候，能够有敬畏之心。如何让皇帝形成这种敬畏之心呢？那就是董仲舒沟通天人之际的关键点——灾异谴告。"国家将有失道之败，而天乃先出灾害以谴告之，不知自省，又出怪异以警惧之，尚不知变，而伤败乃至。以此见天心之仁爱人君而欲止其乱也。自非大亡道之世者，天尽欲扶持而全安之，事在强勉而已矣。强勉学问，则闻见博而知益明；强勉行道，则德日起而大有功：此皆可使还至而有效者也。《诗》曰'夙夜匪解'，《书》云'茂哉茂哉！'皆强勉之谓也。"[1] 与道家的"天地不仁，以万物为刍狗"[2] 的观点截然不同，在儒家看来，天是有仁爱之心的，会尽力扶持人君人事，并且会通过灾异来对失道的行为作出警戒。所以，作为人君，就更应该努力响应天道。如何响应呢？就是要勤勉致力。这与儒家尚入世、尚有为的主张相贴合，正如《周易·乾》的儒家阐释中，将人对天的借鉴，归之于"天行健，君子以自强不息"。[3] 所以在"天人三策"开篇的立论中，就可以见到非常鲜明的儒家本色。

在确认了勤勉以对天道的态度之后，董仲舒进一步恢张"教化"的作用。长治久安的秘诀，就在于教化之功。可以看出，尽管儒家今文学派和古文学派之争在汉代非常火热，但是两者的许多儒家本质的基点是一致的，对教化的重视即是其中一环。董仲舒在阐发天人之际的时候，引用孔子的"人能弘道，非道弘人"[4]（《论语·卫灵公》），是在提醒君主，天道存在并且仁厚，是治是乱，是废是兴，都在于自己。接董仲舒并举祥瑞与

---

① 班固：《汉书》，中华书局 1962 年版，第 2498 页。
② 陈鼓应：《老子注译及评介》，中华书局 1984 年版，第 78 页。
③ 《十三经注疏·周易正义》，北京大学出版社 1999 年版，第 10 页。
④ 钱穆：《论语新解》，三联书店 2002 年版，第 416 页。

灾异，这都是天道在人世的显现，看起来受命之符和邪气妖孽似乎是人力之外的存在，但是其起因也都是与人的作为相关。天道与人事，在董仲舒的祥瑞灾异学说之中，是两位一体，紧密关联的。

董仲舒分析《春秋》经的首句"元年，春，王正月"①，告诉汉武帝，王道的开端，就在于天道，"春"之后是"王"，"王"之后是"正"，春来自天，正来自王，因此君主承接天的作为，以来端正自己的行为，这就是王道的开端："王者欲有所为，宜求其端于天。"② 天道之阴阳运行，对应到君主之德教与任刑。君主应该用德教治国，而不是一味只用刑罚，虐政是无法实现教化作用的。正如同阴阳调和而得到风调雨顺的美好，君主若能够正心正本，也可以如同天地调和一般而实现四海的调和，天人之间的调和机制是一致共通的。

在疏通了天道与君主之道的通贯机制之后，董仲舒再次强调当下国家的重点，是大行教化以营建风俗之美，太学、庠序的发展必不可少。而对于汉武帝来说，还有一个历史案例是非常具有说服力的，那就是自汉代建立起，就不断被分析的秦朝覆灭的教训。董仲舒也将秦亡之因归结于教化与礼义的缺失，甚至其遗毒余烈，至今未灭，导致汉继秦之后，面对许多困难。所以要想得到完善的治理，要坚守天人合一，坚守仁、义、礼、智、信五常之道，才可以受到天的庇佑，延及群生。

这篇策论引起了汉武帝的注意，于是有了下一轮提问："盖闻虞舜之时，游于岩郎之上，垂拱无为，而天下太平。周文王至于日昃不暇食，而宇内亦治。夫帝王之道，岂不同条共贯与？何逸劳之殊也？"③ 回首上古帝

---

① 《十三经注疏·春秋公羊传注疏》，北京大学出版社 1999 年版，第 5 页。

② 班固：《汉书》，中华书局 1962 年版，第 2502 页。

③ 班固：《汉书》，中华书局 1962 年版，第 2506 页。

王，有的垂手而治，有的凤兴夜寐，都能够达到治世的效果，方法却并不相同，那么帝王之道是可以一以贯之的吗？到底是应该垂拱无为，还是勤勉多为呢？汉武帝认为自己继位以来，凤瘝晨兴，亲耕尽思，已经非常努力了，但是国家依然存在许多问题，这又是为什么呢？董仲舒在回答中仔细回顾分析了明君与暴君的历史实际，得出的结论是帝王之道是条贯的，但是面对的时势并不相同，所以就需要使用不同的具体做法："帝王之条贯同，然而劳逸异者，所遇之时异也。"[①] 而当时，汉武帝所面对的问题，是因为长期以来乱世之中缺乏教化的深厚滋养，因此人才匮乏，当务之急，就是要深耕教化之功，培育贤才。并且董仲舒对教育制度和察举作出了具体的建议：

> 陛下亲耕籍田以为农先，凤瘝晨兴，忧劳万民，思惟往古，而务以求贤，此亦尧、舜之用心也，然而未云获者，士素不厉也。夫不素养士而欲求贤，譬犹不琢玉而求文采也。故养士之大者，莫大乎太学；太学者，贤士之所关也，教化之本原也。今以一郡一国之众，对亡应书者，是王道往往而绝也。臣愿陛下兴太学，置明师，以养天下之士，数考问以尽其材，则英俊宜可得矣。今之郡守、县令，民之师帅，所使承流而宣化也；故师帅不贤，则主德不宣，恩泽不流。今吏既亡教训于下，或不承用主上之法，暴虐百姓，与奸为市，贫穷孤弱，冤苦失职，甚不称陛下之意。是以阴阳错缪，氛气充塞，群生寡遂，黎民未济，皆长吏不明，使至于此也。
>
> 夫长吏多出于郎中、中郎，吏二千石子弟选郎吏，又以富訾，未

---

① 班固：《汉书》，中华书局 1962 年版，第 2509 页。

必贤也。且古所谓功者，以任官称职为差，非谓积日累久也。故小材虽累日，不离于小官；贤材虽未久，不害为辅佐。是以有司竭力尽知，务治其业而以赴功。今则不然。累日以取贵，积久以致官，是以廉耻贸乱，贤不肖浑淆，未得其真。臣愚以为使诸列侯、郡守、二千石各择其吏民之贤者，岁贡各二人以给宿卫，且以观大臣之能；所贡贤者有赏，所贡不肖者有罚。夫如是，诸侯、吏二千石皆尽心于求贤，天下之士可得而官使也。遍得天下之贤人，则三王之盛易为，而尧舜之名可及也。毋以日月为功，实试贤能为上，量材而授官，录德而定位，则廉耻殊路，贤不肖异处矣。陛下加惠，宽臣之罪，令勿牵制于文，使得切磋究之，臣敢不尽愚！

至此汉武帝认可了"善言天者必有征于人，善言古者必有验于今"，已经准备接受天人感应，虚心以求先圣道业。并且想要得到更加细致的解说，因此有了第三篇策问。在第三篇对答中，董仲舒也最充分地阐释了《春秋》大道与天人感应学说，气度宏伟。圣人法天而立道，天之道与圣人之道是贴合的："天者群物之祖也。故遍覆包函而无所殊，建日月风雨以和之，经阴阳寒暑以成之。故圣人法天而立道，亦溥爱而亡私，布德施仁以厚之，设谊立礼以导之。春者天之所以生也，仁者君之所以爱也；夏者天之所以长也，德者君之所以养也；霜者天之所以杀也，刑者君之所以罚也。繇此言之，天人之征，古今之道也。"[1]并且，孔子作《春秋》，也是从天人之际着眼，"上揆之天道，下质诸人情，参之于古，考之于今"。[2]董仲舒又将天人关系具体到命、性、情的三位一体："以天令之谓命，命非

---

① 班固：《汉书》，中华书局 1962 年版，第 2515 页。

② 班固：《汉书》，中华书局 1962 年版，第 2515 页。

圣人不行；质朴之谓性，性非教化不成；人欲之谓情，情非度制不节。是故王者上谨于承天意，以顺命也；下务明教化民，以成性也；正法度之宜，别上下之序，以防欲也；修此三者，而大本举矣。"①人受命于天，其人性的养成应该遵循这样的途径："明于天性，知自贵于物；知自贵于物，然后知仁谊；知仁谊，然后重礼节；重礼节，然后安处善；安处善，然后乐循理；乐循理，然后谓之君子。故孔子曰'不知命，亡以为君子'，此之谓也。"②这就是通过天人感应，来养成人才的路径。可以看到，董仲舒对天命与人事的阐释，是一直结合着以《春秋》为主导的儒家学说来印证的，他认为《春秋》等孔子的思想是天人之道的深刻体现，因此在将大道阐述分明之后，董仲舒提出了在汉代政治和思想中影响深远的罢黜百家、独尊儒术的建议——"《春秋》大一统者，天地之常经，古今之通谊也。今师异道，人异论，百家殊方，指意不同，是以上亡以持一统；法制数变，下不知所守。臣愚以为诸不在六艺之科孔子之术者，皆绝其道，勿使并进。邪辟之说灭息，然后统纪可一而法度可明，民知所从矣。"③汉武帝在三次策问中提出的问题，都包含了对执政策略的困惑，不知哪条路才是准确，因此董仲舒提出在指导思想上归于一统，可使法度清明，民知所从。

　　册曰："善言天者必有征于人，善言古者必有验于今。"臣闻天者群物之祖也。故遍覆包函而无所殊，建日月风雨以和之，经阴阳寒暑以成之。故圣人法天而立道，亦溥爱而亡私，布德施仁以厚之，设谊立礼以导之。春者天之所以生也，仁者君之所以爱也；夏者天之所以长

---

① 班固：《汉书》，中华书局 1962 年版，第 2515 页。
② 班固：《汉书》，中华书局 1962 年版，第 2516 页。
③ 班固：《汉书》，中华书局 1962 年版，第 2523 页。

也，德者君之所以养也；霜者天之所以杀也，刑者君之所以罚也。繇此言之，天人之征，古今之道也。孔子作《春秋》，上揆之天道，下质诸人情，参之于古，考之于今。故《春秋》之所讥，灾害之所加也；《春秋》之所恶，怪异之所施也。书邦家之过，兼灾异之变；以此见人之所为，其美恶之极，乃与天地流通而往来相应，此亦言天之一端也。古者修教训之官，务以德善化民，民已大化之后，天下常亡一人之狱矣。今世废而不修，亡以化民，民以故弃行谊而死财利，是以犯法而罪多，一岁之狱以万千数。以此见古之不可不用也，故《春秋》变古则讥之。天令之谓命，命非圣人不行；质朴之谓性，性非教化不成；人欲之谓情，情非度制不节。是故王者上谨于承天意，以顺命也；下务明教化民，以成性也；正法度之宜，别上下之序，以防欲也；修此三者，而大本举矣。人受命于天，固超然异于群生，入有父子兄弟之亲，出有君臣上下之谊，会聚相遇，则有耆老长幼之施，粲然有文以相接，欢然有恩以相爱，此人之所以贵也。生五谷以食之，桑麻以衣之，六畜以养之，服牛乘马，圈豹槛虎，是其得天之灵，贵于物也。故孔子曰："天地之性人为贵。"明于天性，知自贵于物；知自贵于物，然后知仁谊；知仁谊，然后重礼节；重礼节，然后安处善；安处善，然后乐循理；乐循理，然后谓之君子。故孔子曰："不知命，亡以为君子"，此之谓也。

此三篇对策，将"天人合一"的观念表达得淋漓尽致，"天令之谓命，命非圣人不行；质朴之谓性，性非教化不成；人欲之谓情，情非度制不节。是故王者上谨于承天意，以顺命也；下务明教化民，以成性也；正法度之宜，别上下之序，以防欲也；修此三者，而大本举矣"。上达天而下及人，落实于具体执政和人伦社会，能够对君权形成制衡而又与每个人息息相关，这可以说，简直是一个几近完美的全局设计。这与汉武帝时代的国情和当时的执政者所要达到的政治效果极为吻合。钱穆《秦汉史》言："盖仲舒对策大意，在于去刑法而任教化，而苟任教化，则必以儒道为宗矣。"[①]"汉之初兴，疮痍未脱，与民休息，则黄老之说为胜。及于文景，社会富庶，生气转苏。久痿者不忘起，何况壮旺之夫。复与言休息，谁复乐之。而一时法度未立，纲纪未张。社会既蠢蠢欲动，不得不一切裁之以法。文帝以庶子外王，入主中朝。时外戚吕氏虽败，而内则先帝之功臣，外则同宗之诸王，皆不安就范围。文帝外取黄老阴柔，内主申韩刑名。其因应措施，皆有深思。及于景帝，既平七国之变，而高庙以来功臣亦尽。中朝威权一统，执申韩刑名之术，若可以驱策天下，惟我所向。然申韩刑名，正为朝廷纲纪未立而设。若政治已上轨道，全国共遵法度，则申韩之学，亦复无所施。其时物力既盈，纲纪亦立，渐臻太平盛世之况。而黄老申韩，其学皆起战国晚世。其议卑近，主于应衰乱。惟经术儒生，高谈唐虞三代，礼乐教化，独为盛世之憧憬。自衰世言之，则每见其为迂阔而远于事情。及衰象既去，元气渐复，则如人之病起，舍药剂而嗜膏粱，亦固其宜也。后人乃谓儒术独为利于专制，故为汉武所推尊，岂得当时之真相哉。"[②]

儒家思想符合汉武帝盛世之下转变执政思路的需求，是大势所趋，但是董仲舒不仅是时势造出的大学者，从"天人三策"中即可看出他对时代局势的细致把握和对君主需求的深刻理解，更加可贵的是，他为儒家真正契合国家意识心态，提供了不卑不亢的立场。在他的设计下，得到政权支持的学派却不是政权的附庸，而是为儒家学派与君权的合作提供了可长久运行的健康机制。那就是他在肯定了君权的天命所授的同时，也为儒家学

① 钱穆：《秦汉史》，三联书店 2005 年版，第 90 页。
② 钱穆：《秦汉史》，三联书店 2005 年版，第 93 页。

者赢得了制约君权的能力，即是灾异谴告思想。在《春秋繁露》的记载中，董仲舒对灾异的定义和警诫作用是这样总结的："其大略之类，天地之物，有不常之变者，谓之异，小者谓之灾。灾常先至，而异乃随之。灾者，天之谴也，异者，天之威也。谴之而不知，乃畏之以威。《诗》云：'畏天之威。'殆此谓也。凡灾异之本，尽生于国家之失。国家之失乃始萌芽，而天出灾害以谴告之；谴告之而不知变，乃见怪异以惊骇之；惊骇之尚不知畏恐，其殃咎乃至。以此见天意之仁而不欲陷人也。谨案：灾异以见天意，天意有欲也，有不欲也。所欲、所不欲者，人内以自省，宜有惩于心。外以观其事，宜有验于国。故见天意者之于灾异也，畏之而不恶也，以为天欲振吾过，救吾失，故以此报我也。《春秋》之法，上变古易常，应是而有天灾者，谓幸国。孔子曰：'天之所幸，有为不善而屡极。'楚庄王以天不见灾，地不见孽，则祷之于山川曰：'天其将亡予邪？不说吾过，极吾罪也。'以此观之，天灾之应过而至也，异之显明可畏也。此乃天之所欲救也，《春秋》之所独幸也，庄王所以祷而请也，圣主贤君尚乐受忠臣之谏，而况受天谴也？"[1]灾异包含有震慑和敬畏，也包含有仁爱和抚慰，儒家的灾异学说，不仅告诫执政者，灾异的出现是执政出了问题，也告诉执政者，灾异是有办法应对的。能够左右逢源的制度建设往往比较实用而能够久用，儒生依靠灾异阐释作为自己的政治资本，而君主也需要灾异谴告的抚慰功能来稳定民情，虽然双方的目的和出发点并不相同，但却能合拍。

　　天命化改造、天人合一思想的成熟，为儒家学术在百家争鸣结束之后的汉代能够成为从庙堂到民间的主流主导思想，打下了宽广普适的基础。也解决了儒家思想关注此岸、积极入世所形成的超越性缺失的问题。钱

---

　　① 　苏舆：《春秋繁露义证》，中华书局 1992 年版，第 259 页。

穆《中国学术通义》中说道:"中国传统文化,以人文精神为中心。远在
殷商时代,中国人对天或上帝的信仰,本极重要。此乃中国古代的宗教信
仰,与其他民族实无大异。但到周初开国,周公把以前的宗教信仰转移重
心落实到人生实务上来,主要是在政治运用上。周公认为天心只随人心而
转移。而文学最是唤发人心沟通人心的一个主要工具,因此诗经遂成为周
公治国平天下的一部大经典。周公制礼作乐的一切大纲目,都表现在诗经
里。其次乃是尚书西周书中的大部分,都是有关当时实际政治的,尤其在
诰令方面,都是有关政治思想与理论方面的。因此经学中诗和书两种,都
保留着周公当时许多在政治和教育上的主张和措施。孔子最崇拜周公,把
周公当时的种种思想和实际措施,加以一番极深密的探讨和发挥,而完成
了一种纯学术性的组织圆密的思想体系,此下才有所谓中国的儒家。我们
也可以说,周公开始把中国古代的宗教信仰转移运用到政治场合中来,而
周公之政治运用又是极富教育意味的。孔子则把周公的那一套政治和教育
思想颠倒过来,想根据理想的教育来建立理想的政治。但在最后,周公与
孔子两人,大体上仍保留着古代相传宗教信仰之最高一层即关于天和上帝
的信仰。中国后代人认为六经始于周公而成于孔子,群奉六经为一种主
要典籍,认为六经乃政(政治)教(教育)之本,而六经实应以诗书为
本,此一源流是如此。故经学精神亦是偏重在人文实务,而古代相传的
宗教信仰则愈后愈薄了。"[1]"要做一理想人,要做一圣人,便该在实际人
生社会中去做,此便是中国学术传统中之人文精神。要接受此种人文精
神,必该通历史,又该兼有一种近似宗教的精神,即所谓天人合一的信
仰。必该博闻多识,对一切自然界人生界的知识能贯通合一,而从此寻求

---

[1]　钱穆:《中国学术通义》,台湾学生书局 1975 年版,第 3 页。

出一套当前可以活用的学问来真实贡献于社会。此是中国经学所理想追求之大目标。"[①]"中国文化体系中缺少宗教，向来中国人则用经学来补偿此缺憾。一是天人合一的观念，对于宇宙真理与人生真理两方面一种最高合一的崇高信仰，在五经中最显著，最重视，而经学成为此一信仰之主要渊源。"[②]"两汉时代一切政治制度、社会风尚、教育宗旨及私人修养种种大纲节，无一非根据经学而来，故可说两汉经学实对此下中国文化传统有巨大之影响，此层亦属无可怀疑。"[③]虽然"子不语怪力乱神"（《论语·述而》），事实上，儒家思想从来就不乏"形而上"一途。但是儒家是在此岸讲神鬼，而并不关心人世终结之后的事情，以及彼岸。儒家在它的初建时期，没有将依赖的典籍单一化，而是"五经"各有面相，内涵丰富，跨度广阔，成为后世儒学发展史的源头活水。董仲舒之后，两汉儒生沿着天命与政治结合这条路走，今文学大盛。而古文学渐起，又将儒学文献中的历史性恢张。东汉末期今古文在郑玄手上完成了总结，却又被继起的玄学代替。而后的思想主流已然是宗教性的，直到中唐之后，儒生们为儒学找到了新的形而上的支撑——心性，再次完成了"此岸的超越"，儒学从而又繁盛千载。[④]

---

① 钱穆：《中国学术通义》，台湾学生书局 1975 年版，第 6 页。
② 钱穆：《中国学术通义》，台湾学生书局 1975 年版，第 13 页。
③ 钱穆：《中国学术通义》，台湾学生书局 1975 年版，第 69 页。
④ 姚新中、何丽艳：《自我与超越：论儒家的精神体验和宗教性》："在孔孟建构的精神世界中，经验发挥了超越的作用，由此，自我发起转化过程并赋予其动力。通过考察儒家体验之精神意义，可以得出如下结论：虽然'超越的体验'在其他宗教或理智传统中只是众多成分中的一个，但它对于儒家，却是自我是否能完全融入终极实在的最重要途径。"《江海学刊》2008 年第 4 期。任剑涛：《内在超越与外在超越：宗教信仰、道德信念与秩序问题》："有学者认为，儒家思想的特质是一种与基督教'外在超越'旨趣不同的'内在超越'。分析起来，这种断定主要是基于基督教对儒家构成的宗教压力与政治压力导致的。传统儒家既不追求宗教意义的超越，也不追求本体论—知识论意义上的超越。与宗教超越重视上

　　"天人三策"之外，董仲舒广有著作，有《春秋繁露》传世。《汉书·艺文志》中，"六艺略"有《公羊董仲舒治狱》十六篇，"诸子略"有"《董仲舒》百二十三篇"。《汉书·董仲舒传》载："仲舒所著，皆明经术之意，及上疏条教，凡百二十三篇。而说《春秋》事得失，《闻举》《玉杯》《蕃露》《清明》《竹林》之属，复数十篇，十余万言，皆传于后世。"① 董仲舒最著名的传世作品《春秋繁露》，最早著录于《隋书·经籍志》经部春秋类。张舜徽《汉书艺文志通释》解释《春秋繁露》的内容和形成过程：

　　　　董仲舒专治《公羊春秋》，为汉初今文经学大师。景帝时为博士，武帝时官至江都相及胶西王相。其说经虽以儒家思想为中心，而杂以阴阳五行之说，借天道以明人事。欲以天变灾异，对时君进规谏。意其时此类言论文字比夥，故为书至百三十篇之多。后随今文经学之衰歇，董氏之书，亦亡佚最早。故《隋书·经籍志》子部儒家类，不复见有百二十三篇矣。至于今日通行之《春秋繁露》十七篇，《汉志》不载，始著录于《隋志》经部春秋类。其书自《楚庄王》第一至《天道施》第八十二，凡八十二篇。其书发明春秋大义者，仅十之四五；其余多篇，率泛论性与天道及治国之要。而《离合根》《立元神》《保位权》诸篇，阐明人君南面术，尤为深切。可知其所论述，非专为《春

_____

帝与人的关系、本体论—知识论重视超验—经验架构相比，儒家思想乃是高度看重人的德性修养与境界提升的伦理体系。在现代处境中，没有必要将儒学的宗教性引为儒家价值辩护的方式。从一个社会—政治共同体必需的人心—社会秩序来看，儒家强调的基于道德信念的相关秩序安排，具有同基督宗教一样的收摄人心、整合社会的作用。"《中国社会科学》2012 年第 7 期。

　　① 班固：《汉书》，中华书局 1962 年版，第 2525 页。

秋》作也。窃疑此书既不见于《汉志》，所起必晚。殆汉以后人收拾董氏遗文如百二十三篇中之零散篇章，裒辑以成斯编。今之稽考董氏学术思想者，仍必究于此。①

《春秋繁露》主要论述《春秋》的义理与书写方式，静思明辨，成就斐然，学者们赞美之辞繁多。如程颐："西汉儒者有风度，惟董仲舒、毛苌、扬雄。苌解经虽未必皆当，然味其言，大概然耳。"② 刘熙载《艺概·文概》："董仲舒学本《公羊》，而进退容止，非礼不行，则其于礼也深矣。至观其论大道，深奥宏博，又知于诸经之义无所不贯。……董仲舒《对策》言：'诸不在六艺之科、孔子之术者，皆绝其道，勿使并进'，其见卓矣。扬雄'非圣哲之书不好'，盖衷此意，然未若董之自得也。……汉家制度，王霸杂用；汉家文章，周、秦并法。惟董仲舒一路无秦气。"③ 苏舆《春秋繁露义证·董子年表》："后世以训诂义理分汉宋学派，不知董君书实为言义理之宗。故余以为汉儒经学，当首董次郑。则知说经有体，不必别标门户矣。王西庄《十七史商榷》云：'学者若能识得康成深处，方知程朱义理之学，汉儒已见及。程朱研精义理，仍即汉儒意趣。'吾于董生则云。"④ 杨树达《春秋大义述·凡例》亦认为《春秋繁露》的义理精深："汉代大儒，首推董子。《春秋繁露》一书，今虽残缺不完，而义据精

---

① 张舜徽：《汉书艺文志通释》，湖北教育出版社 1990 年版，第 119 页。苏舆《春秋繁露义证自序》："《繁露》非完书也。而其说《春秋》者，又不过十之五六。然而五比偶类，览绪屠赘，尚可以多连博贯，是在其人之深思慎述。而缘引傅会，以自成其曲说者，亦未尝不因其书之少也。"苏舆：《春秋繁露义证》，中华书局 1992 年版，第 1 页。

② 程颢、程颐：《二程遗书》，上海古籍出版社 2000 年版，第 371 页。

③ 刘熙载：《艺概》，上海古籍出版社 1978 年版，第 11 页。

④ 苏舆：《春秋繁露义证》，中华书局 1992 年版，第 490 页。

深，得未曾有。"①董仲舒的精深学理、体系建构、风度气象，实为河北文化史上恒久的荣光。

第四节　河间献王刘德的实事求是精神

河间献王刘德（公元前171—公元前130），是西汉中期在河北地区作出重要儒学贡献的人物。他是汉景帝刘启的第二子，《史记·五宗世家》载："河间献王德，以孝景帝前二年用皇子为河间王。好儒学，被服造次必于儒者。山东诸儒多从之游。"②河间今属河北省沧州市。《汉书·景十三王传》载：

> 河间献王德以孝景前二年立，修学好古，实事求是。从民得善书，必为好写与之，留其真，加金帛赐以招之。由是四方道术之人不远千里，或有先祖旧书，多奉以奏献王者，故得书多，与汉朝等。是时，淮南王安亦好书，所招致率多浮辩。献王所得书皆古文先秦旧书，《周官》《尚书》《礼》《礼记》《孟子》《老子》之属，皆经传说记，七十子之徒所论。其学举六艺，立《毛氏诗》《左氏春秋》博士。修礼乐，被服儒术，造次必于儒者。山东诸儒多从而游。
>
> 武帝时，献王来朝，献雅乐，对三雍宫及诏策所问三十余事。其对推道术而言，得事之中，文约指明。
>
> 立二十六年薨。中尉常丽以闻，曰："王身端行治，温仁恭俭，

---

① 杨树达：《春秋大义述》，上海古籍出版社2007年版，第9页。
② 司马迁：《史记》，中华书局1959年版，第2093页。

笃敬爱下，明知深察，惠于鳏寡。"大行令奏："谥法曰'聪明睿智曰献'，宜谥曰献王。"①

众所周知的成语"实事求是"即从此段记载所出，颜师古注曰："实事求是，每求真是也。今流俗书本云求长长老，以是从人得善书，盖妄加之耳。"②这个在后世得到各个领域广泛发扬的作风，是对重文献、重历史的汉代古文经学派的治学精神的精确概括。而古文经学派之所以能够在今文经学派得到官学地位的情况下兴起于民间，其中一个重要的环节是河间献王刘德对古文经的文献搜集和地位肯定，戴震《河间献王传经考》（刻石河间府献王祠左壁）考其事如下：

汉初，六艺散而复集。文帝时，《诗》始萌芽，独有《鲁诗》。景帝时，有《齐诗》《韩诗》，而毛公为《诗故训传》三十卷。郑康成《六艺论》云：献王号之曰《毛诗》。《汉书·儒林传赞》："武帝立五经博士，《书》、欧阳，《礼》、后，《易》、杨，《春秋》、公羊。"仅胪四经者，鲁、齐、韩三家之《诗》，已立文景间矣。赵岐《孟子题辞》曰："文帝欲广文学之路，《论语》《孝经》《孟子》《尔雅》皆置博士。"此事史家阙略不载。又曰："后罢传记博士，独立五经。"盖言罢于武帝也。宣帝更立大、小夏侯《尚书》，大、小戴《礼》，施、孟、梁丘《易》，榖梁《春秋》。元帝立京氏《易》。平帝立左氏《春秋》《毛诗》《逸礼》《古文尚书》。而《周官经》，刘歆末年知周公致太平之迹，迹具于斯，始有传者。凡群经传记之先后表见

① 班固：《汉书》，中华书局 1962 年版，第 2409 页。
② 班固：《汉书》，中华书局 1962 年版，第 2410 页。

于汉，大致可考如此。

今三家《诗》亡，而《毛诗》独存。昔儒论治《春秋》，可无公羊、穀梁，不可无左氏。当景帝、武帝之间，六艺初出，群言未定，献王乃立毛氏诗、左氏《春秋》博士，识固卓卓。《景十三王传》称："献王所得书皆古文先秦旧书：《周官》《尚书》《礼》《礼记》《孟子》《老子》之属，皆经传说记，七十子之徒所论。"陆德明《经典释文序录》云："景帝时，河间献王好古，得古《礼》献之。或曰：河间献王开献书之路，时有李氏，上《周官》五篇，失《事官》一篇，乃购千金不得，取《考工记》以补之。"陆引"或曰"者，无明据也。然本传列献王所得书，首《周官》，汉经师未闻以教授，马融《周官传》谓入于秘府，五家之儒莫得见是也，其得自献王无疑。郑康成《六艺论》云："河间献王《古文礼》五十六篇，其十七篇与高堂生所传同而字多异，《记》百三十一篇。"斯即本传所列《礼》《礼记》，谓《古文礼》与《记》矣。《周礼》六篇，郑亦系之献王，又为陆氏得一证。大、小戴传《仪礼》，又各传《礼记》，往往别有采获，出百三十一篇者殆居多。司马贞以《今文孝经》为献王所得颜芝本，是书本传不列。虽颜芝河间人，不必至献王始得也。

献王自著书，《艺文志》有《对》上、下、《三雍宫》三篇；又与毛生等共采《周官》及诸子言乐事者，作《乐记》。成帝时，王禹献二十四卷《记》者是，《汉志》题曰"王禹记"，以别《乐记》二十三篇也。史称献王学举六艺，王入朝，献雅乐及对诏策所问三十余事，悉不传。凡献王所得书，或亡或存，其可知者如此。[①]

---

① 戴震：《戴震文集》，中华书局 1980 年版，第 1 页。

钱穆的《秦汉史》也曾考证此事："河间献王刘德，以孝景前二年立。史称其修学好古。从民得善书，必为好写与之，留其真。加金帛赐，以招之。四方道术之人，不远千里，或有先祖旧书，多奉以奏献。故得书多与汉朝等。同时淮南王安亦好书，所招致率多浮辩。献王所得书，皆古文先秦旧书，《周官》《尚书》《礼》《孟子》《老子》之属。（史称河间得《孟子》，而文帝时自有《孟子》博士。犹如河间得《尚书》，而汉廷自有晁错受伏生《尚书》也）皆经传说记七十子之徒所论。其学举六艺。立毛氏《诗》左氏《春秋》博士。修礼乐，被服儒术，造次必于儒者。山东诸儒，多从其游。武帝元光五年，（在淮南朝汉后九年）献王来朝，献雅乐。对诏策所问三十余事。春正月，还而卒。（《汉书》本传）其献雅乐事，《礼乐志》亦言之，谓天子下大乐官，常存肄之，岁时以备数。然不常御。常御及郊庙，皆非雅声。《艺文志》又云：'武帝时：河间献王好儒，与毛生等共采周官及诸子言乐事者以作《乐记》。献八佾之舞。其内史丞王定传之以授常山王禹。禹，成帝时为谒者，数言其义，献二十四卷记。'《礼乐志》谓：'成帝时，谒者常山王禹世受河间乐，能说其义。其弟子宋晔等上书言之。下大夫博士平当等考试。当以为河间献王聘求幽隐，修兴雅乐以助化。时大儒公孙弘，董仲舒等，皆以为音中正雅，立之大乐，春秋乡射，作于学官，希阔不讲。故自公卿大夫观听者，但闻铿锵，不晓其意。河间区区，下国藩臣，以好学修古，能有所存，民到于今称之。况于圣主。事下公卿，以为久远难分明，当议复寝。'是河间乐在武帝时，本以备数，不及郊庙大典。其后亦迄未施行也。（《艺文志》河间所辑合礼乐共二百三十余篇）……《戴东原集》有《河间献王传经考》，谓《毛诗》《左氏春秋》《周官》皆传自献王。其后今文学家疑之。康有为《新学伪经考》以《史记·河间献王世家》不及献王得书事，证《汉书》云云为伪。然同时史迁于《淮南王传》，亦不言其著书献书事。《汉书》亦为增补。特今《淮南王书》尚传，故无从见疑耳。否则亦可以《史记》未之及，遂谓《汉书》云云尽出虚造耶？（史公时儒术始兴，其言阔略。《鲁共王传》不言坏壁，《楚元王传》不言受诗浮丘伯，皆是）淮南献所著书，而武帝爱秘之。夫爱矣，云何而秘。宜乎河间书之尽藏秘府，伏而不发矣。盖其时淮南河间，皆以王国讲文学，流誉驾中朝，遂为武帝所忌。二王均不得其死，其书入汉廷，亦遂抑而未行也。"①河间献王刘德对古文经的收集和推崇是具有明确的学术倾向性的，在西汉时期，淮南王刘安、梁孝王刘武等都曾经聚拢过学者、文人集团，地方诸侯王的文士集团荟聚成一些重要的地域文化中心，河间即是其中的一个儒学的地域中心。

这个儒学地域中心的出现，对西汉儒学，尤其是古文经学起到了重要的承上启下的作用。华北地区本已种下的儒学根芽得到了进一步的栽培，钱穆《秦汉史》敏锐地看到了河间献王对地域文化的发扬和对儒学兴盛的贡献："今合而观之，河间尚经术，淮南贵词赋，虽南北风尚相异，要亦自与中朝之学术不同。若河间中修古礼乐，游情三代，勿论矣。即言淮南，其书侈张，与黄老清净申韩切实皆绝殊。词赋之学，近源吴梁，远溯齐楚（楚自襄王避秦东迁，则亦江淮之国也），以南人之巫风，泽海国之仙思。其学亦东方齐鲁之支流与裔。与经术复古派相近，而与中原三晋功利现实之观则远。其时中朝学者，即主改弦易辙，如贾谊晁错，皆中原之士，均不脱功利现实之见，与秦廷之法后王，汉室之尚恭俭，犹是一脉相承。而淮南河间王国学风，则先趋于复古奢侈之路也（复古者尚礼乐，务文饰，易近奢淫一路。而奢淫者纵情欲，慕神仙，追思远古，放情世外，

----

① 钱穆：《秦汉史》，三联书店 2005 年版，第 81 页。

往往与复古派精神相通。皆不肯卑卑切事情也）今再综括言之，汉初学术，中朝与诸侯王国自异。如萧何之定律令，叔孙之定仪法，张苍之定章程，韩信之定兵法，此亦古代所谓王官之学。凡汉所定，则皆一依秦旧，无大更革也。其战国以来后起百家之学，稍得势于中央者，厥惟黄老与申商。黄老主一切因循，清净而无为。申商主循名责实，尊上以守法。此独与汉廷初年政治相得。盖二者迹异而情近，故司马迁以老庄申韩同传也。其流衍复盛于社会之下层者，其一为儒家言，又其一为辞赋家言。辞赋一家，渊源自晚周，骤盛于汉代。其先盖由纵横策士递变而来。彼辈昧于时变，既不得志于中央，乃散走于列国，而尤盛于南方，吴楚梁淮南，导奢风而启叛志，皆此辈为之也。儒学则抱残守缺，尤盛于北方之农村。三时耕作，一时诵习，三年而习一艺，三十而通六经。称诗书，法先王，进可以淑世，退亦可以淑身。先秦百家言，惟儒最为源远而流长，亦其学术之本身，固已异于其他诸家矣。然汉廷虽有博士之官，儒术固掩抑不扬，而河间一国，独先尊崇之。此固献王之贤，亦缘儒术之在北方民间，固已先有根基，声光已露，故献王亦注意及之耳。"①华北地区的学术血脉，代代相传，环环相扣，其实每个学者和每个学派当然各具个性，但是步步走来，在地缘特色和历史传承的影响下，逐渐形成了地域特色的基因。河间献王以地方诸侯王的身份，在西汉儒学兴起的关键时期，为河北地区的儒学地位和儒学气质的形成在关键时刻作出了关键贡献。②在公羊学大师董

---

① 钱穆：《秦汉史》，三联书店 2005 年版，第 83 页。
② 成祖明：《西汉景武之世的河间学术》："西汉景武之世的河间学术是中国学术思想史从子学时代向经学时代过渡的重要学术集团。因儒学长期被压抑，河间以官方的身份高举'六艺'，广招学士，吸引大批儒者前来，风云际会，相互激荡，遂形成了河间学术的盛况；同时，可能还有汉景帝朝出于国家向礼乐文治转变的长远考虑而给予的支持。而游学河间的'俊雄众儒'，除所熟知的毛公、贯公外，董仲舒、孔安国等可能也到了河间。由于

仲舒的献策成为武帝独尊儒术的方针的同一时代，河间献王完成了对古文学的推进，在儒学尤其是经学崛起的关键期，河北地区的学者作出了卓越的贡献。而在《汉书》的总结中，即可看出，慷慨其实也包含着轻薄的缺点，燕赵学术兼收务实而锐意进取，难免欠缺一些稳重和蕴藉，河间献王修学好古、实事求是的风格，对燕赵之地学风的培养，也起到了十分重要的调和作用。

第五节　后汉崔氏家族的儒者风范

东汉时期地方诸郡国治所在今河北省、北京市、天津市境内的有：冀州刺史部：中山国，治卢奴（今河北省定州市）；常山国，治元氏（今河北省石家庄市元氏县）；赵国，治邯郸（今河北省邯郸市）；魏郡，治邺县（今河北省邯郸市临漳县）；巨鹿郡，治廮陶（今河北省邢台市宁晋县）；安平国，治信都（今河北省衡水市冀州区）；河间国，治乐成（今河北省泊头市千户屯附近）；勃海郡，治南皮（今河北省沧州市南皮县）。冀州刺史部的清河国，治甘陵（今山东省临清市）也包含今河北部分辖地。幽州刺史部：上谷郡，治沮阳（今河北省张家口市怀来县）；涿郡，治涿县（今河北省涿州市）；广阳郡，治蓟县（今北京市西南）；渔阳郡，渔阳（今北京市密云区）；右北平郡，治土垠（今河北省唐山市）。幽州刺史部的代郡，治

河间与武帝朝从建国方略、礼乐政策、帝位之争等方面都存在很深的矛盾，遂遭到武帝朝的打压，在这个过程中河间出现了今学和古学的分化。这种分化，恰恰反映了朝政的路线之争；后世学者不追踪溯源，遂坠入今古文之争的误区。河间与汉武帝朝的矛盾最终以献王的死为消解，而河间学术也随之而消散。"《河北学刊》2005年第4期。

高柳（今山西省大同市阳高县）和辽西郡，治阳乐（今辽宁省北票市）也包含今河北部分辖地。

后汉时期文化昌盛，河朔地区儒家学者如云。因为在光武帝刘秀平定天下的过程中功勋卓著而位列云台二十八将之一的寇恂（？—公元36），字子翼，上谷昌平（今北京市昌平区）人，虽为武将，素好学，"修乡校，教生徒，聘能为《左氏春秋》者，亲受学焉。"① （《后汉书·卢植列传》）在东汉末年的政坛与学界名声甚著的卢植（？—192），字子幹，涿郡涿（今河北省涿州市）人，"少与郑玄俱事马融，能通古今学，好研精而不守章句。融外戚豪家，多列女倡歌舞于前。植侍讲积年，未尝转眄，融以是敬之。学终辞归，阖门教授。性刚毅有大节，常怀济世志，不好辞赋，能饮酒一石。"② （《后汉书·卢植列传》）撰有《尚书章句》《三礼解诂》，与马日磾、蔡邕、杨彪、韩说等一起在东观，校中书《五经》记传，补续《汉记》。在熹平石经制作之际，卢植上书，提出校勘和学制方面的建议：

> 臣少从通儒故南郡太守马融受古学，颇知今之《礼记》特多回冗。臣前以《周礼》诸经，发起秕谬，敢率愚浅，为之解诂，而家乏，无力供缮写上。愿得将能书生二人，共诣东观，就官财粮，专心研精，合《尚书》章句，考《礼记》失得，庶裁定圣典，刊正碑文。古文科斗，近于为实，而厌抑流俗，降在小学。中兴以来，通儒达士班固、贾逵、郑兴父子，并敦悦之。今《毛诗》、《左氏》、《周礼》各有传记，其与《春秋》共相表里，宜置博士，为立学官，以助后来，以广圣意。③

---

① 范晔：《后汉书》，中华书局1965年版，第624页。
② 范晔：《后汉书》，中华书局1965年版，第2113页。
③ 范晔：《后汉书》，中华书局1965年版，第2116页。

可见卢植对经文中错误所持的重视而审慎的态度，皮锡瑞《经学历史》提及宋人妄改经文，即以卢植"发起纰缪"[①]为正确方法："宋人不信注疏，驯至疑经；疑经不已，遂至改经、删经、移易经文以就已说，此不可为训者也。世讥郑康成好改字；不知郑《笺》改毛，多本鲁、韩之说；寻其依据，犹可征验。注《礼记》用卢、马之本，当如卢植所云'发起纰缪'；注云'某当为某'，亦必确有凭依。"[②]汉灵帝刘宏光和元年，卢植在日食之际给灵帝上封事，提出八事建议：一曰用良，二曰原禁，三曰御疠，四曰备寇，五曰修礼，六曰遵尧，七曰御下，八曰散利。在董卓欲行废立之事时，卢植独起反对，卓欲杀卢植，彭伯谏曰："卢尚书海内大儒，人之望也。今先害之，天下震怖。"[③]（《后汉书·卢植列传》）卓乃止。建安时，曹操过涿郡，告守令曰："故北中郎将卢植，名著海内，学为儒宗，士之楷模，国之桢干也。昔武王入殷，封商容之间；郑丧子产，仲尼陨涕。孤到此州，嘉其余风。《春秋》之义，贤者之后，宜有殊礼。亟遣丞掾除其坟墓，存其子孙，并致薄酹，以彰厥德。"[④]（《后汉书·卢植列传》）可见作为海内大儒的卢植在当时的影响力。

高诱，生卒年不详，涿郡（今河北省涿州市）人。他在东汉末期以注

---

① 周予同注："孔颖达《礼记正义》'《曲礼》上第一'下云：'郑亦附卢、马之本而为之注。'卢，卢植；马，马融也。郑玄初与卢植同事马融，后又从卢植学。其注《礼记》，即用卢、马之本。又卢植曾撰《礼记注》二十卷，见《隋书·经籍志》及《唐书·艺文志》，今佚。'发起纰缪'，系卢植上书中语，见《后汉书》卷九十四'卢植本传'。惟《后汉书》原文'纰'作'粃'，章怀注云：'粃，粟不成，喻义之乖僻也。'按皮引作纰，盖偶误。又郑玄《礼记注》时改字以训，如《曲礼》'拾级聚足，连步以上。'郑注云：'拾当为涉，声之误也。'即皮所云'某当为某'之一例。"皮锡瑞：《经学历史》，中华书局1981年版，第265页。

② 皮锡瑞：《经学历史》，中华书局1981年版，第264页。

③ 范晔：《后汉书》，中华书局1965年版，第2119页。

④ 范晔：《后汉书》，中华书局1965年版，第2119页。

释著名，师从同县卢植，并曾与郑玄同学于马融。^①高诱传世的注释之作有《战国策注》《吕氏春秋注》《淮南子注》，以《吕氏春秋注》保存最为完整。建立三国时期蜀汉政权的刘备（161—223），涿郡涿县（今河北省涿州市）人，亦曾师从同县卢植，并与大儒郑玄有交往。汉末至三国时期的刘劭，字孔才，广平邯郸（今河北省邯郸市）人，"黄初中，为尚书郎、散骑侍郎。受招集五经群书，以类相从，作《皇览》。明帝即位，出为陈留太守，敦崇教化，百姓称之。征拜骑都尉，与议郎庾嶷、荀诜等定科令，作《新律》十八篇，著《律略论》。"^②（《三国志·魏书·刘劭传》）他曾作《赵都赋》《许都赋》《洛都赋》，景初中，受诏作《都官考课》，正始中，执经讲学，赐爵关内侯。凡所撰述，《法论》《人物志》之类百余篇。刘劭的《人物志》品赏人物才性，与九品中正制关联颇深，是魏晋时期人物品评的重要典籍。其《赵都赋》铺排邯郸之广袤宏伟，震撼山河，颇得赵地风骨："且敞邑者，固灵州之敞宇，而天下之雄国。其南也，则有洪川巨渎，黄水浊河，发源积石，径拂太华，洒为九流，入于玄波；其东则有天浪水府，百川是钟，包络坤维，连薄太濛；北则有陶林玄坛，增冰沍寒；西则有灵丘平圃，邪接昆仑；其近则有天井勾注，飞壶太行，璀错碌硌，属阜连冈。……"^③汉末魏初的张揖，字稚让，清河（今河北省邢台市清河县）人。他以小学闻名，多部著作中唯一全本流传至今的《广雅》，^④继

---

① 可参考史建桥：《高诱与古籍整理》，《古籍整理研究学刊》1989 年第 1 期。

② 陈寿：《三国志》，中华书局 1959 年版，第 618 页。

③ 严可均辑：《全上古三代秦汉三国六朝文》，中华书局 1958 年版，第 1231 页。

④ 孙菊芬：《张揖的辞书编纂思想》："张揖，汉末魏初博士，一生著述颇丰，有《古今字诂》（亦称《字诂》）《埤仓》《错误字》《杂字》《难字》《三仓训诂》《字醋》及《子虚》《上林》注等，可惜大多散佚失传，惟《广雅》全本流传至今。不过在其著作名录以及后人辑佚的材料中，特别是在《广雅》中，已经大致展现了张揖在训诂学史和汉语发展史上的重要地位。清儒王念孙对此评价很高，认为：'周秦两汉古义之存者，可据以证其得失，其

承《尔雅》而成，在我国训诂史上地位很高。张揖《上广雅表》言："臣闻昔在周公，缵述唐虞，宗翼文武，克定四海，勤相成王，践阼理政，日昃不食，坐而待旦，德化宣流，越裳俫贡，嘉禾贯桑。六年制礼，以导天下，著《尔雅》一篇，以释其意义。传于后学，历载五百，坟典散落，唯《尔雅》恒存。《礼·三朝记》：哀公曰：寡人欲学小辨，以观于政，其可乎？孔子曰：《尔雅》以观于古，足以辩言矣。《春秋元命包》言：子夏问夫子作《春秋》，不以初、哉、首基为始何？是以知周公所造也。率斯以降，超绝六国，越逾秦楚，爰暨帝刘。鲁人叔孙通撰置《礼记》，文不违古，今俗所传三篇《尔雅》，或言仲尼所增，或言子夏所益，或言叔孙通所补，或言市阝郡梁文所考，皆解家所说，先师口传，既无正验圣人所言，是故疑不能明也。夫《尔雅》之为书也，文约而义固；其陈道也，精研而无误。真七经之检度，学问之阶路，儒林之楷素也。若其包罗天地，纲纪人事，权揆制度，发百家之训诂，未能悉备也。臣揖体质蒙蔽，学浅词顽，言无足取。窃以所识，择撢群艺，文同义异，音转失读，八方殊语，庶物易名，不在《尔雅》者，详录品核，以著于篇，凡万八千一百五十文，分为上、中、下，以须方徕俊哲、洪秀伟彦之伦，扣其两端，摘其过谬，今得用谞，亦所企想也。"①

后汉的涿郡安平（今河北省衡水市安平县）崔氏家族，英才辈出，是河北儒学发展史上的重要代表。《后汉书·崔骃列传》详细记载了崔氏家族的事迹，英风烈烈，人格垂范。"崔氏世有美才，兼以沉沦典籍，遂为儒家文林。"②河北儒学，虽已有荀子、毛苌、韩婴、董仲舒等人在前，也

散逸不传者，可借以窥其端绪，则其书之为功于训诂也大矣。'"《南通大学学报》（社会科学版）2005 年第 4 期。

① 王念孙：《广雅疏证》，中华书局 1983 年版，第 3 页。
② 范晔：《后汉书》，中华书局 1965 年版，第 1732 页。

有伟大的著作传世，但是，他们的生平事迹并没有比较详细的记录，因此，后汉安平崔氏家族对河北儒学史的意义，对河北学术的风范塑造，就不仅仅是思想和著作意义上的，更是人格意义上的。这份崔氏家族的传记中首先专门提及的是两汉交替之际的崔篆。在王莽时期，他一直拒绝合作，但因为他的母亲和兄长得到王莽的显职，他不忍独洁，而担任了建新大尹，看到太多人无辜入狱，就释放出二千余人。掾吏认为他独为君子，会有危险，但是崔篆说："邾文公不以一人易其身，君子谓之知命。如杀一大尹赎二千人，盖所愿也。"① 于是又称病去职。东汉建立，因为自己的家人曾经投靠王莽，崔篆有愧而拒绝了征召。他毕生的遭际与思绪，都凝结在临终之际写下的《慰志》：

> 嘉昔人之遘辰兮，美伊、傅之遇时。应规矩之淑质兮，过班、倕而裁之。协准纆之贞度兮，同断金之玄策。何天衢于盛世兮，超千载而垂绩。岂修德之极致兮，将天祚之攸适？
>
> 悼余生之不造兮，丁汉氏之中微。氛霓郁以横厉兮，羲和忽以潜晖。六柄制于家门兮，王纲灃以陵迟。黎、共奋以跋扈兮，羿、浞狂以恣睢。睹嫚臧而乘衅兮，窃神器之万机。思辅弼以偷存兮，亦号咷以酬咨。嗟三事之我负兮，乃迫余以天威。岂无熊僚之微介兮？悼我生之歼夷。庶明哲之末风兮。惧《大雅》之所讥。遂翕翼以委命兮，受符守乎艮维。恨遭闭而不隐兮，违石门之高踪。扬蛾眉于复关兮，犯孔戒之冶容。懿呡虫之悟悔兮，慕白驹之所从。乃称疾而屡复兮，历三祀而见许。悠轻举以远遁兮，托峻嵁以幽处。爭潜思于至赜兮，

---

① 范晔：《后汉书》，中华书局 1965 年版，第 1704 页。

骋《六经》之奥府。皇再命而绍恤兮，乃云眷乎建武。运欃枪以电埽
兮，清六合之土宇。圣德滂以横被兮，黎庶恺以鼓舞。辟四门以博延
兮，彼幽牧之我举。分画定而计决兮，岂云贡乎鄙耇，遂悬车以絷马
兮，绝时俗之进取。叹暮春之成服兮，阖衡门以埽轨。聊优游以永日
兮，守性命以尽齿。贵启体之归全兮，庶不忝乎先子。①

当国运中微之际，历经明哲保身的矛盾，潜思经术成为学者的精神归
宿。崔篆之孙崔骃（？—92），是安平崔氏家族重要的人物。"毅生骃，年
十三能通《诗》《易》《春秋》，博学有伟才，尽通古今训诂百家之言，善
属文。少游太学，与班固、傅毅同时齐名。"②此时崔骃潜心典籍，有人讥
讽他太过玄静，不事仕途。因此崔骃作《达旨》来讨论进退之道，文中
云："夫君子非不欲仕也，耻夸毗以求举；非不欲室也，恶登墙而楼处。叫
呼衒鬻，悬旌自表，非随和之宝也。暴智燿世，因以干禄，非仲尼之道
也。游不伦党，苟以徇己，汗血竞时，利合而友。子笑我之沉滞，吾亦病
子屑屑而不已也。先人有则而我弗亏，行有枉径而我弗随。臧否在予，唯
世所议。"③崔骃认为学者理应有不同的处世态度，无论进退应有自我的清
醒意识，而不是一味的汲汲营营，出仕也要有恰当的时机。章帝时，崔骃
曾为《四巡颂》，窦太后临朝时，曾献书告诫贵戚窦宪嘱其审慎。窦宪任
车骑将军，崔骃成为其掾属，"宪擅权骄恣，骃数谏之，及出击匈奴，道
路愈多不法，骃为主簿，前后奏记数十，指切长短。宪不能容，稍疏之，
因察骃高第，出为长岑长。骃自以远去，不得意，遂不之官而归。永元四

---

① 范晔：《后汉书》，中华书局 1965 年版，第 1705 页。
② 范晔：《后汉书》，中华书局 1965 年版，第 1708 页。
③ 范晔：《后汉书》，中华书局 1965 年版，第 1715 页。

年，卒于家。所著诗、赋、铭、颂、书、记、表、《七依》《婚礼结言》《达旨》《酒警》合二十一篇。"① 可看出，崔骃与其祖父崔篆曾经面临类似的情况，那就是如何处理与权势滔天以至于僭越的权贵之臣的关系，他们都保持了自己的清洁和自主。后来其子崔瑗也无法避免这一点，范晔肯定他们的节操："骃、瑗虽先尽心于贵戚，而能终之以居正，则其归旨异夫进趣者乎！"②

《后汉书·儒林列传》中还载有孔僖与崔骃同游太学时的一段故事："（孔）僖与崔篆孙骃复相友善，同游太学，习《春秋》。因读吴王夫差时事，僖废书叹曰：'若是，所谓画龙不成反为狗者。'骃曰：'然。昔孝武皇帝始为天子，年方十八，崇信圣道，师则先王，五六年间，号胜文、景。及后恣己，忘其前之为善。'僖曰：'书传若此多矣！'邻房生梁郁儳和之曰：'如此，武帝亦是狗邪？'僖、骃默然不对。郁怒恨之，阴上书告骃、僖诽谤先帝，刺讥当世。事下有司，骃诣吏受讯。僖以吏捕方至，恐诛，乃上书肃宗自讼曰：'臣之愚意，以为凡言诽谤者，谓实无此事而虚加诬之也。至如孝武皇帝，政之美恶，显在汉史，坦如日月。是为直说书传实事，非虚谤也。夫帝者为善，则天下之善咸归焉；其不善，则天下之恶亦萃焉。斯皆有以致之，故不可以诛于人也。且陛下即位以来，政教未过，而德泽有加，天下所具也，臣等独何讥刺哉？假使所非实是，则固应悛改；倘其不当，亦宜含容，又何罪焉？陛下不推原大数，深自为计，徒肆私忿，以快其意。臣等受戮，死即死耳，顾天下之人，必回视易虑，以此事窥陛下心。自今以后，苟见不可之事，终莫复言者矣。臣之所以不爱其死，犹敢极言者，诚为陛下深惜此大业。陛下若不自惜，则臣何赖焉？齐桓公亲扬

---

① 范晔：《后汉书》，中华书局 1965 年版，第 1721 页。
② 范晔：《后汉书》，中华书局 1965 年版，第 1732 页。

其先君之恶，以唱管仲，然后群臣得尽其心。今陛下乃欲以十世之武帝，远讳实事，岂不与桓公异哉？臣恐有司卒然见构，衔恨蒙枉，不得自叙，使后世论者，擅以陛下有所方比，宁可复使子孙追掩之乎？谨诣阙伏待重诛。'帝始亦无罪僖等意，及书奏，立诏勿问，拜僖兰台令史。"① 这种敢于直面天子争求自由话语权的气度，是汉儒人格的迷人之处，随着后世君主专制之加强，越来越难见。

崔骃第二子崔瑗，"锐志好学，尽能传其父业"②。十八岁到京城，成为大儒贾逵的学生，并与马融、张衡交好。他的身上也体现着赵人慷慨任侠轻死的性格，为兄报仇而亡命。后遇大赦，多任下僚与幕府。崔瑗文学才华出众，"瑗高于文辞，尤善为书、记、箴、铭，所著赋、碑、铭、箴、颂、《七苏》《南阳文学官志》《叹辞》《移社文》《悔祈》《草书势》七言，凡五十七篇。其《南阳文学官志》称于后世，诸能为文者皆自以弗及。瑗爱士，好宾客，盛修肴膳，单极滋味，不问余产。居常蔬食菜羹而已。家无担石储，当世清之。"③《文选》载其《座右铭》，为古来名作：

　　无道人之短，无说己之长。施人慎勿念，受施慎勿忘。世誉不足慕，唯仁为纪纲。隐心而后动，谤议庸何伤？无使名过实，守愚圣所臧。在涅贵不淄，暧暧内含光。柔弱生之徒，老氏诫刚强。行行鄙夫志，悠悠故难量。慎言节饮食，知足胜不祥。行之苟有恒，久久自芬芳。④

---

① 范晔：《后汉书》，中华书局 1965 年版，第 2560 页。
② 范晔：《后汉书》，中华书局 1965 年版，第 1722 页。
③ 范晔：《后汉书》，中华书局 1965 年版，第 1724 页。
④ 萧统编，李善、吕延济、刘良、张铣、李周翰、吕向注：《六臣注文选》，中华书局 1987 年版，第 1032 页。

崔瑗另有很大的成就是在书法领域，与其子崔寔皆是草书代表人物，《晋书·卫恒传》中载卫恒《四体书势》言："汉兴而有草书，不知作者姓名。至章帝时，齐相杜度号善作篇。后有崔瑗、崔寔，亦皆称工。"①并收录了崔瑗的《草势》，对草书的形态和动态特点进行了精妙的总结。

崔瑗子崔寔，生活于东汉末年，曾任议郎、五原太守，代表作品有《政论》和《四民月令》。《后汉书》言其"明于政体，吏才有余，论当世便事数十条，名曰《政论》。指切时要，言辩而确，当世称之。仲长统曰：'凡为人主，宜写一通，置之坐侧'。"虽全书已经散佚，但在《后汉书》《群书治要》及《意林》等文献中有收录。②从《政论》的字里行间，可看出崔寔对历史大势的深入思考和对汉末颓败时世的深重危机感。③如《后汉书》中的收录部分：

> 自尧舜之帝，汤武之王，皆赖明哲之佐，博物之臣。故皋陶陈谟而唐、虞以兴，伊、箕作训而殷周用隆。及继体之君，欲立中兴之功者，曷尝不赖贤哲之谋乎！凡天下所以不理者，常由人主承平日久，俗渐敝而不悟，政浸衰而不改，习乱安危，逸不自睹。或荒耽嗜欲，不恤万机；或耳蔽箴诲，厌伪忽真；或犹豫歧路，莫适所从；或见信

---

① 房玄龄等：《晋书》，中华书局 1974 年版，第 1065 页。

② 参照彭琳：《崔寔〈政论〉成书时间与辑录流传考》，《牡丹江师范学院学报》（哲学社会科学版）2016 年第 4 期。

③ 孙启治译注：《政论》："东汉到了桓、灵二帝之际，也就进入如'滚雪球'般地朝着'改朝换代'结局奔去这一'加速运动'的初始阶段了。朝政腐朽，吏治腐败，百姓腐心：上则阉党、外戚轮流把持朝政，互相倾轧又互相勾结；中则百官上下比周营私，贪索无厌；下则'朱门酒肉臭，路有冻死骨'。崔寔既做过京官，又治理过边郡，对于朝政和民情都熟悉，这上下内外一对比，自然看出官场的种种积弊和百姓苦境的令人酸鼻。"中华书局 2014 年版，第 4 页。

之佐，括囊守禄；或疏远之臣，言以贱废，是以王纲纵弛于上，智士郁伊于下。悲夫！

自汉兴以来，三百五十余岁矣。政令垢玩，上下怠懈，风俗凋敝，人庶巧伪，百姓嚣然，咸复思中兴之救矣。且济时拯世之术，岂必体尧蹈舜然后乃理哉？期于补绽决坏，枝柱邪倾，随形裁割，要措斯世于安宁之域而已。故圣人执权，遭时定制，步骤之差，各有云设。不强人以不能，背急切而慕所闻也。盖孔子对叶公以来远，哀公以临人，景公以节礼，非其不同，所急异务也。是以受命之君，每辄创制；中兴之主，亦匡时失。昔盘庚愍殷，迁都易民；周穆有阙，甫侯正刑。俗人拘文牵古，不达权制，奇伟所闻，简忽所见，乌可与论国家之大事哉！故言事者，虽合圣德，辄见掎夺。何者？其顽士暗于时权，安习所见，不知乐成，况可虑始，苟云率由旧章而已。其达者或矜名妒能，耻策非已，舞笔夺辞，以破其义，寡不胜众，遂见摈弃。虽稷、契复存，犹将困焉。斯贾生之所以排于绛、灌，屈子之所以摅其幽愤者也。夫以文帝之明，贾生之贤，绛、灌之忠，而有此患，况其余哉！

量力度德，《春秋》之义，今既不能纯法八代，故宜参以霸政，则宜重赏深罚以御之，明著法术以检之。自非上德，严之则理，宽之则乱。何以明其然也：近孝宣皇帝明于君人之道，审于为政之理，故严刑峻法，破奸轨之胆，海内清肃，天下密如。荐勋祖庙，享号中宗。算计见效，优于孝文。及元帝即位，多行宽政，卒以堕损，威权始夺，遂为汉室基祸之主。政道得失，于斯可监。昔孔子作《春秋》，褒齐桓，懿晋文，叹管仲之功。夫岂不美文、武之道哉？诚达权救敝之理也。故圣人能与世推移，而俗士苦不知变，以为结绳之约，可复理乱秦之绪，《干戚》之舞，足以解平城之围。

夫熊经鸟伸，虽延历之术，非伤寒之理；呼吸吐纳，虽度纪之道，非续骨之膏。盖为国之法，有似理身，平则致养，疾则攻焉。夫刑罚者，治乱之药石也；德教者，兴平之梁肉也。夫以德教除残，是以梁肉理疾也；以刑罚理平，是以药石供养也。方今承百王之敝，值厄运之会。自数世以来，政多恩贷，驭委其辔，马骀其衔，四牡横奔，皇路险倾。方将柑勒鞭䩞以救之，岂暇鸣和銮，清节奏哉？昔高祖令萧何作九章之律，有夷三族之令，黥、劓、斩趾、断舌、枭首，故谓之具五刑。文帝虽除肉刑，当劓者笞三百，当斩左趾者笞五百，当斩右趾者弃市。右趾者既殒其命，笞挞者往往至死，虽有轻刑之名，其实杀也。当此之时，民皆思复肉刑。至景帝元年，乃下诏曰："加笞与重罪无异，幸而不死，不可为人。"乃定律，减笞轻捶。自是之后，笞者得全。以此言之，文帝乃重刑，非轻之也；以严致平，非以宽致平也。必欲行若言，当大定其本，使人主师五帝而式三王，荡亡秦之俗，遵先圣之风，弃苟全之政，蹈稽古之踪，复五等之爵，立井田之制。然后选稷、契为佐，伊吕为辅，乐作而凤皇仪，击石而百兽舞。若不然，则多为累而已。①

通过对汉代局势变迁的分析，崔寔希望可以用严刑峻法来拯救怠惰腐朽的皇朝。崔寔的论辩和征引，完全是儒者本色，以古喻今，王霸并用，扫荡流俗，道归先圣，"以严致平，非以宽致平也"，颇有荀子之遗风。范晔推崇《政论》"言当世理乱，虽祐错之徒不能过也"②。

───────────

① 范晔：《后汉书》，中华书局 1965 年版，第 1725 页。
② 范晔：《后汉书》，中华书局 1965 年版，第 1733 页。

《后汉书·崔骃列传》中，还提及崔寔的从兄崔烈与其子崔钧的一段故事，是"铜臭"这个典故的来源："寔从兄烈，有重名于北州，历位郡守、九卿。灵帝时，开鸿都门榜卖官爵，公卿州郡下至黄绶各有差。其富者则先入钱，贫者到官而后倍输，或因常侍、阿保别自通达。是时，段颎、樊陵、张温等虽有功勤名誉，然皆先输货财而后登公位。烈时因傅母入钱五百万，得为司徒。及拜日，天子临轩，百僚毕会。帝顾谓亲幸者曰：'悔不小靳，可至千万。'程夫人于傍应曰：'崔公冀州名士，岂肯买官？赖我得是，反不知姝邪？'烈于是声誉衰减。久之不自安，从容问其子钧曰：'吾居三公，于议者何如？'钧曰：'大人少有英称，历位卿守，论者不谓不当为三公；而今登其位，天下失望。'烈曰：'何为然也？'钧曰：'论者嫌其铜臭。'烈怒，举杖击之。钧时为虎贲中郎将，服武弁，戴鹖尾，狼狈而走。烈骂曰：'死卒，父楇而走，孝乎？'钧曰：'舜之事父，小杖则受，大杖则走，非不孝也。'烈惭而止。"[1] 安平崔氏这个东汉的文学世家，留给后世的不仅是众多优秀的作品，也是人格的表率，是乱世中的洁身之慎，是衰世中的拯救之愿，是朝纲虽坠而家族不坠的诗礼传家的家族风范。

---

[1] 范晔：《后汉书》，中华书局 1965 年版，第 1731 页。

第三章 儒家北学在魏晋南北朝时期的演进

第一节 建安邺城文人集团的燕赵风骨

东汉末年，邺城（今河北省邯郸市临漳县境内）曾是燕赵地区的政治中心和文化中心。在袁绍和曹操控制时，都曾聚拢一大批文人学者①。东汉学者应劭，是建安七子中应场的伯父，在投靠袁绍后，一直居于冀州，完成了《风俗通义》等传于后世的优秀作品。《风俗通义》的序言中，应劭表明作意："今王室大坏，九州幅裂，乱靡有定，生民无几。私惧后进益以迷昧，聊以不才，举尔所知，方以类聚，凡三十一卷，谓之《风俗通义》。言通于流俗之过谬，而事该之于义理也。风者，天气有寒暖，地形有险易，水泉有美恶，草木有刚柔也。

---

① 刘德杰：《论东汉文学创作地理整体格局及其变迁》："汉末，袁绍、曹操先后控制冀州，治于邺城，邺城文学也随之分为两个时期。自初平二年袁绍统治冀州到建安九年曹操破邺，此为袁氏邺城文学时期。自曹操攻下邺城到曹丕称帝，此为曹氏邺城文学时期。建安中，曹操治邺，'挟天子以令诸侯'，汉末政治中心实在邺城。曹氏时期的邺下文学乃汉末文坛亮丽的风景，不少建安文学名作诞生于此。"《中南民族大学学报》（人文社会科学版）2015 年第 2 期。

俗者，含血之类，像之而生，故言语歌讴异声，鼓舞动作殊形，或直
或邪，或善或淫也。圣人作而均齐之，咸归于正，圣人废则还其本
俗。"① 书中对很多风俗、制度做了详细的驳正，亦颇有保存史料与传
说之作用。

　　尤其在"挟天子以令诸侯"的曹操以邺城为文化中心的时代，形成
三曹七子的彬彬盛况。锺嵘《诗品》言："降及建安，曹公父子，笃好斯
文；平原兄弟，郁为文栋；刘桢、王粲为其羽翼。次有攀龙托凤，自致
于属车者，盖将百计。彬彬之盛，大备于时矣。"②"208 年刘表之子刘琮
投降曹操后，文学活动中心转移到了邺城曹氏'沙龙'。这一时期的大
多数著名作家，留居邺城，参加了曹氏举办的各种文学聚会。建安作家
中，有七位作家通常合称为'建安七子'，在中国文学史上享有尊崇地
位。……邺城文学聚会时创作的作品，大多是'同题集咏'之赋。其中
一些作品，篇幅较短，以送给曹氏家族的珍宝之物为题材。……邺城'沙
龙'的环境，也有利于文学的传播。"③ 曹丕《与吴质书》是对此时佳景
的第一手描述：

　　　　每念昔日南皮之游，诚不可忘。既妙思六经，逍遥百氏，弹棋
　　间设，终以博弈，高谈娱心，哀筝顺耳。驰骛北场，旅食南馆，浮
　　甘瓜于清泉，沉朱李于寒水。白日既匿，继以朗月，同乘并载，以
　　游后园。舆轮徐动，宾从无声，清风夜起，悲笳微吟，乐往哀来，
　　怆然伤怀，余顾而言，斯乐难常，足下之徒，咸以为然。今果分

---

① 　吴树平校释：《风俗通义校释》，天津人民出版社 1980 年版，第 1 页。
② 　曹旭：《诗品集注》，上海古籍出版社 1994 年版，第 17 页。
③ 　孙康宜、宇文所安主编：《剑桥中国文学史》，三联书店 2013 年版，第 202 页。

别，各在一方。①

　　曹丕在其最重要的纲领性文章《典论·论文》中提出了七子的名号："今之文人，鲁国孔融文举、广陵陈琳孔璋、山阳王粲仲宣、北海徐干伟长、陈留阮瑀元瑜、汝南应场德琏、东平刘桢公干，斯七子者，于学无所遗，于辞无所假，咸自以骋骥騄于千里，仰齐足而并驰。"②在写给吴质的另一封信里，曹丕描绘了邺城文人集团的交游之乐："昔日游处，行则连舆，止则接席，何曾须臾相失！每至觞酌流行，丝竹并奏，酒酣耳热，仰而赋诗，当此之时，忽然不自知乐也。"③亦对七子做出了风格总结："观古今文人，类不护细行，鲜能以名节自立。而伟长独怀文抱质，恬淡寡欲，有箕山之志，可谓彬彬君子矣。著《中论》二十余篇，成一家之业，词义典雅，足传于后，此子为不朽矣。德琏常斐然有述作之意，其才学足以著书，美志不遂，良可痛惜。间者历览诸子之文，对之抆泪，既痛逝者，行自念也。孔璋章表殊健，微为繁富。公干有逸气，但未遒耳；其五言诗，妙绝时人。元瑜书记翩翩，致足乐也。仲宣独自善于辞赋，惜其体弱，不足起其文，至于所善，古人无以远过。昔伯牙绝弦于钟期，仲尼覆醢于子路，痛知音之难遇，伤门人之莫逮。诸子但为未及古人，自一时之隽也，今之存者，已不逮矣。"④曹丕以他的重要政治身份，不仅参与了，而且总结了建安时期文学地位的提高和文人集团的盛景⑤，他也提到"唯

---

①　曹操、曹丕、曹植：《三曹集》，岳麓书社 1992 年版，第 161 页。

②　曹操、曹丕、曹植：《三曹集》，岳麓书社 1992 年版，第 178 页。

③　曹操、曹丕、曹植：《三曹集》，岳麓书社 1992 年版，第 161 页。

④　曹操、曹丕、曹植：《三曹集》，岳麓书社 1992 年版，第 162 页。

⑤　吴大顺：《邺下诗酒唱和的文学传播方式与建安风骨——兼论曹丕对建安文学的贡献》："建安时期，天下文人齐聚邺城，形成了以三曹为核心的诗酒唱和文学传播场，这一

干著论，成一家言"。七子的专著只有徐干的《中论》，这是一部政论专著，具有明显的儒家思想倾向，纵论修齐治平之道。

尽管七子的家乡都并非河北地区，但是他们所形成的"建安七子"这个文人群体，是以邺城为根据地的，并且三曹七子和其他一些邺城文人群体的作者，共同形成了中国文学史上的美学典范——建安风骨。刘勰《文心雕龙·明诗》言："暨建安之初，五言腾踊。文帝陈思，纵辔以骋节；王徐应刘，望路而争驱。并怜风月，狎池苑，述恩荣，叙酣宴；慷慨以任气，磊落以使才。造怀指事，不求纤密之巧；驱辞逐貌，唯取昭晰之能。"[1]《文心雕龙·诗序》言："魏武以相王之尊，雅爱诗章；文帝以副君之重，妙善辞赋；陈思以公子之豪，下笔琳琅。并体貌英逸，故俊才云蒸。仲宣委质于汉南，孔璋归命于河北，伟长从宦于青土，公幹徇质于海隅；德琏综其斐然之思；元瑜展其翩翩之乐；文蔚休伯之俦，于叔德祖之侣，傲雅觞豆之前，雍容衽席之上，洒笔以成酣歌，和墨以藉谈笑。观其时文，雅好慷慨，良由世积乱离，风衰俗怨，并志深而笔长，故梗概而多气也。"[2]慷慨刚健的风格与直面现实的取材，是建安风骨的基点，这与自先秦后期即开始形成的慷慨务实、锐意进取的燕赵之风是非常吻合的，邺城文人集团是燕赵文化发展史上具有极大塑造作用和弘扬意义的美学典型。

方面对曹操开创的慷慨劲健诗风起到推广作用，另一方面增加了此期诗歌的交游、饮宴、送别等社交性题材，也促进了诗文品评风气的兴起。建安诗文品评活动，通过影响读者、扩大传播范围，对建安风骨的文坛确认提供了舆论影响。曹丕以副君之重，经常组织文人宴集、诗赋创作、诗文品评等诗文活动，成为邺中文人诗酒唱和的主要执行者和推动者，对建安风骨时代风格的形成产生了重要作用。"《兰州学刊》2018 年第 7 期。

① 范文澜：《文心雕龙注》，人民文学出版社 1962 年版，第 66 页。

② 范文澜：《文心雕龙注》，人民文学出版社 1962 年版，第 673 页。

第二节　北朝时期儒家学术要略

进入魏晋时期，玄学兴起而儒学式微。汉魏之替，由四百年之大一统而入长久的分立乱离，是历史的大变化，而玄学之兴与经学之隐，亦是其时不亚于政权之合久必分的一大关捩。而正如汉祚四百年气数之尽，经学的时代，也在这时发生了不可逆转的变革。而学术之变，较之政权之变，更加深入到风俗、思想的精神内核层面，以至顾炎武就汉魏之变提出"亡国"与"亡天下"之辨与"保天下者，匹夫之贱与有责焉耳矣"的论断。顾炎武《日知录·正始》言：

> 魏明帝殂，少帝即位，改元正始，凡九年。其十年，则太傅司马懿杀大将军曹爽，而魏之大权移矣。三国鼎立，至此垂三十年，一时名士风流，盛于洛下。乃其弃经典而尚老庄，蔑礼法而崇放达，视其主之颠危若路人然，即此诸贤为之倡也。自此以后，竞相祖述。如《晋书》言王敦见卫玠，谓长史谢鲲曰："不意永嘉之末，复闻正始之音。"沙门支遁以清谈著名于时，莫不崇敬，以为"造微之功，足参诸正始。"《宋书》言羊玄保二子，太祖赐名曰咸、曰粲，谓玄保曰："欲令卿二子有林下正始余风。"王微《与何偃书》曰："卿少陶玄风，淹雅修畅，自是正始中人。"《南齐书》言袁粲言于帝曰："臣观张绪有正始遗风。"《南史》言何尚之谓王球"正始之风尚在"。其为后人企美如此。然而《晋书·儒林传序》云："摒阙里之典经，习正始之余论，指礼法为流俗，目纵诞以清高。"此则虚名虽被于时流，笃论未忘乎学者。是以讲明六艺，郑、王为集汉之终；演说老庄，王、何

为开晋之始。以至国亡于上，教沦于下，羌胡互僭，君臣屡易，非林下诸贤之咎而谁咎哉！

有亡国，有亡天下。亡国与亡天下奚辨？曰：易姓改号，谓之亡国；仁义充塞，而至于率兽食人，人将相食，谓之亡天下。魏、晋人之清谈，何以亡天下？是《孟子》所谓杨、墨之言，至于使天下无父无君而入于禽兽者也。昔者嵇绍之父康被杀于晋文王，至武帝革命之时，而山涛荐之入仕。绍时屏居私门，欲辞不就。涛谓之曰："为君思之久矣，天地四时犹有消息，而况于人乎？"一时传诵，以为名言，而不知其败义伤教，至于率天下而无父者也。夫绍之于晋，非其君也，忘其父而事非其君，当其未死三十余年之间，为无父之人亦以久矣，而荡阴之死，何足以赎其罪乎！且其入仕之初，岂知必有乘舆败绩之事而可树其忠名以盖于晚也？自正始以来，而大义之不明，遍于天下，如山涛者既为邪说之魁，遂使嵇绍之贤，且犯天下之不韪而不顾。夫邪正之说，不容两立，使谓绍为忠，则必谓王裒为不忠而后可也。何怪其相率臣于刘聪、石勒，观其故主青衣行酒而不以动其心者乎？是故知保天下，然后知保其国。保国者，其君其臣肉食者谋之；保天下者，匹夫之贱与有责焉耳矣。①

时代主流学术的变化是必然的，亦不必强分高下，但确实，学术所承担的，从来都不仅仅是学术而已，他是由一个时代最优秀的知识分子们所凝结出的最精妙的理论思想，也是最贴切的风范导向。汉魏之转折，由汉代经学之宏大济世、纵横古今而变为魏晋玄学之清谈悠远、超离人事，这

---

① 顾炎武：《日知录》，上海古籍出版社 2006 年版，第 755 页。

确实是很明显的区别。在汉唐之间的近四百年的大分裂时代里，南北方长时间处于对立的政权之中，我国学术的南北特色之分，在这个时代终于明确出现了。皮锡瑞《经学历史·经学分立时代》言：

自刘、石十六国并入北魏，与南朝对立，为南北朝分立时代；而其时说经者亦有"南学""北学"之分。此经学之又一变也。《北史·儒林传》序曰："江左，《周易》则王辅嗣，《尚书》则孔安国，《左传》则杜元凯；河、洛，《左传》则服子慎，《尚书》《周易》则郑康成；《诗》则并主于毛公，《礼》则同遵于郑氏。"案南北学派，《北史》数言尽之。夫学出于一，则人知依归；道纷于歧，则反致眩惑。郑君生当汉末，未杂玄虚之习、伪撰之书，笺注流传，完全无缺；欲治"汉学"，舍郑莫由。北学，《易》《书》《诗》《礼》皆宗郑氏，《左传》则服子慎。郑君注《左传》未成，以与子慎，见于《世说新语》。是郑、服之学本是一家；宗服即宗郑，学出于一也。南学则尚王辅嗣之玄虚，孔安国之伪撰，杜元凯之臆解，此数家与郑学枘凿，亦与汉儒背驰。乃使泾、渭混流，薰蕕同器，以致后世不得见郑学之完全，并不得存汉学之什一，岂非谈空空、核玄玄者阶之厉乎？南方玄学不行于北魏，李业兴对梁武帝云："少为书生，止习五典，……素不玄学，何敢仰酬！"此北重经学不杂玄学之明证。南学之可称者，唯晋、宋间诸儒善说礼服。宋初雷次宗最著，与郑君齐名，有雷、郑之称。当崇尚老、庄之时，而说礼谨严，引证详实，有汉石渠、虎观遗风，此则后世所不逮也。①

---

① 皮锡瑞：《经学历史》，中华书局1981年版，第170页。

北学更多地继承了汉代经学，而南学更多地体现了玄学的特色，皮锡瑞也因此更加推重北学，认为北学具有纯正的特点，避免了清谈浮华的习气："案北朝诸君，惟魏孝文、周武帝能一变旧风，尊崇儒术。考其实效，亦未必优于萧梁。而北学反胜于南者，由于北人俗尚朴纯，未染清言之风、浮华之习，故能专言郑、服，不为孔、王、杜所惑。此北学所以纯正胜南也。……焦循曰……'魏儒学最隆，历北齐、周、隋，已至唐武德、贞观，流风不绝，故《魏书·儒林传》为盛'。"①关于南学北学的风格区别，古来最重要的总结出自《北史·文苑传》："江左宫商发越，贵于清绮；河朔词义贞刚，重乎气质。"②可谓一语中的。南、北学在汉唐之间的大分裂时代，更加明显地沾染了地域的气质，而北学的风格，与儒学的作用是最紧密的。

北魏曾统一北方一个世纪的时间，移风易俗，亦多有文化成果，在儒学方面，《魏书·儒林传》言："世宗时，复诏营国学，树小学于四门，大选儒生，以为小学博士，员四十人。虽黉宇未立，而经术弥显。时天下承平，学业大盛。故燕齐赵魏之间，横经著录，不可胜数。大者千余人，小者犹数百。州举茂异，郡贡孝廉，对扬王庭，每年逾众。……汉世郑玄并为众经注解，服虔、何休各有所说。玄《易》《书》《诗》《礼》《论语》《孝经》，虔《左氏春秋》，休《公羊传》，大行于河北。王肃《易》亦间行焉。晋世杜预注《左氏》，预玄孙坦、坦弟骥于刘义隆世并为青州刺史，传其家业，故齐地多习之。"③北魏是历史上第一个统一北方的少数民族政权，在这之前，北方更多的是汉族对少数民族某些特质的借鉴和吸纳，如赵武灵

---

① 皮锡瑞：《经学历史》，中华书局 1981 年版，第 182 页。
② 李延寿：《北史》，中华书局 1974 年版，第 2781 页。
③ 魏收：《魏书》，中华书局 1974 年版，第 1842 页。

王的胡服骑射，北魏则是少数民族政权主动的汉化。可以说，因为地缘，在海路和港口的作用凸显之前，与草原大漠地区相接壤的北方地区一直是民族争斗、民族交流和民族融合的主流地带，是对外交往的主要窗口，"丝绸之路"遂成为亚欧经济与文明交流之辉煌通道。即便是后世海路逐渐扩展，北地的民族碰撞与交融依然是非常活跃地进行着，为中华文明的演进提供了不竭的动力。北朝时期的儒学、文学、佛学等文化成就，也是北地的文化积淀和外来民族的积极融合的共同作用。虽然东晋南朝的门族文化非常繁盛，但是北方的不少高门望族也留在了故地继续生根发芽，在河北地区，清河崔氏、博陵崔氏、范阳卢氏、赵郡李氏、渤海高氏和河间邢氏都是起到重要作用的家族。① 民族融合和文化发展并不可能是官方单向的，如果没有北方本就深厚的文化传统，如果没有汉族学者的活跃和文化创就，北魏政权的汉化也是不可能实现的，也正是由于官方和民间的共同作用，使得北朝的民族融合完成了软着陆。在这个过程中，经过了长期发展和坚实的理论建设的儒学所提供的意识形态的力量，是非常巨大的："从孔子开始已成为一代知识分子思维定势的悲壮的历史使命感和强烈的从政欲望，逐渐地压倒了夷夏之大防，加上儒家自来认为，夷狄若能习中华文化，则应视为华夏。故而北方世族在山穷水尽之时，被迫投身于北魏政权，走上了'以夏变夷'的道路。'以夏变夷'的理想，是他们羞辱心态的一剂安慰药方。于是有了欲因风云之会，而建腾跃之功的张衮；一意孤行，'以夏变夷'太急切而'死于非罪'的崔浩；稳妥而沉毅地推进鲜卑汉化的高允。尽管他们个性相异，境遇不同，命运有殊，但他们冒死维系和尽心扶掖则同是中华传统文化，即以儒学为中心，以政治经济制度和

---

① 参见柏俊才：《北魏河北地区的文学繁荣》，《华中学术》2017 年第 4 期。

礼乐文明为内容的生活模式。"

《魏书·儒林传》所载北魏时期河北地区的儒家学者有：卢丑，昌黎徒河人；平恒，燕国蓟人；刘献之，博陵饶阳人；张吾贵，中山人；刘兰，武邑人；孙惠蔚，武邑武遂人；刁冲，勃海饶安人；卢景裕，范阳涿人；李同轨，赵郡高邑人 ① 等。刘献之与张吾贵齐名，"海内皆曰儒宗。吾贵每一讲唱，门徒千数，其行业可称者寡。献之著录，数百而已，皆经通之士。于是有识者辨其优劣。魏承丧乱之后，《五经》大义虽有师说，而海内诸生多有疑滞，咸决于献之。" ② 北魏分裂之后，河北地区的儒家学者亦层出不穷，《北齐书·儒林列传》中载有李铉，渤海南皮人；刁柔，渤海人；冯伟，中山安喜人；刘轨思，渤海人；鲍季详，渤海人；邢峙，河间鄚人；刘昼，渤海阜城人；马敬德，河间人；权会，河间鄚人；张思伯，河间乐城人；张雕，中山北平人；孙灵晖，长乐武强人；石曜，中山安喜人等。更有多位大家，如北周卢辩（？—557），范阳涿（今河北省涿州市）人，出身望族范阳卢氏。《周书·卢辩传》载：

---

① 魏收《魏书·儒林传》："李同轨，赵郡高邑人，阳夏太守义深之弟。体貌魁岸，腰带十围，学综诸经，多所治诵，兼读释氏，又好医术。年二十二，举秀才，射策，除奉朝请，领国子助教。转著作郎，典仪注，修国史，迁国子博士，加征虏将军。永熙二年，出帝幸平等寺，僧徒讲法，敕同轨论难，音韵闲朗，往复可观，出帝善之。三年春，释菜，诏延公卿学官于显阳殿，敕祭酒刘廞讲《孝经》，黄门李郁讲《礼记》，中书舍人卢景宣解《大戴礼夏小正篇》。时广招儒学，引令预听。同轨经义素优，辨析兼美，而不得执经，深为慨恨。天平中，转中书侍郎。兴和中，兼通直散骑常侍，使萧衍。衍深耽释学，遂集名僧于其爱敬、同泰二寺，讲《涅盘大品经》，引同轨预席。衍兼遣其朝臣并共观听。同轨论难久之，道俗咸以为善。卢景裕卒，齐献武王引同轨在馆教诸公子，甚加礼之。每旦入授，日暮始归。缟素请业者，同轨夜为说解，四时恒尔，不以为倦。"魏收：《魏书》，中华书局1974年版，第1860页。

② 魏收：《魏书》，中华书局1974年版，第1849页。

卢辩，字景宣，范阳涿人。累世儒学。父靖，太常丞。

辩少好学，博通经籍，举秀才，为太学博士。以《大戴礼》未有解诂，辩乃注之。其兄景裕为当时硕儒，谓辩曰："昔侍中注《小戴》，今尔注《大戴》，庶纂前修矣。"

及帝入关，事起仓卒，辩不及至家，单马而从。或问辩曰："得辞家不？"辩曰："门外之治，以义断恩，复何辞也。"孝武帝至长安，授给事黄门侍郎，领著作。太祖以辩有儒术，甚礼之，朝廷大议，常召顾问。赵青雀之乱，魏太子出居渭北。辩时随从，亦不告家人。其执志敢决，皆此类也。寻除太常卿、太子少傅。魏太子及诸王等，皆行束修之礼，受业于辩。进爵范阳公，转少师。

自魏末离乱，孝武西迁，朝章礼度，湮坠咸尽。辩因时制宜，皆合轨度。性强记默契，能断大事。凡所创制，处之不疑。累迁尚书右仆射。北周世宗即位，进位大将军。帝尝与诸公幸其第，儒者荣之。出为宜州刺史。薨，配食太祖庙庭。子慎。

初，太祖欲行《周官》，命苏绰专掌其事。未几而绰卒，乃令辩成之。于是依《周礼》建六官，置公、卿、大夫、士，并撰次朝仪，车服器用，多依古礼，革汉、魏之法。事并施行。今录辩所述六官著之于篇。天官府管冢宰等众职，地官府领司徒等众职，春官府领宗伯等众职，夏官府领司马等众职，秋官府领司寇等众职，冬官府领司空等众职。史虽具载，文多不录。

辩所述六官，太祖以魏恭帝三年始命行之。自兹厥后，世有损益。宣帝嗣位，事不师古，官员班品，随意变革。至如初置四辅官，及六府诸司复置中大夫，并御正、内史增置上大夫等，则载于外史。余则朝出夕改，莫能详录。于时虽行《周礼》，其内外众职，又兼用

117

秦汉等官。今略举其名号及命数，附之于左。其纪传内更有余官而于此不载者，亦史阙文也。①

可见其儒学贡献主要在周官学，钱穆《中国学术通义》判断如下："在南北朝时，经学亦分为南北，所重各不同。北人研究主要尤重周官。周官虽是一部战国晚年人作品，然其书提出一种理想的政治制度，尤其参进了战国晚年突飞猛进的新的经济问题，此乃中国古代的一部乌托邦。由于北方政治不上轨道，故一辈经生，尤其集中钻研此书，俾能据以改进当时政治上之种种实际措施。在北周，有苏绰、卢辩两人，相交甚笃，同有志于周官研究。其后苏绰上了政治舞台，西魏北周新的政制规模皆其所创建，直至隋唐仍因袭此一传统，遂以重开中国历史上之光昌盛运；卢辩则始终在野，为一纯粹学者，彼曾作周官注，与苏绰同受当时及后世之推重。又如北齐有熊安生，亦当时北方经学大师，北周灭北齐，熊氏知周君必来访，命童仆洒扫户庭以待，翌晨果如所言。西方拿破仑征德国，歌德以在路旁一睹拿翁风采为荣；较之中国熊氏故事，岂可同日而语！正因熊安生乃当时周官学之权威，而周官乃当时北方经学所重，北周即凭周官建制，故熊氏亦知北周君必来相访。我们单凭此一则轶事，便可想知当时北方政府之重视经学，与经学对当时政治上之实际贡献了。"②《周礼》是古文经学派的重要文献，尽管照搬书中一整套官制政治必然会有泥古不化的弊病，但是作为古文经学派中最具有政治亲和性的文献，《周礼》在与执政者关系比较紧密的儒学学者之中一直具有高人气，北朝尤其是北周儒学中，《周礼》学占有重要的地位，北齐熊安生的著名故事，颇能够看出当

---

① 令狐德棻等撰：《周书》，中华书局 1971 年版，第 403 页。

② 钱穆：《中国学术通义》，台北学生书局 1975 年版，第 73 页。

时执政者对《周礼》学的看重：

熊安生，字植之，长乐阜城人也。少好学，励精不倦。初从陈达受《三传》，又从房虬受《周礼》，并通大义。后事徐遵明，服膺历年。东魏天平中，受《礼》于李宝鼎。遂博通《五经》。然专以《三礼》教授。弟子自远方至者，千余人。乃讨论图纬，捃摭异闻，先儒所未悟者，皆发明之。齐河清中，阳休之特奏为国子博士。

时朝廷既行《周礼》，公卿以下多习其业，有宿疑磴滞者数十条，皆莫能详辨。天和三年，齐请通好，兵部尹公正使焉。与齐人语及《周礼》，齐人不能对。乃令安生至宾馆与公正言。公正有口辩，安生语所未至者，便撮机要而骤问之。安生曰："礼义弘深，自有条贯。必欲升堂睹奥，宁可汩其先后。但能留意，当为次第陈之。"公正于是具问所疑，安生皆为一一演说，咸究其根本。公正深所嗟服，还，具言之于高祖。高祖大钦重之。

及高祖入邺，安生遽令扫门。家人怪而问之，安生曰："周帝重道尊儒，必将见我矣。"俄而高祖幸其弟，诏不听拜，亲执其手，引与同坐。谓之曰："朕未能去兵，以此为愧。"安生曰："黄帝尚有阪泉之战，况陛下龚行天罚乎。"高祖又曰："齐民赋役繁兴，竭民财力。朕救焚拯溺，思革其弊。欲以府库及三台杂物散之百姓，公以为何如？"安生曰："昔武王克商，散鹿台之财，发巨桥之粟。陛下此诏，异代同美。"高祖又曰："朕何如武王？"安生曰："武王伐纣，悬首白旗；陛下平齐，兵不血刃。愚谓圣略为优。"高祖大悦，赐帛三百匹、米三百石、宅一区，并赐象笏及九环金带，自余什物称是。又诏所司给安车驷马，随驾入朝，并敕所在供给。至京，敕令于大乘佛寺参议五

礼。宣政元年，拜露门学博士、下大夫，其时年已八十余。寻致仕，
卒于家。

安生既学为儒宗，当时受其业擅名于后者，有马荣伯、张黑奴、
窦士荣、孔笼、刘焯、刘炫等，皆其门人焉。所撰《周礼义疏》二十
卷、《礼记义疏》四十卷、《孝经义疏》一卷，并行于世。①

自从汉武帝时期，儒家开始大张旗鼓地进入国家意识形态后，儒家就
在"修齐"之外明确地争求"治平"，这个理想从此不再仅仅是理想，更
是儒家学者力求建立的现实。尽管能够进入执政核心层的儒家学者只是极
少数，大多数读书人还是处在民间或下僚的位置，但是，他们的学术姿态
却一直是可以放置在君王的平行线上的。这种治国平天下的理论自信和渴
望，也是在历朝历代不断变化的文化生态中，一直保持了儒家本色的重要
内核。其实在儒家长久的发展史上，一直在不断适应新时代而不断自我革
新，每一个时代的儒家思潮和治学主流都是不尽相同的，甚至还会吸纳其
他学派的元素，但是，儒家的内核和正体，还是以"修齐治平"为本色
的，这也是这个学派能够为人群与族群、朝堂与乡野提供的最重要的价值
意义。在北方民族并起，政权更迭的年代里，文化与政治的启蒙与建设需
要在民族融合中再次演进，这个时候儒学作为政治建设力和文化软实力的
必备因素，确实无法不被重视。因此，在北周吞并北齐之际，北齐儒者熊
安生才会有北周皇帝必来拜访的自信。北齐是河北地区的政权，由鲜卑化
的汉人执政，虽存在时间不长且皇权争斗血雨腥风，但在儒学方面，也完
成了基本的系统化建设，《北齐书·儒林列传》载：

---

① 令狐德棻等撰：《周书》，中华书局 1971 年版，第 812 页。

　　属疆埸多虞，戎车岁驾，虽庠序之制有所未遑，而儒雅之道遽形心虑。魏天平中，范阳卢景裕同从兄礼于本郡起逆，高祖免其罪，置之宾馆，以经教授太原公以下。及景裕卒，又以赵郡李同轨继之。二贤并大蒙恩遇，待以殊礼。同轨之亡，复征中山张雕、渤海李铉、刁柔、中山石曜等递为诸子师友。及天保、大宁、武平之朝，亦引进名儒，授皇太子诸王经术。

　　……幸朝章宽简，政网疏阔，游手浮惰，十室而九。故横经受业之侣，遍于乡邑；负笈从宦之徒，不远千里。伏膺无怠，善诱不倦。入闾里之内，乞食为资；憩桑梓之阴，动逾千数。燕、赵之俗，此众尤甚。齐制：诸郡并立学，置博士助教授经，学生俱差逼充员，士流及豪富之家皆不从调。备员既非所好，坟籍固不关怀，又多被州郡官人驱使，纵有游惰，亦不检治，皆由上非所好之所致也。诸郡俱得察孝廉，其博士、助教及游学之徒通经者，推择充举。射策十条，通八以上，听九品出身，其尤异者亦蒙抽擢。

　　凡是经学诸生，多出自魏末大儒徐遵明门下。河北讲郑康成所注《周易》。遵明以传卢景裕及清河崔瑾，景裕传权会，权会传郭茂。权会早入京都，郭茂恒在门下教授。其后能言《易》者多出郭茂之门。河南及青、齐之间，儒生多讲王辅嗣所注《周易》，师训盖寡。齐时儒士，罕传《尚书》之业，徐遵明兼通之。遵明受业于屯留王聪，传授浮阳李周仁及渤海张文敬及李铉、权会，并郑康成所注，非古文也。下里诸生，略不见孔氏注解。武平末，河间刘光伯、信都刘士元始得费甝《义疏》，乃留意焉。其《诗》《礼》《春秋》尤为当时所尚，诸生多兼通之。《三礼》并出遵明之门。徐传业于李铉、沮俊、田元凤、冯伟、纪显敬、吕黄龙、夏怀敬。李铉又传授刁柔、张买奴、鲍季详、邢峙、刘昼、熊安生。安生又传孙灵晖、郭仲坚、丁恃德。其后生能通《礼经》者多是安生门人。诸生尽通《小戴礼》，于《周》《仪礼》兼通者十二三焉。通《毛诗》者多出于魏朝博陵刘献之。献之传李周仁，周仁传董令度、程归则，归则传刘敬和、张思伯、刘轨思。其后能言《诗》者多出二刘之门。河北诸儒能通《春秋》者，并服子慎所注，亦出徐行之门。张买奴、马敬德、邢峙、张思伯、张雕、刘昼、鲍长暄、王元则并得服氏之精微。又有卫觊、陈达、潘叔度虽不传徐氏之门，亦为通解。又有姚文安、秦道静初亦学服氏，后更兼讲杜元凯所注。其河外儒生俱伏膺杜氏。其《公羊》《穀梁》二传，儒者多不措怀。《论语》《孝经》，诸学徒莫不通讲。诸儒如权会、李铉、刁柔、熊安生、刘轨思、马敬德之徒多自出义疏。虽曰专门，亦皆粗习也。①

以《颜氏家训》等优秀作品而在中国文化史上享有盛誉的颜之推（531—约597），并非河北人，但556年至577年间，他曾在北齐度过二十年光阴，长居邺城，河北文化史之演进，亦需镌刻此大家之英名。颜之推一生颠沛，自湖北江陵出生，历经南朝梁、西魏、北齐、北周而入隋，多次遭遇亡国改朝之震荡。北齐二十年，是他生平中受到朝廷重视、生活稳定的时期。在北齐覆灭，离开邺城之际，颜之推写下代表作《观我生赋》，道尽他平生之流离与悲哀，在《北齐书·文苑传》中全文收录。其末章云："予一生而三化，备荼苦而蓼辛（在扬都值侯景杀简文而篡位，于江陵逢孝元覆灭，至此而三为亡国之人），鸟焚林而铩翮，鱼夺水而暴鳞，嗟宇宙之辽旷，愧无所而容身。夫有过而自讼，始发蒙于天真，远绝圣而弃

---

① 李百药：《北齐书》，中华书局1972年版，第582页。

智，妄锁义以羁仁，举世溺而欲拯，王道郁以求申。既衔石以填海，终荷戟以入秦，亡寿陵之故步，临大行以逡巡。向使潜于草茅之下，甘为畎亩之人，无读书而学剑，莫抵掌以膏身，委明珠而乐贱，辞白璧以安贫，尧、舜不能荣其素朴，桀、纣无以污其清尘，此穷何由而至，兹辱安所自臻。而今而后，不敢怨天而泣麟也。"①"泣麟"的典故，来自《公羊传》对《春秋》卒章"西狩获麟"的解释。在《公羊传》的释义中，所获之麟为死麟，麟作为仁兽之死，与颜渊、子路作为仁人之死的比照，使孔子联想到自己的命运而动容，"反袂拭面，涕沾袍"②。后世作家遂多用"获麟""泣麟"为文章之结语，取其哀世之意，余韵悠长。

入隋之后，颜之推著成我国家训文献之典范——《颜氏家训》，以《序致》《教子》《兄弟》《后娶》《治家》《风操》《慕贤》《勉学》《文章》《名实》《涉务》《省事》《止足》《诫兵》《养心》《归心》《书证》《音辞》《杂艺》《终制》二十篇组成，其中可见其深厚的儒学功底。《勉学》篇，远绍荀子之《劝学》，以"修身利行"为本，足见其沉浸燕赵实学多年之影响。其开篇言："自古明王圣帝，犹须勤学，况凡庶乎！此事篇于经史，吾亦不能郑重，聊举近世切要，以启寤汝耳。士大夫子弟，数岁已上，莫不被

① 李百药：《北齐书》，中华书局1972年版，第625页。王学军：《华夏礼乐衰微的哀歌：颜之推〈观我生赋〉题旨发覆》："受家学渊源影响，颜之推自幼学习儒家经典，终生服膺以礼乐文化为中心的儒家思想。颜之推在萧梁斥道专儒、用心儒学，在西魏涉险偷渡、执意南归，在北齐建文林馆、反对胡风、主张归陈，在杨隋复雅乐、归正音、立家训。《观我生赋》篇名取自儒家经典《周易》'观'卦，'观我生'已经不限于个体本身，而是融入群体，趋向儒家礼乐教化之道，这也是'观'卦观民设教的本义。《观我生赋》中，颜之推以身合道，将自己的人生遭遇与华夏礼乐文化的衰微紧密结合，以孔子'泣麟'结束，用春秋末期的礼崩乐坏类比当下道消势长带来的信仰之殇，悲恸情绪与赋作开篇遥相呼应，实为华夏礼乐衰微之哀歌。"《井冈山大学学报》（社会科学版）2017年第1期。
② 《十三经注疏·春秋公羊传注疏》，中华书局1980年版，第2353页。

教，多者或至《礼》《传》，少者不失《诗》《论》。及至冠婚，体性稍定；因此天机，倍须训诱。有志尚者，遂能磨砺，以就素业；无履立者，自兹堕慢，便为凡人。人生在世，会当有业：农民则计量耕稼，商贾则讨论货贿，工巧则致精器用，伎艺则沈思法术，武夫则惯习弓马，文士则讲议经书。多见士大夫耻涉农商，差务工伎，射则不能穿札，笔则才记姓名，饱食醉酒，忽忽无事，以此销日，以此终年。或因家世余绪，得一阶半级，便自为足，全忘修学；及有吉凶大事，议论得失，蒙然张口，如坐云雾；公私宴集，谈古赋诗，塞默低头，欠伸而已。有识旁观，代其入地。何惜数年勤学，长受一生愧辱哉！"①由南入北的颜之推，颇知南朝膏粱子弟之颓靡："梁朝全盛之时，贵游子弟，多无学术。"②他强调学问的济世之用，以春华秋实喻勤学之路："古之学者为人，行道以利世也；今之学者为己，修身以求进也。夫学者犹种树也，春玩其华，秋登其实；讲论文章，春华也，修身利行，秋实也。"③修齐治平的儒学本色，在颜之推家训谆谆教导的表述下，实为恳切之箴言。

而在北朝时期，除了儒学的生生不息，在河北地区，有两部传世著作可称双璧闪耀——郦道元的《水经注》和杨衒之的《洛阳伽蓝记》。郦道元（472—527），范阳涿州（今河北省涿州市）人。他经过常年的实地考察和资料采集，谱写了地理学和文学史上的名著《水经注》。《北史·郦道元传》载其生平：

> 道元字善长。初袭爵永宁侯，例降为伯。御史中尉李彪以道元执

---

① 王利器：《颜氏家训集解》，中华书局1993年版，第143页。
② 王利器：《颜氏家训集解》，中华书局1993年版，第148页。
③ 王利器：《颜氏家训集解》，中华书局1993年版，第171页。

法清刻，自太傅掾引为书侍御史。彪为仆射李冲所奏，道元以属官坐免。景明中，为冀州镇东府长史。刺史于劲，顺皇后父也，西讨关中，亦不至州，道元行事三年。为政严酷，吏人畏之，奸盗逃于他境。后试守鲁阳郡，道元表立黉序，崇劝学教。诏曰："鲁阳本以蛮人，不立大学。今可听之，以成良守文翁之化。"道元在郡，山蛮伏其威名，不敢为寇。延昌中，为东荆州刺史，威猛为政，如在冀州。蛮人诣阙讼其刻峻，请前刺史寇祖礼。及以遣戍兵七十人送道元还京，二人并坐免官。

后为河南尹。明帝以沃野、怀朔、薄骨律、武川、抚冥、柔玄、怀荒、御夷诸镇并改为州，其郡、县、戍名，令准古城邑。诏道元持节兼黄门侍郎，驰驿与大都督李崇筹宜置立，裁减去留。会诸镇叛，不果而还。孝昌初，梁遣将攻扬州，刺史元法僧又于彭城反叛。诏道元持节、兼侍中、摄行台尚书，节度诸军，依仆射李平故事。梁军至涡阳，败退。道元追讨，多有斩获。

后除御史中尉。道元素有严猛之称，权豪始颇惮之。而不能有所纠正，声望更损。司州牧、汝南王悦嬖近左右丘念，常与卧起。及选州官，多由于念。念常匿悦第，时还其家，道元密访知，收念付狱。悦启灵太后，请全念身，有敕赦之。道元遂尽其命，因以劾悦。

时雍州刺史萧宝夤反状稍露，侍中、城阳王徽素忌道元，因讽朝廷，遣为关右大使。宝夤虑道元图己，遣其行台郎中郭子帙围道元于阴盘驿亭。亭在冈上，常食冈下之井。既被围，穿井十余丈不得水。水尽力屈，贼遂逾墙而入。道元与其弟道（阙）二子俱被害。道元瞋目叱贼，厉声而死。宝夤犹遣敛其父子，殡于长安城东。事平，丧还，赠吏部尚书、冀州刺史、安定县男。

道元好学，历览奇书，撰注《水经》四十卷，《本志》十三篇。又为《七聘》及诸文皆行于世。然兄弟不能笃睦，又多嫌忌，时论薄之。子孝友袭。[1]

与南朝文人的生平类似，乱世之中，生命如草芥，文人们很难保身，但是精微思想、风流文采和传世佳作永不会被遗忘。杨衒之在《魏书》和《北史》中都没有传记，生平无法确考。他历经北魏的兴盛与变乱，于东魏孝静帝时期重回北魏的都城洛阳，面对倾覆的建筑，抚今追昔，兴起浓厚的黍离之悲，遂有《洛阳伽蓝记》的写作。全书分城内、城东、城南、城西、城北五卷，记录佛寺兴废与相关人事之行迹。《洛阳伽蓝记》是佛教史之重要作品，也具有存史之功，而其文学性之记述与情思，更成为声名远播的重要元素。建安时期文学的自觉形成之后，在书写史上，尽管形成一部作品的价值的元素依然是丰富多彩的，但是文学性越来越成为左右着一部作品的知名度和传世度的重要指标。

---

[1] 李延寿：《北史》，中华书局 1974 年版，第 994 页。

第四章　儒家北学在隋唐时期的延续

第一节　刘焯与刘炫学通南北的成就

　　由南北朝而归于隋朝，近四百年的大分裂时期终于归于一统。由于长期的地理上的并立而形成不同风格的南学与北学终于要进行一次深刻的碰撞与融合。在南北朝时期，也有像庾信、王融、颜之推这样的由南入北的大家，起到融合南北的作用。从整体上来看，自东晋衣冠南渡，中国的文化中心随之南下，及至融合之际，南方文化是更加强势的一方。[①]北方是少数民族政权和少数民族化的汉人政权为主，尽管进入北方地区的少数民族主动地或被动地接受了汉化的过程，也是成果斐然，但是毕竟是从低处走起，与东晋南朝的名士风流和山水田园文学都成了中国文化史的辉煌典

---

　　① 皮锡瑞：《经学历史》："案史于隋一代经学盛衰及南北学统一，说皆明晰；而北学所以并入于南之故，尚未了然。南朝衣冠礼乐，文采风流，北人常称羡之。高欢谓江南萧衍老公专事衣冠礼乐，中原士大夫望之，以为正朝所在。是当时北人称羡南朝之证。经本朴学，非专家莫能解，俗目见之，初无可悦。北人笃守汉学，本近质朴；而南人善谈名理，增饰华词，表里可观，雅俗共赏。故虽以亡国之余，足以转移一时风气，使北人舍旧而从之。正如王褒入关，贵游并学褒书，赵文深之书遂被遐弃。文深知好尚难反，亦改习褒书。庾信归周，群公碑志多出其手。信有'韩陵一片石可共语，余皆驴鸣犬吠'之言。此皆北人重南、南人轻北之证。北方经学折入于南，亦犹是也。"中华书局 1959 年版，第 193 页。

型相比，北方的文化成就在这个时期是较为零散而略带保守的。但也正是这个原因，北方较之南方更多地继承了儒学文化，在隋朝和唐代前期，在儒学领域取得最高成就的，就是以北方学者为主了。

隋朝著名的音韵学家陆法言（约 562—?），临漳（今河北省邯郸市临漳县）人。他在隋文帝开皇年间，综合多位学者的观点，撰成《切韵》，对当时语音有重要的保存之功。还有《隋书·儒林列传》中所记载的河朔地区的儒者，房晖远（531—602），字崇儒，恒山真定人。[1] 马光字荣伯，武安人。[2] 隋代儒家北学学者在学术史上地位最高的，是刘焯与刘炫，他们在唐人撰写的《隋书·儒林列传》中被大加推奖：

> 儒之为教大矣，其利物博矣！笃父子，正君臣，尚忠节，重仁义，贵廉让，贱贪鄙，开政化之本源，凿生民之耳目，百王损益，一以贯之。虽世或污隆，而斯文不坠，经邦致治，非一时也。涉其流

---

[1]　魏徵、令狐德棻撰：《隋书·儒林列传》："房晖远字崇儒，恒山真定人也。世传儒学。晖远幼有志行，治《三礼》《春秋三传》《诗》《书》《周易》，兼善图纬，恒以教授为务。远方负笈而从者，动以千计。齐南阳王绰为定州刺史，闻其名，召为博士。周武帝平齐，搜访儒俊，晖远首应辟命，授小学下士。……"魏徵、令狐德棻撰：《隋书》，中华书局 1973 年版，第 1716 页。

[2]　魏徵、令狐德棻撰：《隋书·儒林列传》："马光字荣伯，武安人也。少好学，从师数十年，昼夜不息，图书谶纬，莫不毕览，尤明《三礼》，为儒者所宗。开皇初，高祖征山东义学之士，光与张仲让、孔笼、窦士荣、张黑奴、刘祖仁等俱至，并授太学博士，时人号为六儒。然皆鄙野，无仪范，朝廷不之贵也。士荣寻病死。仲让未几告归乡里，著书十卷，自云此书若奏，我必为宰相。又数言玄象事，州县列上其状，竟坐诛。孔笼、张黑奴、刘祖仁未几亦被谴去。唯光独存。尝因释奠，高祖亲幸国子学，王公以下毕集。光升座讲礼，启发章门。已而诸儒生以次论难者十余人，皆当时硕学，光剖析疑滞，虽辞非俊辨，而理义弘赡，论者莫测其浅深，咸共推服，上嘉而劳焉。山东《三礼》学者，自熊安生后，唯宗光一人。初，教授瀛、博间，门徒千数，至是多负笈从入长安。"魏徵等撰：《隋书》，中华书局 1973 年版，第 1717 页。

者，无禄而富，怀其道者，无位而尊。故仲尼顿挫于鲁君，孟轲抑扬于齐后，荀卿见珍于强楚，叔孙取贵于隆汉。其余处环堵以骄富贵，安陋巷而轻王公者，可胜数哉！

自晋室分崩，中原丧乱，五胡交争，经籍道尽。魏氏发迹代阴，经营河朔，得之马上，兹道未弘。暨夫太和之后，盛修文教，搢绅硕学，济济盈朝，缝掖巨儒，往往杰出，其雅诰奥义，宋及齐、梁不能尚也。南北所治，章句好尚，互有不同。江左《周易》则王辅嗣，《尚书》则孔安国，《左传》则杜元凯。河、洛《左传》则服子慎，《尚书》《周易》则郑康成。《诗》则并主于毛公，《礼》则同遵于郑氏。大抵南人约简，得其英华，北学深芜，穷其枝叶。考其终始，要其会归，其立身成名，殊方同致矣。爰自汉、魏，硕学多清通，逮乎近古，巨儒必鄙俗。文、武不坠，弘之在人，岂独愚蔽于当今，而皆明哲于往昔？在乎用与不用，知与不知耳。然曩之弼谐庶绩，必举德于鸿儒，近代左右邦家，咸取士于刀笔。纵有学优入室，勤逾刺股，名高海内，擢第甲科，若命偶时来，未有望于青紫，或数将运舛，必委弃于草泽。然则古之学者，禄在其中，今之学者，困于贫贱，明达之人，志识之士，安肯滞于所习，以求贫贱者哉？此所以儒罕通人，学多鄙俗者也。昔齐列康庄之第，多士如林，燕起碣石之宫，群英自远。是知俗易风移，必由上之所好，非夫圣明御世，亦无以振斯颓俗矣。自正朔不一，将三百年，师说纷纶，无所取正。高祖膺期纂历，平一寰宇，顿天网以掩之，贲旌帛以礼之，设好爵以縻之，于是四海九州强学待问之士靡不毕集焉。天子乃整万乘，率百僚，遵问道之仪，观释奠之礼。博士罄悬河之辩，侍中竭重席之奥，考正亡逸，研核异同，积滞群疑，涣然冰释。于是超擢奇隽，厚赏诸儒，京邑达乎四方，皆启黉校。齐、鲁、赵、魏，学者尤多，负笈追师，不远千里，讲诵之声，道路不绝。中州儒雅之盛，自汉、魏以来，一时而已。及高祖暮年，精华稍竭，不悦儒术，专尚刑名，执政之徒，咸非笃好。既仁寿间，遂废天下之学，唯存国子一所，弟子七十二人。炀帝即位，复开庠序，国子郡县之学，盛于开皇之初。征辟儒生，远近毕至，使相与讲论得失于东都之下，纳言定其差次，一以闻奏焉。于时旧儒多已凋亡，二刘拔萃出类，学通南北，博极今古，后生钻仰，莫之能测。所制诸经义疏，搢绅咸师宗之。既而外事四夷，戎马不息，师徒怠散，盗贼群起，礼义不足以防君子，刑罚不足以威小人，空有建学之名，而无弘道之实。其风渐坠，以至灭亡，方领矩步之徒，亦多转死沟壑。凡有经籍，自此皆湮没于煨尘矣。遂使后进之士不复闻《诗》《书》之言，皆怀攘夺之心，相与陷于不义。《传》曰："学者将植，不学者将落。"然则盛衰是系，兴亡攸在，有国有家者可不慎欤！诸儒有身没道存，遗风可想，皆采其余论，缀之于此篇云。①

"二刘拔萃出类，学通南北，博极今古，后生钻仰，莫之能测。所制诸经义疏，搢绅咸师宗之。"可谓统领天下而继往开来。刘焯（544—610），信都昌亭（今河北省衡水市冀州区）人。刘炫（约546—约613），河间景城（今河北省沧州市献县）人。《隋书·儒林列传》这样总结两人的学术成就："刘焯道冠缙绅，数穷天象，既精且博，洞幽究微，铭深致远，源流不测，数百年来，斯人而已。刘炫学实通儒，才堪成务，九流七略，无不该览，虽探赜索隐，不逮于焯，裁成义说，文雅过之。并道亚生

---

① 魏徵等撰：《隋书》，中华书局1973年版，第1705页。

知，时不我与，或才登于下士，或馁弃于沟壑，惜矣。子夏有言：'死生有命，富贵在天。'天之所与者聪明，所不与者贵仕，上圣且犹不免，焯、炫其如命何！"①刘焯的主要成就在历法方面，刘炫更加广博，为群经制作义疏，多成为后来孔颖达等撰写五经正义的蓝本。

刘焯与刘炫自少年时就结为盟友，一起在同郡刘轨思那里学《诗经》，在广平郭懋当那里学《左传》，在阜城熊安生那里学《礼》，还到武强交津桥刘智海家里读书。后凭儒学出名，任州博士。"刺史赵煚引为从事，举秀才，射策甲科。与著作郎王劭同修国史，兼参议律历，仍直门下省，以待顾问。俄除员外将军。后与诸儒于秘书省考定群言。因假还乡里，县令韦之业引为功曹。寻复入京，与左仆射杨素、吏部尚书牛弘、国子祭酒苏威、国子祭酒元善、博士萧该、何妥、太学博士房晖远、崔崇德、晋王文学崔赜等于国子共论古今滞义，前贤所不通者。每升座，论难锋起，皆不能屈，杨素等莫不服其精博。六年，运洛阳《石经》至京师，文字磨灭，莫能知者，奉敕与刘炫等考定。"②后因众人嫉恨，刘焯被诽谤而归乡，以教授著述为务。刘焯辨正贾、马、王、郑所传章句，研究《九章算术》《周髀》《七曜历书》等，寻究测算天象历法、量度山川海洋的方法，莫不核其根本，穷其秘奥。撰著《稽极》十卷，《历书》十卷，以及《五经述议》。与刘炫并称"二刘"，极有声名。

刘炫少以聪敏见称，与刘焯闭户读书，十年不出。"眸子精明，视日不眩，强记默识，莫与为俦。左画方，右画圆，口诵，目数，耳听，五事同举，无有遗失。"③刘炫自述所能："《周礼》《礼记》《毛诗》《尚书》《公羊》

---

① 魏徵等撰：《隋书》，中华书局 1973 年版，第 2771 页。

② 魏徵等撰：《隋书》，中华书局 1973 年版，第 1718 页。

③ 魏徵等撰：《隋书》，中华书局 1973 年版，第 1719 页。

《左传》《孝经》《论语》孔、郑、王、何、服、杜等注，凡十三家，虽义有精粗，并堪讲授。《周易》《仪礼》《穀梁》，用功差少。史子文集，嘉言美事，咸诵于心。天文律历，穷核微妙。至于公私文翰，未尝假手。"[1]开皇二十年，废国子四门及州县学，唯置太学博士二人，学生七十二人。刘炫上表言学校不宜废，情理甚切，高祖不纳。开皇之末，国家殷盛，朝野皆意图征伐辽东。刘炫认为辽东不可伐，作《抚夷论》，但是当时人们都没有意识到。后来隋炀帝三征不克，刘炫的预言得到验证。炀帝时，担任纳言的杨达因刘炫学识渊博富有文采而推荐，经考试名列前茅，被授予太学博士。一年多以后，刘炫就回到了河间老家。此时群盗蜂起，粮食价格暴涨，刘炫与妻子儿女相距百里，音信断绝，郁郁不得志，自为赞曰：

通人司马相如、扬子云、马季长、郑康成等，皆自叙风徽，传芳来叶。余岂敢仰均先达，贻笑从昆。待以日迫桑榆，大命将近，故友飘零，门徒雨散，溘死朝露，埋魂朔野，亲故莫照其心，后人不见其迹，殆及余喘，薄言胸臆，贻及行迈，传示州里，使夫将来俊哲知余鄙志耳。

余从绾发以来，迄于白首，婴孩为慈亲所恕，棰楚未尝加，从学为明师所矜，榎楚弗之及。暨乎敦叙邦族，交结等夷，重物轻身，先人后己。昔在幼弱，乐参长者，爰及耆艾，数接后生。学则服而不厌，诲则劳而不倦，幽情寡适，心事方违。内省生平，顾循终始，其大幸有四，其深恨有一。性本愚蔽，家业贫窭，为父兄所饶，厕缙绅之末，遂得博览典诰，窥涉今古，小善著于丘园，虚名闻于邦国，其

① 魏徵等撰：《隋书》，中华书局1973年版，第1720页。

幸一也。隐显人间，沉浮世俗，数忝徒劳之职，久执城旦之书，名不挂于白简，事不染于丹笔，立身立行，惭恧实多，启手启足，庶几可免，其幸二也。以此庸虚，屡动神眷，以此卑贱，每升天府，齐镳骥騄，比翼鹓鸿，整缃素于凤池，记言动于麟阁，参谒宰辅，造请群公，厚礼殊恩，增荣改价，其幸三也。昼漏方尽，大耋已嗟，退反初服，归骸故里，玩文史以怡神，阅鱼鸟以散虑，观省野物，登临园沼，缓步代车，无罪为贵，其幸四也。仰休明之盛世，慨道教之陵迟，蹈先儒之逸轨，伤群言之芜秽，驰骛坟典，厘改僻谬，修撰始毕，图事适成，天违人愿，途不我与。世路未夷，学校尽废，道不备于当时，业不传于身后。衔恨泉壤，实在兹乎？其深恨一也。①

后来，刘炫在战乱中冻馁而死，时年六十八岁，被门人谥为"宣德先生"。《隋书·儒林列传》言："炫性躁竞，颇俳谐，多自矜伐，好轻侮当世，为执政所丑，由是官途不遂。著《论语述议》十卷，《春秋攻昧》十卷，《五经正名》十二卷，《孝经述议》五卷，《春秋述议》四十卷，《尚书述议》二十卷，《毛诗述议》四十卷，《注诗序》一卷，《算术》一卷，并行于世。"②

可见刘炫为一聪慧的天才型学者，他的一生，因才得名却又为名所累。作为一代通经大儒，在人生的最后时光里，于战乱中冻馁而死，令人唏嘘不已。他亲笔写下的"深恨"，道尽生平不得志："蹈先儒之逸轨，伤群言之芜秽，驰骛坟典，厘改僻谬，修撰始毕，图事适成，天违人愿，途不我与。世路未夷，学校尽废，道不备于当时，业不传于身后。衔恨泉壤，实在兹乎？"刘炫在儒学史、北学史上承前启后的作用十分重要，如

---

① 魏徵等撰：《隋书》，中华书局1973年版，第1722页。
② 魏徵等撰：《隋书》，中华书局1973年版，第1723页。

没有他与刘焯的接引承续，唐初以北学大儒孔颖达领衔撰修的集成性、纲领性儒学典籍"五经正义"不可能如此优质地完成。乱世之儒，虽然难免于人世之凄凉板荡，但学术之力量与光芒，仍可生机不断，薪火相传。刘炫担心"业不传于身后"，实际上，虽然他本人的很多著作逐渐散佚了，但是他以杰出的才华延续的儒家血脉并未曾断裂，他带领的燕赵之学脉亦未曾断裂，会在更好的时机结出更丰硕的果实。

第二节　孔颖达裁定五经的深远影响

因为唐代辉煌耀世的文学成就，其他领域都难免相形见绌。而且佛教与道教在唐代也有十足的发展性和存在感，所以唐代的儒学并没有似汉代那样光芒万丈，准确的定位应该是整合前代，延续薪火，并在文学中广泛渗透。钱穆《中国学术通义》言："唐代统一，把南北朝时代各家义疏集合起来，勒成五经正义，用作政府考试标准。但唐代考试门类中更受重视的却是诗赋文学，而当时人对于人生哲理及教训，则更偏向于佛学。因此，唐代经学，依然是在衰微时代，并可说更比不上魏晋南北朝。但唐代政治光昌，则较之南北朝为远胜，并可媲美两汉。讨论政治，则必依经学，因此经学在唐代人心目中，仍不失其重要性。但此时的政治与人生未免渐分成两途。从事政治事业，在人生理想中只认为是次要者，若论人生最高向往及其终极理想，则不在孔子与五经，而必从佛教经典中去探求。直待宋代，始有新儒学兴起。"[①] 也正是因为在唐代，儒学不需要承担太多的意识

---

① 钱穆：《中国学术通义》，台北学生书局 1975 年版，第 8 页。

形态建设作用、救世济世作用和精神皈依作用，所以唐代儒学更多地回归了纯粹的学问本色，其本学派典籍的"内部研究"是这一时代的专长。

　　孔颖达（574—648），冀州衡水（今河北省衡水市）人，是唐代拥有最大声名的儒家学者。①他在唐太宗时期领衔编纂的《五经正义》，是由汉至唐经学注疏的集大成之作，影响深远，直至今天都是儒家五经最典范的定本和最权威的注释。②皮锡瑞《经学历史》中将《五经正义》的成就

————————————

　　①　《新唐书·儒学列传》："孔颖达，字仲达，冀州衡水人。八岁就学，诵记日千余言，暗记《三礼义宗》。及长，明服氏《春秋传》、郑氏《尚书》、《诗》、《礼记》、王氏《易》，善属文，通步历。尝造同郡刘焯，焯名重海内，初不之礼，及请质所疑，遂大畏服。隋大业初，举明经高第，授河内郡博士。炀帝召天下儒官集东都，诏国子秘书学士与论议，颖达为冠，又年最少，老师宿儒耻出其下，阴遣客刺之，匿杨玄感家得免。补太学助教。隋乱，避地虎牢。太宗平洛，授文学馆学士，迁国子博士。贞观初，封曲阜县男，转给事中。时帝新即位，颖达数以忠言进。帝问：'孔子称"以能问于不能，以多问于寡，有若无，实若虚"，何谓也？'对曰：'此圣人教人谦耳。己虽能，仍就不能之人以咨所未能；己虽多，仍就寡少之人更资其多。内有道，外若无；中虽实，容若虚。非特匹夫，君德亦然。故《易》称蒙以养正，明夷以莅众。若其据尊极之位，炫聪耀明，恃才以肆，则上下不通，君臣道乖。自古灭亡，莫不由此。'帝称善。除国子司业，岁余，以太子右庶子兼司业。与诸儒议历及明堂事，多从其说。以论撰劳，加散骑常侍，爵为子。皇太子令颖达撰《孝经章句》，因文以尽箴讽。帝知数争太子失，赐黄金一斤、绢百匹。久之，拜祭酒，侍讲东宫。帝幸太学观释菜，命颖达讲经，毕，上《释奠颂》，有诏褒美。后太子稍不法，颖达争不已，乳夫人曰：'太子既长，不宜数面折之。'对曰：'蒙国厚恩，虽死不恨。'剖切愈至。后致仕，卒，陪葬昭陵，赠太常卿，谥曰宪。"欧阳修、宋祁撰：《新唐书》，中华书局1975年版，第5643页。

　　②　《周易正义》十卷，（魏）王弼、韩康伯注，（唐）孔颖达等正义；《尚书正义》二十卷，（汉）孔安国传，（唐）孔颖达等正义；《毛诗正义》七十卷，（汉）毛公传，郑玄笺，（唐）孔颖达等正义；《礼记正义》六十三卷，（汉）郑玄注，（唐）孔颖达等正义；《春秋左传正义》六十卷，（晋）杜预注，（唐）孔颖达等正义。《新唐书·儒学列传》："初，颖达与颜师古、司马才章、王恭、王琰受诏撰《五经》义训凡百余篇，号《义赞》，诏改为《正义》云。虽包贯异家为详博，然其中不能无谬冗，博士马嘉运驳正其失，至相讥诋。有诏更令裁定，功未就。永徽二年，诏中书门下与国子三馆博士、弘文馆学士考正之，于是尚书左仆射于志宁、右仆射张行成、侍中高季辅就加增损，书始布下。"欧阳修、宋祁撰：《新唐书》，中华书局1975年版，第5644页。

与争议总结如下：

　　唐太宗以儒学多门，章句繁杂，诏国子祭酒孔颖达与诸儒撰定五经义疏，凡一百七十卷，名曰《五经正义》。颖达既卒，博士马嘉运驳其所定义疏之失，有诏更定，未就。永徽二年，诏诸臣复考证之，就加增损。永徽四年，颁孔颖达《五经正义》于天下，每年明经依次考试。自唐至宋，明经取士，皆遵此本。夫汉帝称制临决，尚未定为全书；博士分门授徒，亦非止一家数；以经学论，未有统一若此之大且久者。此经学之又一变也。其所定五经疏，《易》主王注，《书》主孔传，《左氏》主杜解；郑注《易》《书》，服注《左氏》，皆置不取。论者责其朱紫无别，真赝莫分，唐初编定诸儒诚不得辞其咎。而据《隋经籍志》，郑注《易》《书》，服注《左氏》，在隋已浸微将绝，则在唐初已成"广陵散"矣。北学既并于南，人情各安所习；诸儒之弃彼取此，盖亦因一时之好尚，定一代之规模。①
　　……
　　议孔疏之失者，曰彼此互异，曰曲徇注文，曰杂引谶纬。案著书之例，注不驳经，疏不驳注；不取异义，专宗一家；曲徇注文，未足为病。谶纬多存古义，原本今文；杂引释经，亦非巨谬。惟彼此互异，学者莫知所从；既失刊定之规，殊乖统一之义。即如谶纬之说，经疏并引；而《诗》《礼》从郑，则以为是；《书》不从郑，又以为非；究竟谶纬为是为非，矛盾不已甚欤！官修之书不满人意，以其杂出众手，未能自成一家。②

---

①　皮锡瑞：《经学历史》，中华书局1959年版，第198页。
②　皮锡瑞：《经学历史》，中华书局1959年版，第201页。

　　大一统的时代，是经学典籍的规范与厘定的上佳背景，此时出现《五经正义》亦可谓是时势使然，水到渠成。这套经学注解定本的编纂，规模天下，泽被后世，但是它最大的争议亦与其性质相关。既然是官修订本，就应该不枝不蔓，斩钉截铁。但是从参照古本的来源、引用前人的材料到编撰者的立场，应该说虽然坚守"疏不破注"的底线，但是犹显驳杂。抑或可以说，虽然唐初官方《五经正义》的修纂，是为了统一，但是并没有想要把这项工作变成一尊独显、排斥异家的工程。如关于《春秋》经的末尾"西狩获麟"，《春秋左传正义》的解释如下：

　　《公羊传》曰："麟者，仁兽也。"何休云："一角而戴肉，设武备而不为害，所以为仁也。"郑玄《诗笺》云："麟角之末有肉，示有武而不用。"《释兽》云："麐，麕身，牛尾，一角。"李巡曰："麟，瑞应兽名。"孙炎曰："灵兽也。"京房《易传》曰："麟，麕身牛尾，狼额马蹄，有五采，腹下黄，高丈二。"《广雅》云："麒麟，狼头肉角，含仁怀义，音中钟吕，行步中规，折旋中矩，游必择土，翔必有处，不履生蟲，不折生草，不群不旅，不入陷阱，不入罗网，文章斌斌。"《说文》云："麒，仁兽。从鹿，其声。麟，大牝鹿也。从鹿，粦声。"《公羊传》曰："麟，有王者则至，无王者则不至。"《孝经·援神契》云："德至鸟兽，则麒麟臻。"是言麟为圣王之嘉瑞也。此时无明王，麟出无所应也。出而遇获，失其所以归也。夫以灵瑞之物，辖轹若是，圣人见此，能无感乎？所以感者，以圣人之生非其时，道无所施，言无所用，与麟相类，故为感也。仲尼见此获麟，于是伤周道之不兴，感嘉瑞之无应，故因《鲁春秋》文加褒贬而修中兴之教。若能用此道，则周室中兴，故谓《春秋》为中兴之教也。《春秋》编年之书，不待年终，而绝笔于获麟之一句者，本以所感而作，故所以用此为终也。《释天》云："冬猎为狩。"周之春，夏之冬，故称狩也。桓四年"公狩于郎"，庄四年"公及齐人狩于禚"，禚郎二者，公亲行，皆书公狩。此狩不书公卿者，盖是虞人贱官，自修常职，公卿不行，故不书狩者名氏。此狩常事，本不合书，书之，为获麟故也。传称"狩于大野"，大野之泽在鲁国之西，故言"西狩"。"得用曰获"，定九年传例也。杜以获麟之义，唯此而已。先儒穿凿，妄生异端。《公羊传》曰："有以告者，曰：'有麕而角者。'孔子曰：'孰为来哉？孰为来哉？'反袂拭面，涕沾袍，曰：'吾道穷矣。'"说《公羊》者云：麟是汉将受命之瑞，周亡天下之异，夫子知其将有六国争疆，秦项交战，然后刘氏乃立。夫子深闵民之离害，故为之陨泣。麟者，太平之符，圣人之类。又云：麟得而死，此亦天告夫子将没之征也。案：此时去汉二百七十有余年矣。汉氏起于匹夫，先无王迹，前期三百许岁，天已豫见征兆，其为灵命，何大远乎？言既不经，事无所据，苟佞时世，妄为虚诞，故杜氏序云："至于反袂拭面，称吾道穷，亦无取焉。"盖贱其虚诬，鄙其妖妄，故无所取之也。说《左氏》者云：麟生于火，而游于土，中央轩辕，大角之兽。孔子作《春秋》。《春秋》者，礼也，修火德以致其子，故麟来而为孔子瑞也。奉德侯陈钦说麟，西方毛虫金精也。孔子作《春秋》，有立言，西方兑为口，故麟来。许慎称刘向、尹更始等皆以为吉凶不并，瑞灾不兼。今麟为周异，不得复为汉瑞，知麟应孔子而至。郑玄以为修母致子不如立言之说密也。贾逵、服虔、颍容等皆以为孔子自卫反鲁，考正礼乐，修《春秋》，约以周礼，三年文成致麟，麟感而至，取龙为水物，故以为修母致子之应。若然，龙为水物，以其育于水耳，麟生于火，岂其产于火乎？孔子之作《春秋》，门徒尽知之矣。丘明亲承圣旨，目见获麟，丘明何以不言？弟子何以不说？子思、孟轲去圣尤近，荀卿著书，尊崇孔德，麟若应孔子而来，著书无容不述，何乃经传群籍了尔不言？以其既妖且妄，故杜悉无所取。[①]

获麟作为《春秋》之绝笔，古来学者皆试图阐发其微言大义。群说竞起，因而争议不断。对待这些重要的、争议性大的问题，官方定本，是应该给出明确、简赅的判定的，使得学子、读者阅读后，对这个复杂的问题的认知变得清晰。细细看来，《春秋左传正义》其实完成了这个任务："所以感者，以圣人之生非其时，道无所施，言无所用，与麟相类，故为感也。仲尼见此获麟，于是伤周道之不兴，感嘉瑞之无应，故因《鲁春秋》文加褒贬而修中兴之教。若能用此道，则周室中兴，故谓《春秋》为中兴之教也。《春秋》编年之书，不待年终，而绝笔于获麟之一句者，本以所感而作，故所以用此为终也。"如果我们认可孔子对《春秋》结尾的选择是有深意的，那么，因获麟而感嘉瑞之无应，进而感叹自己的生非其时，这是一种很到位而又不会令人感觉到过度阐释的解读。但是，《正义》不仅引用了纬书《孝经·援神契》，而且与《公羊传》的解读做了较长篇幅的辩解纠缠，其实，如果没有这些话，《正义》对获麟的解释会显得更加简洁而直接。此时的《五经正义》既然选择了《左传》作为《春秋》的传记，那么，《公羊传》到底是怎么说的，其实本没有必要理会。这段解释文字里，虽然通过辨析反驳了《公羊传》，但是也使得读者接触了公羊学说，而且解释者辨析得越多，越体现出对公羊学说的重视，这反而与官方定本应该持有的姿态相左。从《五经正义》的解经态度可以看出，尽管官

---

① 《十三经注疏·春秋左传正义》，北京大学出版社 1999 年版，第 1673 页。

方定本是此次编纂工程的目的，但是并没有欲图把经典解释单一化、绝对化，这也意味着，此次官修解经文本，更多的是体现学术的色彩，而并没有承担明确的意识形态功能。而《五经正义》在后世得以恒久流传，有着广泛深远的接受度，也正是得益于它的多元化而非单一化的操作。领衔此次修撰的孔颖达也因此拥有了传世之名。

在《旧唐书》和《新唐书》的《儒学列传》中记载的河北地区的儒家学者还有瀛州乐寿人张士衡①，洺州永年人贾公彦②，赵人李玄植③，冀州信都人盖文达④、盖文懿，魏州元城人冯伉，定州新乐人郎馀令、郎馀庆，

---

① 刘昫等撰：《旧唐书·儒学列传》："张士衡，瀛州乐寿人也。父之庆，齐国子助教。士衡九岁丧母，哀慕过礼。父友齐国子博士刘轨思见之，每为掩泣。谓其父曰：昔伯饶号'张曾子'，亦岂能远过！吾闻君子不亲教，当为成就之。及长，轨思授以《毛诗》《周礼》，又从熊安生及刘焯受《礼记》，皆精究大义。此后遍讲《五经》，尤攻《三礼》。……士衡既礼学为优，当时受其业擅名于时者，唯贾公彦为最焉。"刘昫等撰：《旧唐书》，中华书局 1975 年版，第 4949 页。

② 刘昫等撰：《旧唐书·儒学列传》："贾公彦，洺州永年人。永徽中，官至太学博士。撰《周礼义疏》五十卷、《仪礼义疏》四十卷。"刘昫等撰：《旧唐书》，中华书局 1975 年版，第 4950 页。

③ 刘昫等撰：《旧唐书·儒学列传》："时有赵州李玄植，又受《三礼》于公彦，撰《三礼音义》行于代。玄植兼习《春秋左氏传》于王德韶，受《毛诗》于齐威，博涉汉史及老、庄诸子之说。贞观中，累迁太子文学、弘文馆直学士。高宗时，屡被召见。与道士、沙门在御前讲说经义，玄植辩论甚美，申规讽，帝深礼之。"刘昫等撰：《旧唐书》，中华书局 1975 年版，第 4950 页。

④ 刘昫等撰：《旧唐书·儒学列传》："盖文达，冀州信都人也。博涉经史，尤明《三传》。性方雅，美须貌，有士君子之风。刺史窦抗尝广集儒生，令相问难，其大儒刘焯、刘轨思、孔颖达咸在坐，文达亦参焉。既论难，皆出诸儒意表，抗大奇之，问曰：'盖生就谁受学？'刘焯对曰：'此生岐嶷，出自天然。以多问寡，焯为师首。'抗曰：'可谓冰生于水而寒于水也。'武德中，累授国子助教。太宗在藩，召为文学馆直学士。贞观十年，迁谏议大夫，兼弘文馆学士。十三年，除国子司业。俄拜蜀王师，以王有罪，坐免。十八年，授崇贤馆学士。寻卒。其宗人文懿，亦以儒业知名，当时称为'二盖'焉。"刘昫等撰：《旧唐书》，中华书局 1975 年版，第 4951 页。

瀛州河间人彭景直，幽州范阳人卢粲，幽州范阳人卢履冰，定州鼓城人赵冬曦①，赵州人啖助等。贾公彦是后来收入"十三经注疏"中的《周礼义疏》和《仪礼义疏》的撰者。②啖助是唐代新《春秋》学派的创立者和核心人物。

第三节　魏徵的直言善谏与学术造诣

一代名臣魏徵（580—643），巨鹿（今河北省邢台市巨鹿县）人，在贞观之治政坛的群英荟萃中，魏徵以直言善谏而著称，"徵状貌不逾中人，有志胆，每犯颜进谏，虽逢帝甚怒，神色不徙，而天子亦为霁威。议者谓贲、育不能过。"③在两唐书和《贞观政要》中多有记录。臣能进谏而君能兼听，反之则有祸患，这是来自历史的经验："君所以明，兼听也；所以暗，偏信也。尧、舜氏辟四门，明四目，达四聪。虽有共、鲧，不能塞也，靖言庸违，不能惑也。秦二世隐藏其身，以信赵高，天下溃叛而不得闻；梁武帝信朱异，侯景向关而不得闻；隋炀帝信虞世基，贼遍天下而不得闻。故曰，君能兼听，则奸人不得壅蔽，而下情通矣。"④在魏徵这里，

---

① 欧阳修、宋祁撰：《新唐书·儒学列传》："赵冬曦，定州鼓城人。进士擢第，历左拾遗。神龙初，上书曰：'古律条目千余。隋时奸臣侮法，著律曰：律无正条者，出罪举重以明轻，入罪举轻以明重。一辞而废条目数百。自是轻重沿爱憎，被罚者不知其然，使贾谊见之，恸哭必矣。夫法易知，则下不敢犯而远机阱；文义深，则吏乘便而朋附盛。律、令、格、式，谓宜刊定科条，直书其事。其以准加减比附、量情及举轻以明重、不应为之类皆勿用。使愚夫愚妇相率而远罪，犯者虽贵必坐。律明则人信，法一则主尊。'当时称是。"欧阳修、宋祁撰：《新唐书》，中华书局1975年版，第5702页。

② 《周礼注疏》四十二卷，（汉）郑玄注，（唐）贾公彦疏；《仪礼注疏》五十卷，（汉）郑玄注，（唐）贾公彦疏。

③ 欧阳修、宋祁撰：《新唐书》，中华书局1975年版，第3881页。

④ 欧阳修、宋祁撰：《新唐书》，中华书局1975年版，第3869页。

直言敢谏不仅是一种作风，更是国家执政对祸患进行防微杜渐的必要举措。如他的《十渐不克终疏》的写作背景，就是在国家安定日久后，君王难免滋生享乐奢靡的欲念，难以像初登基时一样克己精进。因此魏徵借由灾异警戒的契机，恳切进谏：

　　臣奉侍帷幄十余年，陛下许臣以仁义之道，守而不失；俭约朴素，终始弗渝。德音在耳，不敢忘也。顷年以来，浸不克终。谨用条陈，裨万分一。

　　陛下在贞观初，清净寡欲，化被荒外。今万里遣使，市索骏马，并访怪珍。昔汉文帝却千里马，晋武帝焚雉头裘。陛下居常论议，远希尧、舜，今所为，更欲处汉文、晋武下乎？此不克终一渐也。子贡问治人。孔子曰："懔乎若朽索之驭六马。"子贡曰："何畏哉？"对曰："不以道导之，则吾仇也，若何不畏！"陛下在贞观初，护民之劳，煦之如子，不轻营为。顷既奢肆，思用人力，乃曰："百姓无事则易骄，劳役则易使。"自古未有百姓逸乐而致倾败者，何有逆畏其骄而为劳役哉？此不克终二渐也。陛下在贞观初，役己以利物，比来纵欲以劳人。虽忧人之言不绝于口，而乐身之事实切诸心。无虑营构，辄曰："弗为此，不便我身。"推之人情，谁敢复争？此不克终三渐也。在贞观初，亲君子，斥小人。比来轻亵小人，礼重君子。重君子也，恭而远之；轻小人也，狎而近之。近之莫见其非，远之莫见其是。莫见其是，则不待间而疏；莫见其非，则有时而昵。昵小人，疏君子，而欲致治，非所闻也。此不克终四渐也。在贞观初，不贵异物，不作无益。而今难得之货杂然并进，玩好之作无时而息。上奢靡而望下朴素，力役广而冀农业兴，不可得已。此不克终五渐也。贞观之初，求士如渴，贤者所举，即信而任之，取其所长，常恐不及。比来由心好恶，以众贤举而用，以一人毁而弃，虽积年任而信，或一朝疑而斥。夫行有素履，事有成迹，一人之毁未必可信，积年之行不应顿亏。陛下不察其原，以为臧否，使谗佞得行，守道疏间。此不克终六渐也。在贞观初，高居深拱，无田猎毕弋之好。数年之后，志不克固，鹰犬之贡，远及四夷，晨出夕返，驰骋为乐，变起不测，其及救乎？此不克终七渐也。在贞观初，遇下有礼，群情上达。今外官奏事，颜色不接，间因所短，诘其细过，虽有忠款，而不得申。此不克终八渐也。在贞观初，孜孜治道，常若不足。比恃功业之大，负圣智之明，长傲纵欲，无事兴兵，问罪远裔。亲狎者阿旨不肯谏，疏远者畏威不敢言。积而不已，所损非细。此不克终九渐也。贞观初，频年霜旱，畿内户口并就关外，携老扶幼，来往数年，卒无一户亡去。此由陛下矜育抚宁，故死不携贰也。比者疲于徭役，关中之人，劳弊尤甚。杂匠当下，顾而不遣。正兵番上，复别驱任。市物莅属于廛，递子背望于道。脱有一谷不收，百姓之心，恐不能如前日之怗泰。此不克终十渐也。

夫祸福无门，惟人之召，人无衅焉，妖不妄作。今旱熯之灾，远被郡国，凶丑之孽，起于毂下，此上天示戒，乃陛下恐惧忧勤之日也。千载休期，时难再得，明主可为而不为，臣所以郁结长叹者也！①

这里论述了十个方面的堕落：一、私欲增加，二、大兴劳役，三、骄矜奢侈，四、亲近小人，五、搜求珍奇，六、轻信谗佞，七、耽于游猎，

---

① 欧阳修、宋祁撰：《新唐书》，中华书局1975年版，第3876页。

八、轻视外官，九、骄傲享乐，十、不恤百姓。魏徵将这十个方面的堕落娓娓道来，皆以贞观初年的谨慎与后来的纵乐相对比，理据明晰，振聋发聩。纵观历史长河，因骄侈纵欲而致衰败的例子很多，兴亡盛衰之际，一定离不开防微杜渐，居安思危。唐太宗从魏徵身上总结出著名的以人为鉴之说："以铜为鉴，可正衣冠；以古为鉴，可知兴替；以人为鉴，可明得失。朕尝保此三鉴，内防己过。今魏徵逝，一鉴亡矣。朕比使人至其家，得书一纸，始半稿，其可识者曰：'天下之事，有善有恶，任善人则国安，用恶人则国弊。公卿之内，情有爱憎，憎者惟见其恶，爱者止见其善。爱憎之间，所宜详慎。若爱而知其恶，憎而知其善，去邪勿疑，任贤勿猜，可以兴矣。'其大略如此。朕顾思之，恐不免斯过。公卿侍臣可书之于笏，知而必谏也。"①

以魏徵领衔编纂的《隋书》，文辞典雅，述论翔实，是"二十四史"中的上乘之作。其《经籍志》在我国文献史上地位崇高，影响悠远。其序论部分纵论古今，铿然宏大，颇得学术之大旨，大国之风范。

论及儒家经籍之来源，从其经天纬地、正纲弘道开始，推崇其美教化、移风俗的大作用，并且将史官传统与经籍撰著紧密结合：

> 夫经籍也者，机神之妙旨，圣哲之能事，所以经天地，纬阴阳，正纪纲，弘道德，显仁足以利物，藏用足以独善，学之者将殖焉，不学者将落焉。大业崇之，则成钦明之德，匹夫克念，则有王公之重。其王者之所以树风声，流显号，美教化，移风俗，何莫由乎斯道？故曰："其为人也，温柔敦厚，《诗》教也；疏通知远，《书》教也；广博

---

① 欧阳修、宋祁撰：《新唐书》，中华书局 1975 年版，第 3880 页。

易良，《乐》教也；洁静精微，《易》教也；恭俭庄敬，《礼》教也；属词比事，《春秋》教也。"遭时制宜，质文迭用，应之以通变，通变之以中庸。中庸则可久，通变则可大，其教有适，其用无穷，实仁义之陶钧，诚道德之橐籥也。其为用大矣，随时之义深矣，言无得而称焉。故曰："不疾而速，不行而至。"今之所以知古，后之所以知今，其斯之谓也。是以大道方行，俯龟象而设卦，后圣有作，仰鸟迹以成文。书契已传，绳木弃而不用，史官既立，经籍于是兴焉。

夫经籍也者，先圣据龙图，握凤纪，南面以君天下者，咸有史官，以纪言行。言则左史书之，动则右史书之。故曰"君举必书"，惩劝斯在。考之前载，则《三坟》《五典》《八索》《九丘》之类是也。下逮殷、周，史官尤备，纪言书事，靡有阙遗，则《周礼》所称：太史掌建邦之六典、八法、八则，以诏王治；小史掌邦国之志，定世系，辨昭穆；内史掌王之八柄，策命而贰之；外史掌王之外令及四方之志，三皇、五帝之书；御史掌邦国都鄙万民之治令，以赞冢宰。此则天子之史，凡有五焉。诸侯亦各有国史，分掌其职。则《春秋传》，晋赵穿弑灵公，太史董狐书曰"赵盾杀其君"，以示于朝。宣子曰："不然。"对曰："子为正卿，亡不越境，反不讨贼，非子而谁？"齐崔杼弑庄公，太史书曰"崔杼弑其君"，崔子杀之。其弟嗣书，死者二人。其弟又书，乃舍之。南史闻太史尽死，执简以往，闻既书矣，乃还。楚灵王与右尹子革语，左史倚相趋而过。王曰："此良史也，能读《三坟》《五典》《八索》《九丘》。"然则诸侯史官，亦非一人而已，皆以记言书事，太史总而裁之，以成国家之典。不虚美，不隐恶，故得有所惩劝，遗文可观，则《左传》称《周志》，《国语》有《郑书》之类是也。

自周室道衰直至撰写《隋书》的唐代，《隋书·经籍志》对儒家发展史进行了历时性的总结，将儒家的沉浮放置在国运兴衰的背景上，可看作是一篇缩微的儒学发展史。孔子在乱世，"以大圣之才，当倾颓之运，叹凤鸟之不至，惜将坠于斯文，乃述《易》道而删《诗》《书》，修《春秋》而正《雅》《颂》。坏礼崩乐，咸得其所"①。圣人之后，七十子散而大义乖，战国百家之言起，秦焚书坑儒，以刀笔吏为师，制挟书之令。到汉朝，恢复学术，惠帝除挟书之律，儒者始以其业行于民间。其时经籍散乱，逐渐整理。梳理至汉武帝时，《隋书·经籍志》承袭史书传统与经籍的关联，推崇汉武帝置太史公的作用，"司马谈父子，世居太史，探采前代，断自轩皇，逮于孝武，作《史记》一百三十篇。详其体制，盖史官之旧也"②。进而述及刘向、刘歆父子的目录学功绩。东汉经学昌明，"光武中兴，笃好文雅，明、章继轨，尤重经术。四方鸿生巨儒，负裘自远而至者，不可胜算。石室、兰台，弥以充积。又于东观及仁寿阁集新书，校书郎班固、傅毅等典掌焉。并依《七略》而为书部，固又编之，以为《汉书·艺文志》。"③《隋书·经籍志》非常重视对书籍著录情况的梳理，继而又提到魏秘书郎郑默《中经》，及秘书监荀勖《新簿》，分为四部，总括群书。"一曰甲部，纪六艺及小学等书；二曰乙部，有古诸子家、近世子家、兵书、兵家、术数；三曰丙部，有史记、旧事、皇览簿、杂事；四曰丁部，有诗赋、图赞、《汲冢书》，大凡四部合二万九千九百四十五卷。"④东晋著作郎李充继承荀勖的整理，但因为书籍散佚过多，只以甲乙为次。宋元嘉八

---

① 魏徵等撰：《隋书》，中华书局 1973 年版，第 904 页。
② 魏徵等撰：《隋书》，中华书局 1973 年版，第 904 页。
③ 魏徵等撰：《隋书》，中华书局 1973 年版，第 906 页。
④ 魏徵等撰：《隋书》，中华书局 1973 年版，第 906 页。

年，秘书监谢灵运造《四部目录》，元徽元年（473年），秘书丞王俭又造《目录》和《七志》："一曰《经典志》，纪六艺、小学、史记、杂传；二曰《诸子志》，纪今古诸子；三曰《文翰志》，纪诗赋；四曰《军书志》，纪兵书；五曰《阴阳志》，纪阴阳图纬；六曰《术艺志》，纪方技；七曰《图谱志》，纪地域及图书。其道、佛附见，合九条。"① 梁有秘书监任昉、殷钧《四部目录》，又《文德殿目录》。阮孝绪撰《七录》：一曰《经典录》，纪六艺；二曰《记传录》，纪史传；三曰《子兵录》，纪子书、兵书；四曰《文集录》，纪诗赋；五曰《技术录》，纪数术；六曰《佛录》；七曰《道录》。并述及《隋书·经籍志》的撰写背景：

> 大唐武德五年，克平伪郑，尽收其图书及古迹焉。命司农少卿宋遵贵载之以船，溯河西上，将致京师。行经底柱，多被漂没，其所存者，十不一二。其《目录》亦为所渐濡，时有残缺。今考见存，分为四部，合条为一万四千四百六十六部，有八万九千六百六十六卷。其旧录所取，文义浅俗、无益教理者，并删去之。其旧录所遗，辞义可采，有所弘益者，咸附入之。远览马史、班书，近观王、阮志、录，挹其风流体制，削其浮杂鄙俚，离其疏远，合其近密，约文绪义，凡五十五篇，各列本条之下，以备《经籍志》。虽未能研几探赜，穷极幽隐，庶乎弘道设教，可以无遗阙焉。夫仁义礼智，所以治国也，方技数术，所以治身也；诸子为经籍之鼓吹，文章乃政化之黼黻，皆为治之具也。故列之于此志云。②

暨夫周室道衰，纪纲散乱，国异政，家殊俗，褒贬失实，隳紊旧

① 魏徵等撰：《隋书》，中华书局1973年版，第906页。

② 魏徵等撰：《隋书》，中华书局1973年版，第908页。

章。孔丘以大圣之才，当倾颓之运，叹凤鸟之不至，惜将坠于斯文，乃述《易》道而删《诗》《书》，修《春秋》而正《雅》《颂》。坏礼崩乐，咸得其所。自哲人萎而微言绝，七十子散而大义乖，战国纵横，真伪莫辨，诸子之言，纷然淆乱。圣人之至德丧矣，先王之要道亡矣。陵夷蹉驳，以至于秦。秦政奋豺狼之心，划先代之迹，焚《诗》《书》，坑儒士，以刀笔吏为师，制挟书之令。学者逃难，窜伏山林，或失本经，口以传说。

汉氏诛除秦、项，未及下车，先命叔孙通草绵蕝之仪，救击柱之弊。其后张苍治律历，陆贾撰《新语》，曹参荐盖公言黄老，惠帝除挟书之律，儒者始以其业行于民间。犹以去圣既远，经籍散逸，简札错乱，传说纰缪，遂使《书》分为二，《诗》分为三，《论语》有齐、鲁之殊，《春秋》有数家之传。其余互有蹉驳，不可胜言。此其所以博而寡要，劳而少功者也。武帝置太史公，命天下计书，先上太史，副上丞相，开献书之路，置写书之官，外有太常、太史、博士之藏，内有延阁、广内、秘室之府。司马谈父子，世居太史，探采前代，断自轩皇，逮于孝武，作《史记》一百三十篇。详其体制，盖史官之旧也。至于孝成，秘藏之书，颇有亡散，乃使谒者陈农，求遗书于天下。命光禄大夫刘向校经传诸子诗赋，步兵校尉任宏校兵书，太史令尹咸校数术，太医监李柱国校方技。每一书就，向辄撰为一录，论其指归，辨其讹谬，叙而奏之。向卒后，哀帝使其子歆嗣父之业。乃徙温室中书于天禄阁上。歆遂总括群篇，撮其指要，著为《七略》：一曰《集略》，二曰《六艺略》，三曰《诸子略》，四曰《诗赋略》，五曰《兵书略》，六曰《术数略》，七曰《方技略》。大凡三万三千九十卷。王莽之末，又被焚烧。光武中兴，笃好文雅，明、章继轨，尤重经术。四方鸿生巨儒，负袠自远而至者，不可胜算。石室、兰台，弥以充积。又于东观及仁寿阁集新书，校书郎班固、傅毅等典掌焉。并依《七略》而为书部，固又编之，以为《汉书·艺文志》。董卓之乱，献帝西迁，图书缣帛，军人皆取为帷囊。所收而西，犹七十余载。两京大乱，扫地皆尽。

魏氏代汉，采掇遗亡，藏在秘书中、外三阁。魏秘书郎郑默，始制《中经》，秘书监荀勖，又因《中经》，更著《新簿》，分为四部，总括群书。一曰甲部，纪六艺及小学等书；二曰乙部，有古诸子家、近世子家、兵书、兵家、术数；三曰丙部，有史记、旧事、皇览簿、杂事；四曰丁部，有诗赋、图赞、《汲冢书》，大凡四部合二万九千九百四十五卷。但录题及言，盛以缥囊，书用缃素。至于作者之意，无所论辩。惠、怀之乱，京华荡覆，渠阁文籍，靡有孑遗。

东晋之初，渐更鸠聚。著作郎李充，以勖旧簿校之，其见存者，但有三千一十四卷。充遂总没众篇之名，但以甲乙为次。自尔因循，无所变革。其后中朝遗书，稍流江左。宋元嘉八年，秘书监谢灵运造《四部目录》，大凡六万四千五百八十二卷。元徽元年，秘书丞王俭又造《目录》，大凡一万五千七百四卷。俭又别撰《七志》：一曰《经典志》，纪六艺、小学、史记、杂传；二曰《诸子志》，纪今古诸子；三曰《文翰志》，纪诗赋；四曰《军书志》，纪兵书；五曰《阴阳志》，纪阴阳图纬；六曰《术艺志》，纪方技；七曰《图谱志》，纪地域及图书。其道、佛附见，合九条。然亦不述作者之意，但于书名之下，每立一传，而又作九篇条例，编乎首卷之中。文义浅近，未为典则。齐永明中，秘书丞王亮、监谢朏，又造《四部书目》，大凡一万八千一十卷。

齐末兵火，延烧秘阁，经籍遗散。梁初，秘书监任昉，躬加部集，又于文德殿内列藏众书，华林园中总集释典，大凡二万三千一百六卷，而释氏不豫焉。梁有秘书监任昉、殷钧《四部目录》，又《文德殿目录》。其术数之书，更为一部，使奉朝请祖暅撰其名。故梁有《五部目录》。普通中，有处士阮孝绪，沉静寡欲，笃好坟史，博采宋、齐已来，王公之家凡有书记，参校官簿，更为《七录》：一曰《经典录》，纪六艺；二曰《记传录》，纪史传；三曰《子兵录》，纪子书、兵书；四曰《文集录》，纪诗赋；五曰《技术录》，纪数术；六曰《佛录》；七曰《道录》。其分部题目，颇有次序，割析辞义，浅薄不经。梁武敦悦诗书，下化其上，四境之内，家有文史。元帝克平侯景，收文德之书及公私经籍，归于江陵，大凡七万余卷。周师入郢，咸自焚之。陈天嘉中，又更鸠集，考其篇目，遗阙尚多。

其中原则战争相寻，干戈是务，文教之盛，符、姚而已。宋武入关，收其图籍，府藏所有，才四千卷。赤轴青纸，文字古拙。后魏始都燕、代，南略中原，粗收经史，未能全具。孝文徙都洛邑，借书于齐，秘府之中，稍以充实。暨于尔朱之乱，散落人间。后齐迁邺，颇更搜聚，迄于天统、武平，校写不辍。后周始基关右，外逼强邻，戎马生郊，日不暇给。保定之始，书止八千，后稍加增，方盈万卷。周武平齐，先封书府，所加旧本，才至五千。

隋开皇三年，秘书监牛弘，表请分遣使人，搜访异本。每书一卷，赏绢一匹，校写既定，本即归主。于是民间异书，往往间出。及平陈已后，经籍渐备。检其所得，多太建时书，纸墨不精，书亦拙恶。于是总集编次，存为古本。召天下工书之士，京兆韦霈、南阳杜頵等，于秘书内补续残缺，为正副二本，藏于宫中，其余以实秘书内、外之阁，凡三万余卷。炀帝即位，秘阁之书，限写五十副本，分为三品：上品红琉璃轴，中品绀琉璃轴，下品漆轴。于东都观文殿东西厢构屋以贮之，东屋藏甲乙，西屋藏丙丁。又聚魏已来古迹名画，于殿后起二台，东曰妙楷台，藏古迹；西曰宝迹台，藏古画。又于内道场集道、佛经，别撰目录。

大唐武德五年，克平伪郑，尽收其图书及古迹焉。命司农少卿宋遵贵载之以船，溯河西上，将致京师。行经底柱，多被漂没，其所存者，十不一二。其《目录》亦为所渐濡，时有残缺。今考见存，分为四部，合条为一万四千四百六十六部，有八万九千六百六十六卷。其旧录所取，文义浅俗、无益教理者，并删去之。其旧录所遗，辞义可采，有所弘益者，咸附入之。远览马史、班书，近观王、阮志、录，挹其风流体制，削其浮杂鄙俚，离其疏远，合其近密，约文绪义，凡五十五篇，各列本条之下，以备《经籍志》。虽未能研几探赜，穷极幽隐，庶乎弘道设教，可以无遗阙焉。夫仁义礼智，所以治国也，方技数术，所以治身也；诸子为经籍之鼓吹，文章乃政化之黼黻，皆为治之具也。故列之于此志云。①

四部分类法至此得以确立。《隋书·经籍志》中对儒家各经典著录之序论，亦出入古今，历数各朝，辨衡得失，判定正道。从《隋书·经籍志》等唐代官修的正史可以认识到，虽然唐代是一个诗歌和禅宗引领潮流的时代，但是经史领域的传统学术依然洪钟大吕，水准高超，在大一统鼎盛皇朝的学术谱系中起到中流砥柱的作用。

_____

① 魏徵等撰：《隋书》，中华书局 1973 年版，第 903 页。

第四节　啖助和新《春秋》学派的新思潮

　　文化代有新变，经学亦代有新变，啖助和他的弟子赵匡、陆淳所领起的新《春秋》学派，是唐代经学新变的代表。在儒家北学的发展史上，疑古是多有体现之思潮，这是燕赵学术尚求实、崇创新的特质所推动。啖助（724—770），字叔佐，赵州（今河北省石家庄市赵县）人。他综考《春秋》三传之短长，十年著成《春秋集传》。啖助认为孔子修《春秋》的目的是："夏政忠，忠之敝野；商人承之以敬，敬之敝鬼；周人承之以文，文之敝僿。救僿莫若忠。夫文者，忠之末也。设教于本，其敝且末；设教于末，敝将奈何？武王、周公承商之敝，不得已用之。周公没，莫知所以改，故其敝甚于二代。孔子伤之曰：'虞、夏之道，寡怨于民；商、周之道，不胜其敝！'故曰：'后代虽有作者，虞帝不可及已。'盖言唐、虞之化，难行于季世，而夏之忠，当变而致焉。故《春秋》以权辅用，以诚断礼，而以忠道原情云。不拘空名，不尚狷介，从宜救乱，因时黜陟。古语曰：'商变夏，周变商，春秋变周。'而公羊子亦言：'乐道尧、舜之道，以拟后圣。'是知《春秋》用二帝、三王法，以夏为本，不壹守周典明矣。"又言："幽、厉虽衰，《雅》未为《风》。逮平王之东，人习余化，苟有善恶，当以周法正之。故断自平王之季，以隐公为始，所以拯薄勉善，救周之敝，革礼之失也。"[①] 可见啖助判断《春秋》的写作价值，是在于拯救时弊，那么他进行经学撰著，亦是为了拯救时弊。从这样的性质判断来看，啖助有着比较明显的今文经学家的色彩。在儒家发展史上，汉代的今古文

---

　　① 欧阳修、宋祁撰：《新唐书》，中华书局1975年版，第5705页。

之争是重要的历史时期，今文派尚现实执政，而古文派尚文献史料。随着古文经学派赢得了今古文之争的胜利，曾经盛极一时、扶翼大汉的今文经学派遂成为儒学史上较为黯淡的一支，今文经学家亦成为人数比较稀少的一方。但是回顾历代学林，儒家今文经学虽隐而未断，尤其在儒家学说需要承担犀利的现实政治参照作用时，今文学派往往会比较活跃。

因此在纵论三传、舍传求经的学术路径中，啖助比较偏向于今文经学派的公羊、穀梁二家，并且认为左丘明并不是古文经学派的代表文献《左传》的作者。皮锡瑞《经学历史》言："唐人经说传今世者，惟陆淳本啖助、赵匡之说，作《春秋纂例》《微旨》《辨疑》。谓：左氏，六国时人，非《论语》之丘明；杂采诸书，多不可信。《公》《穀》口授，子夏所传；后人据其大义，散配经文，故多乖谬，失其纲统。此等议论，颇能发前人所未发。惟《三传》自古各自为说，无兼采《三传》以成一书者；是开通学之途，背颛门之法矣。"① 对这样一位疑古而追新的学者，《四库提要》以辩证的态度看待："助之说《春秋》，务在考三家得失，弥缝漏阙，故其论多异先儒。如论《左传》非丘明所作，《汉书》丘明授鲁曾申、申传吴起、自起六传至贾谊等说，亦皆附会。公羊名高，穀梁名赤，未必是实。……其论未免一偏。故欧阳修、晁公武诸人皆不满之。而程子则称其绝出诸家，有攘异端、开正途之功。盖舍《传》求《经》，实导宋人之先路。生臆断之弊，其过不可掩；破附会之失，其功亦不可没也。"②

---

① 皮锡瑞：《经学历史》，中华书局 1959 年版，第 214 页。

② 《影印文渊阁四库全书》第 146 册，台湾商务印书馆 1975 年版，第 375 页。葛焕礼：《论啖助、赵匡和陆淳〈春秋〉学的学术转型意义》："啖助、赵匡和陆淳《春秋》学的学术转型意义，除却人所熟知的尊经排传，而又兼采三传、变专门为通学外，更有着理念层面上的内容：独特的《春秋》宗旨说建立了经文义说的主体性；记实书法原则的运用开启了'汉''宋'经学义理依据的转化；重以义例解经极大地加强了经文解说的自主性；重以'讥

《四库全书·经部·春秋类》中收录有题名陆淳的《春秋集传纂例》《春秋集传微旨》《春秋集传辨疑》，多记录引用啖助之言论，可窥见思想与方法之大略。《春秋集传纂例》中记载啖助对《左传》的指摘，极有胆识与个性，语言辛辣：

> 惜乎微言久绝，通儒不作，遗文所存，三传而已。传已互失经指，注又不尽传意，《春秋》之义，几乎泯灭。唯圣作则譬如泉源，苟涉其流，无不善利在人，贤者得其深者，其次得其浅者。若文义隐密，是虚设大训，谁能通之？故《春秋》之文，简易如天地焉。其理著明，如日月焉。但先儒各守一传，不肯相通，互相弹射，仇雠不若，诡辞迁说，附会本学，鳞杂米聚，难见易滞，益令后人不识宗本，因注迷经，因疏迷注，党于所习。其俗若此，老氏曰：大道甚夷而人好径，信矣！故知三传分流，其源则同，择善而从，且过半矣，归乎允当，亦何常师？今《公羊》《穀梁》二传殆绝，习《左氏》者，皆遗经存传，谈其事迹，玩其文彩，如览史籍，不复知有《春秋》微旨。呜呼！买椟遗珠，岂足怪哉。予辄考核三传，舍短取长，又集前贤注释，亦以愚意裨补阙漏，商榷得失，研精宣畅，期于浃洽；尼父之志，庶几可见，疑殆则阙，以俟君子；谓之《春秋集传集注》。又撮其纲目，撰为《统例》三卷，以辅集传，通经意焉。所以剪除荆棘，平易道路，令趣孔门之士，方轨康衢，免涉于险难也。①

贬之义'解经暗含着其论说立场的转变；强烈的现实关怀再建了《春秋》经世学统。"《文史哲》2005 年第 5 期。

① 《影印文渊阁四库全书》第 146 册，台湾商务印书馆 1975 年版，第 381 页。

《左传》的叙事，诚然精彩，但是当读者耽于《左传》的故事中，也就意味着重点不是去探寻《春秋》的微言大义了。所以啖助会认为"习《左氏》者，皆遗经存传，谈其事迹，玩其文采，如览史籍，不复知有《春秋》微旨"。如果强调《春秋》的经学性质而非史学性质，那么《左传》确实容易使读者沉浸在史事之记述而忽略孔子深蕴之褒贬与教化。那么啖助的《春秋》学就是对《左传》的反对吗？不然。再结合啖助对待经和传的态度："予所注经传，若旧注理通，则依而书之；小有不安，则随文改易。若理不尽者，则演而通之；理不通者，则全削而别注；其未详者，则据旧说而已。但不博见诸家之注，不能不为恨尔。"①其实，啖助的《春秋》学的新变，最重要的也并不是对汉代今文经的复兴；而是通过降低传统传记的地位，来为新的时代里的新解释的登场做出理论准备。因为事实上，无论是以怎样的方法和思路来解释经典，无论是今文经的还是古文经的，无论是汉学还是后来的宋学、清学，其实都是直面经典，没有经典，就不会有所有传记的源头。而任何学派对自己更加接近经典本身的判断，只不过是各个解经流派一争短长的自信和标榜，也就是每一个学派都肯定会认为自己更加接近经典、了解经典，才会不断地著书立说、开宗立派。这一点，无论是当时著立三传的学者，还是反对三传中任何一家的学者，还是如啖助这样号召越过三传直寻本经的学者，其实本质上都是一致的。因为经典之所以作为经典，就是必然伴随着被阐释的巨大空间和诱惑力的，啖助和他的学派，其实也是在用一种新的解释，来代替旧的解释，是对崭新的解经思路和文本的召唤。到了唐代，在以"五经正义"为标志的官修订本统合了前代注本的情况下，

---

① 《影印文渊阁四库全书》第 146 册，台湾商务印书馆 1975 年版，第 382 页。

儒家学术并没有满足于固守和稳定，而是试图在新的文化体中完成转型，甚至是带领转型。这种生生不息的创造性、开拓性和适应性是儒学两千余年的最大生命力所在，啖助和他新颖的《春秋》学派也正是此种生命力培育之下的果实。

第五章　儒家北学在宋金元时期的壮大

第一节　金代文坛领袖赵秉文的儒学建树

华北平原是金代统治的核心区域，有金一代，河北地区涌现出两位学术大家——赵秉文（1158—1232）和王若虚（1174—1243）。

赵秉文的故乡是磁州滏阳（今河北省邯郸市磁县），他曾在《磁州石桥记》描绘磁州的地理位置："北趋天都，南走梁宋，西通秦晋之郊，东驰海岱之会，磁为一要冲，滏水西来，距城四十里而近又五里，东合于漳。"[①]赵秉文是一代文宗[②]，与杨云翼并称"杨赵"；亦是历经数代君主的重臣，"仕五朝，官六卿"，曾表示："陛下勿谓书生不知兵，颜真卿、张巡、许远辈以身许国，亦书生也。"又曰："使臣死而有益于国，犹胜坐縻

---

① 《影印文渊阁四库全书》第1190册，台湾商务印书馆1975年版，第215页。

② 吴凤霞：《金士巨擘——赵秉文》："其在金末文坛上活跃了四十年之久，在金的地位如同欧阳修在北宋，被后人称为金士巨擘、一代宿儒。金代虽崛起于北方白山、黑水之间，但它的文化是与中原文化一脉相承的，它的士人也同中原传统士人一样，担负双重使命，从政治国、为文传道。赵秉文的一生，既积极参与治理国家的政治活动，又竭心致力于文化事业。"《社会科学辑刊》1991年第2期。

廪禄为无用之人。"① 史载其自幼至老，未尝一日废书，著《易丛说》十卷，
《中庸说》一卷，《扬子发微》一卷，《太玄笺赞》六卷，《文中子类说》一卷，
《南华略释》一卷，《列子补注》一卷，删集《论语》《孟子解》各一十卷，
《资暇录》一十五卷，有《滏水集》三十卷。诗、文、书法兼擅，"秉文之
文长于辨析，极所欲言而止，不以绳墨自拘。七言长诗笔势纵放，不拘一
律，律诗壮丽，小诗精绝，多以近体为之，至五言古诗则沉郁顿挫。字画
则草书尤遒劲。朝使至自河、湟者，多言夏人问秉文及王庭筠起居状，其
为四方所重如此"②。

赵秉文的文章兼擅众体，其学则以儒为本。杨云翼为其《滏水集》作
序言："学以儒为正，不纯乎儒，非学也。文以理为主，不根于理，非文也。
自魏晋而下，为学者不究孔孟之旨而溺异端，不本于仁义之说而尚夸辞，君
子病诸。今礼部赵公实为斯文主盟。近自怿其所为文章，厘为二十卷，过以
见示。予披而读之，粹然皆仁义之言也。盖其学一归诸孔孟而异端不襟焉，
故能至到如此。所谓儒之正、理之主，尽在是矣。天下学者景附风靡，知所
适从，虽有狂澜横流障而东之，其有功吾道也大矣。余生多幸得从公游，然
聋瞽无与乎视听，故不足知公后生可畏，当有如李之尊韩苏之景欧者出焉。
余虽老矣，犹幸及见之。"③ 为《滏水集》开篇的《原教》，辨析儒学与佛老、
申韩之区别，亦分辨"道之体"与"道之用"的区别，其思想，有"穷理尽
性"的理学家之色彩，亦推重"仁义"之本位，实乃体用兼修的主张：

　　　　夫道何谓者也？总妙体而为言者也。教者何所以示道也？传道之

---

① 脱脱等撰：《金史》，中华书局 1975 年版，第 2427 页。
② 脱脱等撰：《金史》，中华书局 1975 年版，第 2429 页。
③ 《影印文渊阁四库全书》第 1190 册，台湾商务印书馆 1975 年版，第 78 页。

谓教，教有方内，有方外，道不可以内外言之也。言内外者，人情之私也。圣人有以明夫道之体，穷理尽性，语夫形而上者也。圣人有以明夫道之用，开物成务，语夫形而下者也。是故语夫道也，无彼无此，无小无大，备万物，通百氏，圣人不私道，道私圣人乎哉？语夫教也，有正有偏，有大有小，开百圣，通万世，圣人不外乎大中，大中外圣人乎哉？吾圣人之所独也，仁者人此者也，义者宜此者也，礼者体此者也，智者知此者也，信者诚此者也，天下之通道五，此之谓也。五常之目，何谓也？是非孔子之言也。孟子言四端而不及信，虽兼言五者，实主仁义而言之。于时未有五常之目也。汉儒以天下之通道莫大于五者，天下从而是之。扬子曰：事系诸道德仁义礼，辟老氏而言也。韩子以仁义为定名，道德为虚位，辟佛老而言也。言各有当而已矣。然自韩子言仁义而不及道德，王氏所以有道德性命之说也。然学韩而不至，不失为儒者，学王而不至，其弊必至于佛老，流而为申韩。何则？道德性命之说，固圣人罕言之也，求其说而失之缓而不切，则督责之术行矣。此老庄之后所以为申韩也与。过于仁，佛老之教也，过于义，申韩之术也。仁义合而为孔子，孟子法先王，荀卿法后王，荀孟合而为孔子。①

故赵秉文的史观，亦是以儒学为本。其《滏水集》卷十四收录了十篇"论"体文章：《总论》《西汉论》《东汉论》《魏晋正名论》《蜀汉正名论》《唐论》《知人论》《迁都论》《侯守论》《直论》，以史论为主，以儒家所倡导的仁政为标准。② 其《总论》言："尽天下之道曰仁而已矣。仁不足，继

---

① 《影印文渊阁四库全书》第 1190 册，台湾商务印书馆 1975 年版，第 79 页。
② 参见贾秀云：《从史论看赵秉文的儒学思想》，《吉林师范大学学报》（人文社会科学版）2019 年第 2 期。

之以义，世治之污隆，系乎义之小大，而其世数之久远，则系乎其仁所积之厚薄。纪纲刑政皆由义出者也，天下有道，则大纲小纪一出于正，其次大纲正而小纪不正，不害其为治，大纲不正，小纪虽正，不害其为乱。所谓大纲，风俗也，人材也，兵食也，质胜华则治之原也，华胜质则乱之端也。国家之兴，未有不先实而后趋于华，华之极则为奢，为僭，为奸，为伪，则日趋于乱矣。"①重仁义、重纲纪、重朴质，儒家立场的史观，特别能够彰显人格、习俗、作风等方面对国势的影响作用，从而砥砺君王与民众的克己与重礼。赵秉文的诸篇史论中，《蜀汉正名论》值得特别关注，也引起了很大的争议，作为一个少数民族政权中的汉族士子，赵秉文的夷夏观是一个典型的案例："仲尼编诗列《王·黍离》于国风，为其王室卑弱，下自同于列国也。春秋诸侯用夷礼，则夷之；夷而进于中国，则中国之。"②这篇史论，不仅关乎"华夷之辨"，亦关乎蜀汉与曹魏的正统之争，作者的现实意味，也十分明显。以圣人编订的《诗经》和《春秋》为例证，将华夷之辨看作是一个文化观念而不是地域观念，③这是赵秉文的学术立场，亦是他的政治立场，归根结底，则是汉族士大夫需要在异族政权中找到安身立命的坦然。燕赵北地自古与游牧民族区域接壤，文化沟通与碰撞

---

① 《影印文渊阁四库全书》第1190册，台湾商务印书馆1975年版，第225页。
② 《影印文渊阁四库全书》第1190册，台湾商务印书馆1975年版，第230页。
③ 蒋寅在《由古典文学看历史上的夷夏之辨与文化认同》中认为："以黄河流域为主要发祥地的华夏民族，在体形、体格上未必占有先天优势，只因自然水旱灾害、氏族战争和阶级分化的社会压力而较早地形成部族联盟；到大禹之子启的时代产生'夏'国，建构起共同地域（'中'国）和共同心理（'大'邦）相交融的民族共同体的认同；继而凭藉早发的书写能力、多样化的书写方式和平静的农耕生活而实现更丰富的文献积累和承传，从而更迅速地积聚和发展了文化；到周王朝定鼎关中，已形成坚固的华夏统一体意识，为自己拥有比西北、东南诸民族更有秩序的礼乐制度而产生文化上的优越感，并用夏（雅）和夷狄来作为彼此文化级别的划分，产生以华夏为中心的多层级结构的世界秩序观。"《华南师范大学学报》（社会科学版）2011年第6期。

频繁，较之南方地区，亦更早经历过沦亡之劫难。对于北学的学者而言，华夷问题是不断累积的历史问题，也是无法回避的现实问题。从儒学经典形成的时代直至于后世，华夷之辨在儒学的发展历程中，成了一个存在于经典阐释和现实指向之间的焦点问题。

第二节　王若虚学术的辨惑特征

王若虚（1174—1243），藁城（今河北省石家庄市藁城县）人，《四库全书》收其《滹南集》，以诸篇"辨惑"为卷首，有《五经辨惑》《论语辨惑》《孟子辨惑》《史记辨惑》《诸史辨惑》《新唐书辨》《君事实辨》《议论辨惑》《著述辨惑》《杂辨》《谬误杂辨》《文辨》。可见其学术以批判、革弊为本色之特征。《四库提要》赞誉"金元之间学有根柢，实无能出若虚右者。吴澄称其博学卓识，见之所到不苟同于众，亦可谓不虚美矣"[1]。学术史上，王若虚最著名的建树，是针对江西诗派的弊病之处，提出的"自得"说："古之诗人，虽趣尚不同，体制不一，要皆出于自得。至其辞达理顺，皆足以名家，何尝有以句法绳人者。鲁直开口论句法，此便是不及古人处。而门徒亲党，以衣钵相传，号称'法嗣'，岂诗之真理也哉？"[2]对法度的过分偏执与板滞是江西诗派的主要积弊，王若虚以"自得"解弊，与严羽以禅家妙悟解弊有异曲同工之处。在经学领域，王若虚亦对宋儒之弊端有准确的指摘，如其《论语辨惑》言：

---

① 《影印文渊阁四库全书》第 1190 册，台湾商务印书馆 1975 年版，第 273 页。
② 王若虚：《滹南诗话》，人民文学出版社 1962 年版，第 85 页。

解《论语》者，不知其几家。义略备矣，然旧说多失之不及，而新说每伤于太过。夫圣人之意或不尽于言，亦不外乎言也。不尽于言而执其言以求之，宜其失之不及也。不外乎言而离其言，以求之宜其伤于太过也。盍亦揆以人情而约之中道乎？尝谓宋儒之议论，不为无功，而亦不能无罪焉。彼其推明心术之微，剖析义利之辨，斟酌时中之权，委曲疏通，多先儒之所未到，斯固有功矣。至于消息过深，揄扬过侈，以为句句必涵气象而事事皆关造化，将以尊圣人而不免反累名为排异端而实流入于其中，亦岂为无罪也哉？①（《论语辨惑序》）

解《论语》者有三过焉，过于深也，过于高也，过于厚也。圣人之言，亦人情而已，是以明白而易知，中庸而可久，学者求之太过，则其论虽美而要为失其实，亦何贵乎此哉？夫子之言性与天道，子贡自谓其不得闻，而宋儒皆以为实闻之。问死问鬼神，夫子不以告子路，而宋儒皆以为实告之。②（《总论》）

王若虚所反对的，是宋儒理学动辄将圣人之言附会于性与天道，过于高深，反而失去了儒家经典切近人生现实的实用性。因此《论语·公冶长》中"子贡曰：'夫子之文章，可得而闻也；夫子之言性与天道，不可得而闻也。'"一句，必是王若虚重点阐发之处："考诸《论语》、六经，夫子实罕言之。故虽高弟亦有不得闻者。盖自汉以来，学者莫敢轻议，而近代诸公皆以为闻而叹美之辞，或又曰圣人之文章句句字字无非性与天道者，

---

① 《影印文渊阁四库全书》第 1190 册，台湾商务印书馆 1975 年版，第 290 页。
② 《影印文渊阁四库全书》第 1190 册，台湾商务印书馆 1975 年版，第 291 页。

吾不知其果何所见也？欧阳子尝谓，圣人不穷性为言，或虽言而不究。学者当力修人事之实，而性命非其所急。此于名教不为无功，而众共嗤黜，以为不知道。高论既兴，英流日甚，中才庸质，例以上达，自期章句之未知，已指六经为糟粕。谈玄说妙，听者茫然，而律其所行，颠倒错谬者十八九，此亦何用于世哉？愚谓欧阳子不失为通儒，而是说譊譊者未必无罪于圣门也。呜呼！度德量力，切问而近思，孔孟之教人心始终。此后生小子，盖亦少安。宁失之固，无涉于妄；宁处其卑，而不至于僭焉，则善矣。"① 此中"学者当力修人事之实，而性命非其所急"，可看作王若虚为学之宗旨。此态度一以贯之，故而《论语·子罕》中的"子罕言利与命与仁"，从王若虚的立场来看，是要突出孔子对"命"的罕言："子罕言利一章，说着虽多，皆牵强不通。予谓：利者，圣人之所不言；仁者，圣人之所常言；所罕言者，唯命耳。"② 王若虚对宋儒过度阐发经典的案例，批驳甚严：

> 子在川上曰："逝者如斯夫！不舍昼夜。"注疏以为叹时事之不留，古今多取此意。程氏曰：此道体也。天运而不已，日往则月来，寒往则暑来，水流而不息，物生而不穷，皆与道为体运乎。昼夜未尝已也，君子法之，自强不息，及其至也纯亦不已。自汉以来，儒者皆不识此意。予谓孔子指水而云，其所寓意，未可晓也。诸子之言，亦俱说得去。然安知其果然哉！程氏之论，虽有益学者，要为出于意度，而遂谓自汉以来无识之者，何其自信之笃邪！盖未敢从。③

---

① 《影印文渊阁四库全书》第1190册，台湾商务印书馆1975年版，第300页。
② 《影印文渊阁四库全书》第1190册，台湾商务印书馆1975年版，第304页。
③ 《影印文渊阁四库全书》第1190册，台湾商务印书馆1975年版，第304页。

其各辨惑之作，出入汉宋学术，旁征博引，多从独抒己见处加以立论，以强大之自信加以评判。经学以外之辨惑亦然，如《史记辨惑》中，论《史记》中"世家"体例之失："迁史之例，惟世家最无谓。颜师古曰：世家者，子孙为大官不绝也，诸侯有国称君，降天子一等耳。虽不可同乎帝纪，亦岂可谓之世家？且既以诸侯为世家，则孔子、陈涉、将相、宗室、外戚等复何预也？抑又有大不安者，曰纪，曰传，曰表、书，皆篇籍之目也，世家特门第之称。犹强族大姓云尔。乌得与纪传字为类也？然古今未有知其非者，亦可怪矣。然则列国宜何称？曰国志、国语之类，何所不可？在识者定之而已。"①《著述辨惑》，论及著述之失和人们对著述体例的错误认知："司马贞《史记索隐》，其所发明不为无补，然所失亦多。至述赞诸篇，殊不足观，盖为蛇画足，欲益而反弊者，顾乃高自矜夸，讥子长之未周，岂不可笑哉。"②"语、孟之书本无篇次，而陋者或强论之，已不足取。司马贞述史记以为十二本纪，象岁星之一周；八书法天时之八节；十表放刚柔十日；三十世家比月有三旬；七十列传取悬车之暮齿；百三十篇象闰余而成岁；妄意穿凿，乃敢如此，不已甚乎？"③可见王若虚对学术弊病的指责，尤其侧重学者们的穿凿与过度，他理想的解经思路，是要准确而切实的。而且王若虚的学术眼光辽阔，在细致的字词判断和宏观的文体架构上，都广泛涉猎，经史子集皆有评判。他非常自信地为前贤之观点判定是非，几乎不做两可和模糊的评价。其学术文章的字里行间，颇似有一位耿介铿锵，略不近人情的学人肃然而立。博学笃志，切问近思，王若虚的学术深得北学以切实、辨惑、创立为尚的学风之真传。

---

① 《影印文渊阁四库全书》第 1190 册，台湾商务印书馆 1975 年版，第 338 页。

② 《影印文渊阁四库全书》第 1190 册，台湾商务印书馆 1975 年版，第 432 页。

③ 《影印文渊阁四库全书》第 1190 册，台湾商务印书馆 1975 年版，第 432 页。

第三节　元初理学家窦默的学者经历

在广袤辉煌的儒学发展史上，元代的儒学成就并不十分受到重视。实则此近一个世纪的王朝的文化建树，并不止在于以元曲为代表的文学领域，钱穆《中国学术通义》即强调元代学术承前启后的作用："以下讲到元代。近代国人讲学，似对两个时代有所偏忽：一为忽视了魏晋南北朝，此一时代人在经史儒学方面之贡献，已在上提过；另一为忽视了元代人之学问。元儒讲经史之学，多流衍自朱子，其成就亦可观。其所为诗文亦皆卓有渊源有传绪可寻。明代开国规模，如政治制度、经济措施、社会改革、教育设计诸要项，实全有赖于元代人之学业遗绩。即如明初金华诸儒宋濂刘基等，都在元代时孕育成材。此一情形，恰如隋唐盛运之有赖于南北朝时朝之学术余绪事同一律。中国儒学最大精神，正因其在衰乱之世而仍能守先待后，以开创下一时代，而显现其大用。此乃中国文化与中国儒学之特殊伟大处，吾人应郑重认取。"[①]皮锡瑞认为宋、元、明三朝代相沿袭，故"论宋、元、明三朝之经学，元不及宋，明又不及元"[②]。实则元代学者多有儒家背景，又在多个领域广有创设，通经致用之功甚为突出，河北地区又是元代学坛尤为活跃之地。

金元之际的窦默（1196—1280），广平肥乡县（今河北省邯郸市肥乡区）人，不仅经术通达，亦在医学领域成就斐然。[③]《元史》载："窦默，

---

① 钱穆：《中国学术通义》，台湾学生书局 1975 年版，第 86 页。

② 皮锡瑞：《经学历史》，中华书局 1959 年版，第 283 页。

③ 李会敏、董尚朴、邓国兴：《窦默医著内容与版本考》："窦默在行医学道中整理师法、总结经验，约在金天兴壬辰年（1232）前后，完成著述。计有《针经八穴》（又名《流注八穴》）、《补泻法》、《标幽赋》、《流注通玄指要赋》（《流注指要赋》）四种。后二种为赋

字子声，初名杰，字汉卿，广平肥乡人。幼知读书，毅然有立志。族祖旺，为郡功曹，令习吏事，不肯就。会国兵伐金，默为所俘。同时被俘者三十人，皆见杀，惟默得脱，归其乡。家破，母独存，惊怖之余，母子俱得疾，母竟亡，扶病藁葬。而大兵复至，遂南走渡河，依母党吴氏。医者王翁妻以女，使业医。转客蔡州，遇名医李浩，授以铜人针法。金主迁蔡，默恐兵且至，又走德安。孝感令谢宪子以伊洛性理之书授之，默自以为昔未尝学，而学自此始。适中书杨惟中奉旨招集儒、道、释之士，默乃北归，隐于大名，与姚枢、许衡朝暮讲习，至忘寝食。继还肥乡，以经术教授，由是知名。"①与窦默朝暮讲习的姚枢（1203—1280）、许衡（1209—1281），均是金元之际的儒学大家，推尚程朱理学，虽然他们不是河北人士，但是长期活跃在燕京、河北地区，与河北学界关联甚深。与姚、许交好的窦默，亦是继承宋儒理学学说，强调正心诚意："帝王之道，在诚意正心，心既正，则朝廷远近莫敢不一于正。"②窦默集儒者的温柔敦厚和朝臣的直言敢谏于一身，人格亦可垂范："默为人乐易，平居未尝评品人物，与人居，温然儒者也。至论国家大计，面折廷净，人谓汲黯无以过之。"③故在佞幸上位之时，他对元世祖忽必烈上书，论用人之道：

体又合称《针经指南》。"见《河北中医》2002 年第 5 期。严善馀：《窦默针灸学术思想考释》："金元时著名针灸医家窦默著《针经指南》，制针灸歌诀《针经标幽赋》、《流注通玄指要赋》二文，内容丰富，说理明晰，言简意赅，以歌赋形式，朗朗上口，易于记忆，为古医籍的佳作，为后世学者习诵的名篇。窦氏偏主用针，且尤重用毫针。认为'治病莫如用针'，首创'下针十四法'，为后世论针法奠定基础。《真言补泻》对针刺手法有具体的论述和独特的见解，是窦氏针刺手法的经验总结。善用八脉交会穴，为后世医家所推崇。"见《中医药学刊》2003 年第 12 期。

① 宋濂：《元史》，中华书局 1976 年版，第 3730 页。
② 宋濂：《元史》，中华书局 1976 年版，第 3730 页。
③ 宋濂：《元史》，中华书局 1976 年版，第 3733 页。

臣事陛下十有余年，数承顾问，与闻圣训，有以见陛下急于求治，未尝不以利生民安社稷为心。时先帝在上，奸臣擅权，总天下财赋，操执在手，贡进奇货，炫耀纷华，以娱悦上心。其扇结朋党、离间骨肉者，皆此徒也。此徒当路，陛下所以不能尽其初心。救世一念，涵养有年矣。

今天顺人应，诞登大宝，天下生民，莫不欢忻踊跃，引领盛治。然平治天下，必用正人端士，唇吻小人一时功利之说，必不能定立国家基本，为子孙久远之计。其卖利献勤、乞怜取宠者，使不得行其志，斯可矣。若夫钩距揣摩，以利害惊动人主之意者，无他，意在摈斥诸贤，独执政柄耳，此苏、张之流也，惟陛下察之。伏望别选公明有道之士，授以重任，则天下幸甚。①

从忽必烈为藩王之时开始，窦默就与之论道，后来位至翰林侍讲学士、昭文馆大学士，颇受重视，忽必烈曾表示"朕求贤三十年，惟得窦汉卿及李俊民二人"。"如窦汉卿之心，姚公茂之才，合而为一，斯可谓全人矣。"②故他对元世祖的人才任用进行了大胆的警戒。窦默与一起论道的姚枢、许衡等都是直接接受宋儒的治学思想和讲学方式的儒者，钱穆《国史大纲》对宋儒讲学总结如下："学校有经费，建斋舍，置书籍，来学者同时数十、百人，又有一相当之时间，私人讲学则不然。无地无书，来者亦不同时群集，只是闻风慕向，倏去倏来，有一面数日即去者，有暂留数月者，更互相迭，此去彼来。……这种流动的短时间的谒请，逐渐盛行，学风上自然趋于扫尽枝叶，独寻根本。而师道之尊严，也转从此种风气中特

① 宋濂:《元史》，中华书局 1976 年版，第 3731 页。
② 宋濂:《元史》，中华书局 1976 年版，第 3733 页。

别提高。惟若学校制度不能推行有效，学者先未有相当基础，直接从事此种最高理论之参究，虽有人格之活泼熏陶，而学术途径，终不免要流于空虚放荡。所以程门弟子，多陷入禅学。……他们热心讲学的目的，固在开发民智，陶育人才。而其最终目的，则仍在改进政治，创造理想的世界。"[1]窦默是经历过理学家性命之学的超越式探究、又与道合的儒家学者聚而讲学、又官至上位而能实施政治理想的典型人物，他的经历，可以说是宋明儒家学者们的梦想之路。

第四节　元初邢州学派的学术功绩

元朝时在天文、数学、水利等领域建树卓越的郭守敬（1231—1316），顺德邢台（今河北省邢台市）人。他创制了当时世界上最先进的历法《授时历》，并主持修建了通惠河，由大运河而来的物资得以通过这条河道到达积水潭、什刹海、后海一带，进入大都，成为北京历史文化的重要标志。《元史·郭守敬传》载："郭守敬字若思，顺德邢台人。生有异操，不为嬉戏事。大父荣，通五经，精于算数、水利。时刘秉忠、张文谦、张易、王恂，同学于州西紫金山，荣使守敬从秉忠学。"[2]郭守敬与师友邢台人刘秉忠（1216—1274）、邢州沙河（今河北省沙河市）人张文谦（1217—1283）、中山唐县（今河北省保定市唐县）人王恂（1235—1281）、太原交城（今山西省吕梁市交城县）人张易等共同讲学于邢台之西的紫金山，形成元初的"邢州学派"。

---

① 钱穆：《国史大纲》，商务印书馆1991年版，第799页。
② 宋濂：《元史》，中华书局1976年版，第3845页。

刘秉忠是邢州学派的领袖，他出入三教，文擅众体，曾为僧人，又参与元朝治国大略，元上都、元大都皆由其规划："刘秉忠在元朝初年的主要政绩之一，就是对元大都城的设计与规划。对于这座都城的建造，如果没有刘秉忠的参与是不可想象的。从城址的选定到城门的设置，从坊里数量的确定到中央衙署的分布等等，皆有着刘秉忠设计思想的体现。换言之，一座拔地而起的宏伟都城，正是刘秉忠对宇宙观念的充分表达。首先，是这座宏伟都城的城址选择，没有在旧金中都城的基础上加以重建或是扩建，而是在一处空旷的地方加以新建，就显示出刘秉忠对于改朝换代的政治变革所给予的足够重视。"① 从刘秉忠给元世祖的上书中，可以看出他对元朝统治的接受，以及对蒙古政权接受儒家文化的指引：

典章、礼乐、法度、三纲五常之教，备于尧、舜，三王因之，五霸败之。汉兴以来，至于五代，一千三百余年，由此道者，汉文、景、光武，唐太宗、玄宗五君，而玄宗不无疵也。然治乱之道，系乎天而由乎人。天生成吉思皇帝，起一旅，降诸国，不数年而取天下。勤劳忧苦，遗大宝于子孙，庶传万祀，永保无疆之福。……

典章、礼乐、法度、三纲五常之教，备于尧、舜，三王因之，五霸败之。汉兴以来，至于五代，一千三百余年，由此道者，汉文、景、光武，唐太宗、玄宗五君，而玄宗不无疵也。然治乱之道，系乎天而由乎人。天生成吉思皇帝，起一旅，降诸国，不数年而取天下。勤劳忧苦，遗大宝于子孙，庶传万祀，永保无疆之福。……

古者庠序学校未尝废，今郡县虽有学，并非官置。宜从旧制，修

---

① 王岗：《刘秉忠与元大都》，《北京古都历史文化讲座》第 2 辑，北京燕山出版社 2015 年版，第 276 页。

建三学，设教授，开选择才，以经义为上，词赋论策次之。兼科举之设，已奉合罕皇帝圣旨，因而言之，易行也。开设学校，宜择开国功臣子孙受教，选达才任用之。……

孔子为百王师，立万世法，今庙堂虽废，存者尚多，宜令州郡祭祀，释奠如旧仪。近代礼乐器具靡散，宜令刷会，征太常旧人教引后学，使器备人存，渐以修之，实太平之基，王道之本。今天下广远，虽成吉思皇帝威福之致，亦天地神明阴所佑也。宜访名儒，循旧礼，尊祭上下神祇，和天地之气，顺时序之行，使神享民依，德极于幽明，天下赖一人之庆。……

国家广大如天，万中取一，以养天下名士宿儒之无营运产业者，使不致困穷。或有营运产业者，会前圣旨种养应输差税，其余大小杂泛并行蠲免，使自给养，实国家养才励人之大也。明君用人，如大匠用材，随其巨细长短，以施规矩绳墨。孔子曰："君子不可小知而可大受，小人不可大受而可小知。"盖君子所存者大，不能尽小人之事，或有一短；小人所拘者狭，不能同君子之量，或有一长。尽其才而用之，成功之道也。①

张文谦在元世祖居潜邸之时，为刘秉忠所荐，日见信任，对忽必烈任用儒生起到推动作用："幼聪敏，善记诵，与太保刘秉忠同学。世祖居潜邸，受邢州分地，秉忠荐文谦可用。岁丁未，召见，应对称旨，命掌王府书记，日见信任。邢州当要冲，初分二千户为勋臣食邑，岁遣人监领，皆不知抚治，征求百出，民弗堪命，或诉于王府。文谦与秉忠言于世祖曰：

---

① 宋濂：《元史》，中华书局 1976 年版，第 3688 页。

'今民生困弊，莫邢为甚。盍择人往治之，责其成效，使四方取法，则天下均受赐矣。'于是乃选近侍脱兀脱、尚书刘肃、侍郎李简往。三人至邢，协心为治，洗涤蠹敝，革去贪暴，流亡复归，不期月，户增十倍。由是世祖益重儒士，任之以政，皆自文谦发之。"[①] 他是以刘秉忠为首的"邢州学派"的中坚，也与推尚性理之学的大儒许衡相交："文谦蚤从刘秉忠，洞究术数；晚交许衡，尤粹于义理之学。为人刚明简重，凡所陈于上前，莫非尧、舜仁义之道。数忤权幸，而是非得丧，一不以经意。家惟藏书数万卷。尤以引荐人材为己任，时论益以是多之。"[②]

王恂的父亲王良在金末潜心于伊洛之学及天文律历，王恂幼年即聪颖，从刘秉忠学习，并被他举荐。王恂擅长数学和历法，对《授时历》贡献颇多，他在历算上的成就，由郭守敬等人整理并传之后世。

第五节　元代儒家大师刘因的北学特色

在元代文化的各个领域，出身于河北地区的文人学者皆英才辈出，继金元之际的诸位优秀的儒家学者而起的儒学领袖与文坛大师，是保定容城（今河北省保定市容城县，由河北雄安新区托管）人刘因（1249—1293）。刘因与明朝杨继盛（1516—1555）、清朝孙奇逢（1584—1675）共称为"容城三贤"。与元代诸多儒者相似，刘因的学术思想对宋儒有明显的继承性，他"天资绝人。三岁识书，日记千百言，过目即成诵，六岁能诗，七岁能属文，落笔惊人。甫弱冠，才器超迈，日阅方册，思得如古人者友之，作

---

① 　宋濂：《元史》，中华书局 1976 年版，第 3695 页。

② 　宋濂：《元史》，中华书局 1976 年版，第 3697 页。

《希圣解》。国子司业砚弥坚教授真定，因从之游，同舍生皆莫能及。初为经学，究训诂疏释之说，辄叹曰：'圣人精义，殆不止此。'及得周、程、张、邵、朱、吕之书，一见能发其微，曰：'我固谓当有是也。'及评其学之所长，而曰：'邵，至大也；周，至精也；程，至正也；朱子，极其大，尽其精，而贯之以正也。'其高见远识率类此。因蚤丧父，事继母孝，有父、祖丧未葬，投书先友翰林待制杨恕，怜而助之，始克襄事。因性不苟合，不妄交接，家虽甚贫，非其义，一介不取。家居教授，师道尊严。弟子造其门者，随材器教之，皆有成就。公卿过保定者众，闻因名，往往来谒，因多逊避，不与相见，不知者或以为傲，弗恤也。尝爱诸葛孔明静以修身之语，表所居曰'静修'。"①《元史·刘因传》载有欧阳玄②赞刘因画像之词："微点之狂，而有沂上风雩之乐；资由之勇，而无北鄙鼓瑟之声。于裕皇之仁，而见不可留之四皓；以世祖之略，而遇不能致之两生。乌乎！麒麟凤凰，固宇内之不常有也，然而一鸣而《六典》作，一出而《春秋》成。则其志不欲遗世而独往也明矣，亦将从周公、孔子之后，为往圣继绝学，为来世开太平者邪！"③欧阳玄用张载的"横渠四句"来称誉刘因，足见推崇备至。刘因有《四书精要》《易系辞说》《静修集》等传世，诗文与学术的成就和影响都很大，洵为元朝一代大家。

《四库全书·经部·四书类》收有刘因《四书集义精要》，《四书集义》是朱熹卒后，卢孝孙集合诸人问答与《四书集注》有异同者而编成，凡一百卷，过于烦冗。刘因于是加以选择、精炼，而成是书。《四库提要》对此书赞誉有加："其书芟削浮词，标举要领，使朱子之说不惑于多歧。

---

① 宋濂：《元史》，中华书局 1976 年版，第 4007 页。

② 欧阳玄（1289—1374），湖南浏阳（今湖南省浏阳市）人，元代文学家。

③ 宋濂：《元史》，中华书局 1976 年版，第 4010 页。

苏天爵以'简严粹精'称之，良非虚美。盖因潜心义理，所得颇深，故去取分明，如别白黑。较徒博尊朱之名，不问已定未定之说，片言只字无不奉若球图者，固不同矣。"①元代河北儒者，多承继宋儒，然而受到燕赵学术古来以入世、朴质、切实为倾向的影响，又并非纯粹的形而上的性理之说。刘因在元朝的河北儒家学者中，是发扬宋代理学思想最纯粹的。如其《四书集义精要》中，论及《论语·述而》中记载的孔子的话："饭疏食，饮水，曲肱而枕之，乐亦在其中矣。不义而富且贵，于我如浮云。"刘因所选择的阐释，都是围绕着功夫涵养来发挥的，是典型的宋儒气象："或问十五章之说，曰：圣人之心，无时不乐，如元气流行天地之间，无一处之不到，无一时之或息也。岂以贫富贵贱之异而有所轻重于其间哉？夫子言此，盖即当时所处以明其乐之，未尝不在乎此，而无所慕于彼耳。且曰亦在其中，则与颜子之不改者又有间矣。必曰不义而富贵，视如浮云，则是以义得之者视之，亦无以异于疏食饮水，而其乐亦无以加尔。"②但是，刘因的学术，亦不能不受到燕赵北学风格的影响，故而他对宋儒性理之学的发明，亦多有对务实切近的北学特色的嫁接。③其《叙学》一文，畅论其学术思想，可见刘因深谙宋儒理学，又强调不可空虚高谈、好高骛远，

---

① 《影印文渊阁四库全书》第 202 册，台湾商务印书馆 1975 年版，第 150 页。
② 《影印文渊阁四库全书》第 202 册，台湾商务印书馆 1975 年版，第 231 页。
③ 查洪德在《北方文化背景下的刘因》一文中说："刘因是元初北方的著名理学家和诗文作家。论者多从南宋理学的北方传人这一视角来看待刘因，而事实上，他的学术和诗文，都体现了北方特色。他论学先六经而后四书，以六经为学问根本，重传注疏释而兼取义理，兼容北宋诸家而不专主程朱，这些都与以朱熹为代表的南宋理学显然不同；他论文强调'道''艺'并重，主张'取诸家之长''以为有用之文'，都是北方文论的逻辑发展，他对'道''艺'关系、'形''神'关系的阐述，都有很高的理论价值；他的诗文创作表现出鲜明的北宗特色。忽视北方文化学术背景来认识刘因，就难免曲解或误解。"见《文学遗产》2002 年第 3 期。

亦重视句读训诂等汉儒治学方法，以及不可逾越古来之传释。并且提出"古无经史之分"，这是后来清代章学诚"六经皆史"说的先声：

    所谓颜状未离于婴孩，高谈已及于性命者也。虽然，句读训诂，不可不通。惟当熟读，不可强解。优游讽诵，涵泳胸中，虽不明了，以为先入之主可也。必欲明之，不凿则惑耳，六经既毕，反而求之，自得之矣。治六经，必自《诗》始，古之人，十三诵《诗》。盖《诗》吟咏情性，感发志意，中和之音在焉。人之不明，血气蔽之耳。《诗》能导情性而开血气，使幼而常闻歌诵之声，长而不失刺美之意，虽有血气，焉得而蔽也。《诗》而后《书》。《书》所谓圣人之情见乎辞者也。即辞以求情，情可得矣。血气既开，情性既得，大本立矣。本立则可以徵夫用。用莫大于礼。三代之礼废矣。见于今者，汉儒所集之《礼记》，周公所著之《周礼》也。二书既治，非《春秋》无以断之。《春秋》以天道王法断天下之事业也。《春秋》既治，则圣人之用见。本诸《诗》，以求其情，本诸《书》，以求其辞，本诸《礼》，以求其节，本诸《春秋》，以求其断，然后以《诗》《书》《礼》为学之体，《春秋》为学之用，一贯本末具举，天下之理穷，理穷而性尽矣。穷理尽性以至于命，而后学夫《易》。《易》也者，圣人所以成终而成始也。学者于是用心焉。是故《诗》《书》《礼》《乐》不明，则不可以学《春秋》，五经不明，则不可以学《易》。夫不知其粗者，则其精者岂能知也，迩者未尽，则其远者岂能尽也。学者多好高骛远，求名而遗实，逾分而远探，躐等而力穷，故人异学，家异传，圣人之意晦而不明也。六经自火于秦，传注于汉，疏释于唐，议论于宋，日起而日变，学者亦当知其先后，不以彼之言，而变吾之良知也。近世学者，往往舍传注疏释，便读诸儒之议论。盖不知议论之学，自传注疏释出，特更作正大高明之论尔。传注疏释之于经，十得其六七。宋儒用力之勤，剷伪以真，补其三四而备之也。故必先传注，而后疏释，疏释而后议论。始终原委，推索究竟，以己意体察，为之权衡，折之于天理人情之至。勿好新奇，勿好辟异，勿好诋讦，勿生穿凿。平吾心，易吾气，充周隐微，无使亏欠。若发强弩，必当穿彻而中的；若论罪囚，棒棒见血而得情。毋惨刻，毋细碎，毋诞妄，毋临深以为高，渊实昭旷，开廓恳恻，然后为得也。六经既治，《语》《孟》既精，而后学史。先立乎其大者，小者弗能夺也。胸中有六经、《语》《孟》为主，彼废兴之迹，不吾欺也，如持平衡，如悬明镜，轻重寝貌，在吾目中。学史亦有次第。古无经史之分，《诗》《书》《春秋》皆史也。因圣人删定笔削，立大经大典，即为经也。①

刘因沉潜儒学，其诗文亦浩瀚斐然，并且多有体现燕赵名物、涵育燕赵诗风的杰作。如其代表作七律《渡白沟》："蓟门霜落水天愁，匹马冲寒渡白沟。燕赵山河分上镇，辽金风物异中州。黄云古戍孤城晚，落日西风一雁秋。四海知名半凋落，天涯孤剑独谁投。"《黄金台》："燕山不改色，易水无新声。谁知数尺台，中有万古情。区区后世人，犹爱黄金名。黄金亦何物？能为贤重轻。德辉照九仞，凤鸟才一鸣。伊谁腐鼠弃，坐见饥鸢争。周道日东渐，二老皆西行。养民以致贤，王业自此成。黄金与山平，不救兵纵横。落日下荒台，山水有馀清。"②《登雄州城楼》："古戍寒云接渺茫，故乡游子动悲凉。江山自古有佳客，烟雨为谁留太行。野色分将

---

① 《丛书集成初编·静修先生文集》，商务印书馆 1935 年版，第 3 页。

② 《影印文渊阁四库全书》第 1198 册，台湾商务印书馆 1975 年版，第 485 页。

愁外绿，物华呈出夜来霜。海门何处秋声急？极目沧波空夕阳。"①《重渡滹沱》："遥临滹水岸，回望土门关。秋色巉巖上，川形拱抱间。分疆人自隘，设险地谁慳。欲问前朝渡，江鸥故意闲。"②刘因在燕赵学术史上，是一座博厚璀璨的宝藏，仍有待更深入的挖掘。

---

① 《影印文渊阁四库全书》第 1198 册，台湾商务印书馆 1975 年版，第 511 页。
② 《影印文渊阁四库全书》第 1198 册，台湾商务印书馆 1975 年版，第 509 页。

第六章　儒家北学在明清时期的繁荣

第一节　孙奇逢的治学行世风范

孙奇逢（1584—1675），字启泰，容城（今河北省保定市容城县，由河北雄安新区托管）人。孙奇逢是《清史稿·儒林传》记载的第一个人，"少倜傥，好奇节，而内行笃修。负经世之学，欲以功业自著"[①]。其生平立德、立功、立言皆有建树，因为与魏忠贤阉党的勇敢斗争而与鹿正、张果中并称为"范阳三烈士"。多次拒绝朝廷征聘，人称"孙征君"。晚年讲学于辉县（今河南省新乡市辉县）夏峰村，人称"夏峰先生"。孙奇逢继承陆九渊、王阳明学说："以慎独为宗，以体认天理为要，以日用伦常为实际。"[②]务求开启众人的心性，无论何等出身，他都加以教学。晚年又通贯朱子之学。所以孙奇逢的学术，不仅是对理学程朱陆王学说的集大成，亦导入儒家北学的务实致用尚气的学风，可谓眼界博大而自成一家。梁启超《中国近三百年学术史》言："他不像晚明人空谈心性，他是很切实办事的人。观前文所述他生平行事，可见大概了，他很注重文献，著有《理

[①]　赵尔巽等撰：《清史稿》，中华书局 1977 年版，第 13100 页。

[②]　赵尔巽等撰：《清史稿》，中华书局 1977 年版，第 13100 页。

学宗传》二十六卷，记述宋明学术流派；又有《畿辅人物考》《中州人物考》《两大案录》《甲申大难录》《孙文正公年谱》《苏门纪事》等书，皆有价值之史料。他因为年寿长，资格老，人格又高尚，性情又诚挚，学问又平实，所以同时人没有不景仰他，门生子弟遍天下。遗老如申凫孟（涵光）、刘五公（余佑）……达官如汤孔伯（斌）、魏环极（象枢）、魏石生（裔介）……皆及门受业。乃歪乡农贩竖，他都不吝教诲。许多人见他一面，听他几句话，便奋志向上做人。要之，夏峰是一位有肝胆有气骨有才略的人。晚年加以学养，越发形成他的人格之尊严，所以感化力极大，屹然成为北学重镇。"① 后来桐城派代表作家方苞作《孙征君传》，成为传记散文名篇：

　　孙奇逢，字启泰，号钟元，北直容城人也。少倜傥，好奇节，而内行笃修，负经世之略，常欲赫然著功烈，而不可强以仕。年十七，举万历二十八年顺天乡试。

　　先是，高攀龙、顾宪成讲学东林，海内士大夫立名义者多附焉。及天启初，逆奄魏忠贤得政，叨秽者争出其门，而目东林诸君子为党。由是杨涟、左光斗、魏大中、周顺昌、缪昌期次第死厂狱，祸及亲党。而奇逢独与定兴鹿正、张果中倾身为之，诸公卒赖以归骨，世所传"范阳三烈士"也。

　　方是时，孙承宗以大学士兼兵部尚书，经略蓟、辽，奇逢之友归安茅元仪及鹿正之子善继皆在幕府。奇逢密上书承宗，承宗以军事疏请入见。忠贤大惧，绕御床而泣，以严旨遏承宗于中途。而世以此益高奇逢之义。台垣及巡抚交荐，屡征不起。承宗欲疏请以职方起赞军

---

　　① 梁启超：《中国近三百年学术史》，东方出版社 1996 年版，第 47 页。

事，使元仪先之，奇逢亦不应也。其后畿内盗贼数骇，容城危困，乃携家入易州五公山，门生亲故从而相保者数百家，奇逢为教条，部署守御，而弦歌不辍。入国朝，以国子祭酒徵，有司敦趣，卒固辞。移居新安，既而渡河，止苏门、百泉。水部郎马光裕奉以夏峰田庐，遂率子弟躬耕，四方来学愿留者，亦授田使耕，所居遂成聚。

奇逢始与鹿善继讲学，以象山、阳明为宗，及晚年，乃更和通朱子之说。其治身务自刻砥，执亲之丧，率兄弟庐墓侧凡六年。人无贤愚，苟问学，必开以性之所近，使自力于庸行。其与人无町畦，虽武夫悍卒、工商隶圉、野夫牧竖，必以诚意接之，用此名在天下，而人无忌嫉者。方杨、左在难，众皆为奇逢危，而忠贤左右皆近畿人，夙重奇逢质行，无不阴为之地者。

鼎革后，诸公必欲强起奇逢，平凉胡廷佐曰："人各有志，彼自乐处隐就闲，何故必令与吾侪一辙乎？"居夏峰二十有五年，卒，年九十有二。河南北学者，岁时奉祀百泉书院，而容城与刘因、杨继盛同祀，保定与孙文正承宗、鹿忠节善继并祀学宫。天下无知与不知，皆称曰夏峰先生。

赞曰：先兄百川闻之夏峰之学者，徵君尝语人曰："吾始自分与杨、左诸贤同命，及涉乱离，可以犯死者数矣，而终无恙，是以学贵知命而不惑也。"徵君论学之书甚具，其质行学者谱焉，兹故不论，而独著其荦荦大者。方高阳孙少师以军事相属，先生力辞不就，众皆惜之，而少师再用再黜，讫无成功，《易》所谓"介于石，不终日"者，其殆庶几邪！①

---

① 方苞：《方苞集》，上海古籍出版社 1983 年版，第 213 页。

将天道性理与日用伦常相衔接，将内在修养与行事作风相统合，孙奇逢的学术得义理之深而不晦涩，立治世之志而不贪图，入日常之实而不粗俗，于中国学术史中，实为光彩耀目之大家，而对于每一位向学之士，皆有实际的指引助益，十分适合作为读书人踏入门庭、日新月异的引介。其《读易大旨》中阐释《易经》，以"易莫重于象，用易莫重于尚象"[①]为原则，从对易象的形象分析出发，以近取譬，通达于性命道德，君子治学行世的风范跃然纸上：

> 《乾》六爻皆取龙象，然六龙总只是一个龙德，特乘时而动不同耳。是故居初则乘潜龙，居二则乘见龙，居三乘惕龙，居四乘跃龙，居五乘飞龙，居上乘亢龙。盖皆乾道自然之变化。圣人特时乘以御天，是故一物各具一乾元，是性命之各正也，不可得而同也。[②]（注：《乾》卦《象》曰：天行健，君子以自强不息。"潜龙勿用"，阳在下也。"见龙在田"，德施普也。"终日乾乾"，反复道也。"或跃在渊"，进无咎也。"飞龙在天"，大人造也。"亢龙有悔"，盈不可久也。"用九"，天德不可为首也。）

> 君子观《坤》之象以厚德载物。地德无疆，无所不载，君子之载物只不为物所动，则无所不容。一为物动，与物为伍，且将为物所载矣，尚安得而载物乎？君子之厚德即坤之厚德，有纤毫之异，终不足以言厚德。[③]（注：《坤》卦《象》曰：地势坤。君子以厚德载物。）

> 君子之济屯也有道焉，经而纶之，舒徐而理之，不理之不可，急

---

① 《影印文渊阁四库全书》第 39 册，台湾商务印书馆 1975 年版，第 8 页。
② 《影印文渊阁四库全书》第 39 册，台湾商务印书馆 1975 年版，第 8 页。
③ 《影印文渊阁四库全书》第 39 册，台湾商务印书馆 1975 年版，第 11 页。

亦不可，经纶正理屯之道也。是道也即云雷之道，其有毫发与云雷不肖者，终未能尽经纶之妙也。①（注：《屯》卦《象》曰：云雷，屯。君子以经纶。）

龙溪曰：山下有泉，本静，而清水之源也，不决于东西，不汩于泥沙，顺而导之，自然可达于海。君子发蒙之象，果行以育其德，水行而不息，故曰果山止而不挠，故曰育夫纯一。未发之谓蒙，蒙者，圣人之基也。自蒙之义不明，世之学者以蒙为昏昧，妄意开凿，助成机智，汩以泥沙之欲，决以东西之趋，反使纯一之体漓，清静之源室，非徒无益而害之也。②（注：《蒙》卦《象》曰：山下出泉，蒙。君子以果行育德。）

君子所以饮食晏乐者，身安无所营，为心愉无所谋虑，此疏水箪瓢之趣味，宁直日用饮食之微，为人之所必需哉。刚健之才不难于济难，而难于不犯难。③（《需》卦《象》曰：云上于天，需。君子以饮食宴乐。）

水行地中，有以容之则聚，凿一井则水聚一井，凿十凿百皆然。一井不凿则一井之水亦不聚，此无他，无以容之，无由而聚也。是以君子容民畜众。④（《师》卦《象》曰：地中有水，师。君子以容民畜众。）

陈潜室曰：风行天上，似无畜聚之理，何以谓之小畜？盖风者披扬解散之意，今为风矣而止行于天之上，是犹有物止畜而未得解散，所以成畜之。⑤（《小畜》卦《象》曰：风行天上，小畜。君子以懿文德。）

其《四书近指·序》，尤为推重"学而时习之"一语，"时习一语足尽诸贤之蕴"，为学需重体验，重实践，各人皆以自己的本性而发扬学问于自己的生命之中。否则，即便读书破万卷，如果没有体验与实践，不对自己的身心发生作用，那么也是徒然：

> 或问：学何为也哉？曰：学为圣人而已。曰：圣人可学而能乎？曰：如不可学，孟子之所愿学者岂欺人语耶？曰：夫仲尼之道，犹天之不可阶而升也，乌能学？虽然，东海西海南海北海有圣人出，心理自同，亦学吾之心而已。心以天地万物为体，其操功却在日用饮食之间，故曰不离日用常行内，直造先天未画前。尽心知性以知天，而圣人之能事毕矣。周元公曰圣希天，程明道曰圣学本天，孔子亦曰知我者其天，天之外复何事哉？维天之命，于穆不已，圣人以至诚配天，同一不已。诚者天之道，诚之者人之道，时习之学，殆所称尽人以合天，则人也而实天者乎。《鲁论》所载无言不可会通，然其教之所重而本之所汇，则时习一语足尽诸贤之蕴。故曾子得之而明德至善，子思得之而修道而教，孟子得之而集义养气以塞天地，皆所谓一以贯万者耳。不能得其一者，读书破万卷，究于自己身心毫无干涉，穷年矻矻终老无闻。余尝与及门二三子拈学而时习一语，六经四书不能满其分量，千圣万贤不能出其范围，即如清任和至不一也。而所以一之者曰：皆古圣人也，微箕比干至不一也。而所以一之者曰：殷有三仁焉，支分派别之中，自有统宗，会元之地若其必不能一者，是其端与我异者耳，非本天之学也。夫子尝曰：不知言无以知人。孟子亦曰：我知言。《鲁论》二十篇，无一言不传圣人之精神色笑而出。二千年来学圣人之学者，戴圣人之天而忘乎高，履圣人之地而忘其深，此仲尼之

天地所以为大也。①

故《四书近指》论及《论语》"学而时习之"章，便以《周易》乾卦《象传》中的箴言"天行健，君子以自强不息"相阐发："开口说学字，所学何事？便是要尽人以合天。天行健，君子自强不息。时刻间断，即与天不似。夫子愤忘食，乐忘忧，自十五至七十，完此一件事，不得人知，固乐人不知亦不愠。此是圣人遁世无闷，地位下面节节皆时习中事。杨龟山云：学而不习，徒学也。譬之学射而至于彀，则知所学矣。若夫承挺而目不瞬，贯虱而悬不绝，由是而求尽其妙，非习不能也。习而察，故说久而性成之，则说不足道也。按龟山此语，深知孔子时习之旨，至习字内说出察字，尤有着落。朱子曰：学而篇皆是先言自修而后亲师，取友朋来在时习之后，亲仁在入孝出弟之后，就正有道在无求安饱之后，毋友不如己在不重则不威之后，今人都不去自修，只专靠师友说话。张芑山曰：须识出学字要领，不在章句上寻讨，自时习二字直贯至不愠，正如既济之后续以未济，始终一自强不息而已。"②作为《周易》的首卦，《乾》卦以"自强不息"为象，作为《论语》的首句，《学而》篇以"时习"为法，孙奇逢将两者勾连，拈出儒学真切大旨。实则，儒学自先秦时期萌发之时，本就是统合心性与事功的综合体，君子的养成，学术的进境，都是内外兼修的共同作用与成果。尽管后世的长期演进中，儒家学派林立、各擅胜场，但是各分支中的统一性从来未曾消弭，儒家对心性修为、经世济民、天道命理的兼容性，一直是它作为中华文明基础性意识形态的核心功能。

---

① 《影印文渊阁四库全书》第 208 册，台湾商务印书馆 1975 年版，第 651 页。
② 《影印文渊阁四库全书》第 208 册，台湾商务印书馆 1975 年版，第 674 页。

第二节　颜李学派的实学思想

明清之际，儒学的主流趋势发生变化，钱穆《中国学术通义》中言："明亡后，学术重心又变。清儒想把两宋以下的新经学重新回返到两汉以下的旧经学。换言之，是要把宋以下过分注重的私人心性修养方面的仍回到两汉以下更所注重的政治方面去。"①清代儒学名家辈出，名著众多，以"汉学""宋学"之争为主旋律。②但事实上，清学并没有因为汉宋之争而成为"汉学"或"宋学"的附庸，清代学术的各支成功的学派，在绍继前人之中又能别有独创。颜元、李塨为代表的"颜李学派"是清代前期儒家北学的代表性学派，突出体现了燕赵北学古来一脉相承的治学风格。颜元（1635—1704），字浑然，号习斋，直隶博野县（今河北省保定市博野县）人。李塨（1659—1733），字刚主，号恕谷，直隶蠡县（今河北省保定市蠡县）人，师从颜元，交游更加广泛。钱穆《中国近三百年学术史·第五章·颜习斋李恕谷》为颜元作《习斋传略》：

> 颜元，字易直，又字浑然。河北博野县北杨村人。生明崇祯八年，卒清康熙四十三年（1635—1704），年七十。父昹，为蠡朱翁义子，先生初名朱邦良。戊寅，年四岁，满洲兵入关，其父以不乐朱家

---

① 钱穆：《中国学术通义》，台北学生书局1975年版，第11页。
② 唐元在《汉代汉学与清代汉学之辨》中认为："清代汉学在考据训诂音韵等方面承继了汉代学术的古文一脉，弘扬了征实的学术倾向，也将'宋学'最突出的义理层面引入了实证的追求路径，并且将民族意识深入地渗透到'汉学'之中。"见《九江学院学报》2011年第4期。

虐待随军去，母改适。甲申，明烈皇帝殉难。癸巳，年十九，为诸
生。先生幼学神仙导引术，娶妻不近。既而知其妄，乃折节为学。年
二十余，好陆王书。未几，从事程朱学，信之甚笃。时翁妾有子，疏
先生，更谗害谋杀之。先生不知非朱氏，孝愈笃。媪卒，泣血衰毁几
殆。或怜之，私告曰："若父乃异姓乞养者耳。"先生大惊，问之嫁母
所，乃信。翁卒，遂归颜氏。初，先生居朱媪丧，时年三十四，守
《朱子家礼》惟谨。古礼："初丧，朝一溢米，夕一溢米，食之无算。"
《家礼》删去"无算"句，先生遵之，过朝夕不敢食；当朝夕，遇衰
至，又不能食，病几殆。又《丧服传》曰："既练，舍外寝，始食菜
果，饭素食，哭无时。"《家礼》改为"练后止朝夕哭，惟朔望未除服
者会哭"。先生亦遵之，凡衰至皆制不哭。既觉其过抑情，校以古礼，
非是。自是遂悟静坐读书乃程、朱、陆、王为禅学俗学所浸淫，非正
务。周公之六德、六行、六艺，孔子之四教，乃正学也。于是著《存
学》《存性》《存治》《存人》四编以立教，名其居曰习斋。先生既归
宗，欲寻亲，值三藩变，塞外蒙古遥应之，辽左戒严，不可往。久
之，乃如关东，时年五十，所至遍揭零丁道上。越一年，始得其踪于
沈阳，没矣。寻其墓，哭奠如初丧礼，招魂奉主，躬自御车，哭导而
行。既归，弃诸生，卒三年丧。五十七岁，先生将出游，曰："苍生
休戚，圣道明晦，敢以天生之身，偷安自私乎？"南至中州，张医卜
肆于开封。所至访友论学，明辨婉引，人多归之。六十二岁，应肥乡
漳南书院聘，为立规制，有文事、武备、经史、艺能等科。会大雨，
漳水溢，堂舍悉没，乃辞归。越八年而卒。①

---

①　钱穆：《中国近三百年学术史》，商务印书馆 1997 年版，第 175 页。

又撮其《学术大要》，言："习斋，北方之学者也，早年为学，亦尝出入程、朱、陆、王，笃信力行者有年，一日翻然悔悟，乃并宋明相传六百年理学，一壁推翻，其气魄之深沉，识解之毅决，盖有非南方学者如梨洲、船山、亭林诸人所及者。""习斋反对程朱，只有一意，曰：'无用'。""宋儒高自位置，每以道德纯备，学术通明，自负为直接尧、舜、孔、孟之传，而汉、唐君相大儒，事功赫奕，宋儒轻之曰'杂霸'。习斋评量宋儒，则不从其道德、学术着眼，即从其所轻之事功立论。盖宋儒之所轻，正即习斋之所重也。""然则宋明儒学之无用，宋明儒者自知之，自言之，又自愧之矣。为天下生民着想，究当孰重孰轻？凭诸儒良心之叹，又究孰重孰轻乎？此不烦言而决矣。儒学之无用，其为害最大者，在静坐，在读书，习斋言之尤痛切。""习斋痛论读书无用，不徒证之以目击，又历考之于史事。""且习斋所以深不喜于多读书者，不惟谓其无益于事功，抑且谓无益于知识。盖习斋论学，一以事功为主，知识之无益于事功者，不足为知议。今读书既无益于事功，则读书得来之知识，自亦不足为知识也。""故'读书'与'静坐'为宋儒以来为学两大纲，而习斋均非之。""习斋论学，必得之于习行，必见之于身世，必验之于事功，此三者，乃习斋论学大经也。""盖习斋所提倡习行有用之学，举要言之，惟三端为习斋所常道：一曰兵，二曰农，三曰礼乐。""习斋治兵农，所以为富强，习六艺礼乐，所以为教化，内圣外王，胥于实事实行见之。""习斋既谓气质无不善，所以不善者由于误，误由于引蔽，引蔽之而终于误者在习染。然引蔽不可拒，而习染则可正也。何以引蔽不可拒？以引蔽吾者本亦无不善，因我之误而遂见其不善也。故习斋持论，最重于'习'。""而所以正我之习，使勿为引蔽所误者，即礼乐也。""宋儒主理在事先，故重理而轻事；习斋主理由事见，故即事以明理。""故性道正于礼乐，礼乐着于事物，事物通于习行。习斋之意，在使天下皆习行于实事，而由习行以自明性道，即谓不明，亦已在性道之中矣。""性道既在礼乐之中，亦惟赖礼乐而性道始得完成其作用。""故性道与礼乐，习行与作用，习斋皆一贯言之。合'事'与'动'而为习行，由习行而明性道，由性道而见作用，建功业，合内外，成人己，通身世，打成一片，一滚做功，此习斋论学要旨也。""然则习斋论学，虽彻头彻尾侧重功利，而亦未尝忽性道。性道、事功交融互洽，而会其归于礼乐。礼乐者，内之为心性之所由导而达，外之为事功之所由依而立。""是礼乐也，事物也，功利也，自习斋论学之系统言之，皆一也。而此诸端，又皆本乎身而发乎动，合而言之则曰'善'。""以言夫近三百年学术思想之大师，习斋要为巨擘矣。岂仅于三百年！上之为宋、元、明，其言心性义理，习斋既一壁推倒；下之为有清一代，其言训诂考据，习斋亦一壁推倒。""然习斋论学，亦非平地拔起，殆亦有其因缘。以余所见，习斋要不失为当时一北方之学者，其学风盖颇似孙夏峰，其讲学制行，盖有闻于夏峰之风声而起也。""夏峰论学，朴朴无所奇，以视习斋傲睨千载，独步一世，若遥为不伦；然以夏峰人格之坚实，制行之朴茂，则习斋所论，正为近之。""今夏峰忠孝之大节，礼乐兵农之素行，正习斋《四存编》中理想之人物，所谓'吾儒一线之真脉'者。惟夏峰不斥宋儒，不废著述耳。习斋之与夏峰，地相望，时相接，乌得谓习斋不受夏峰影响哉？""是则恕谷早年虽曾规习斋尽执古法之非是，其后乃不得不自习斋之习行折而入于考究。自此河北实践之学，终与南士博雅同流，卒亦不出诵读纸墨之外。"[①]颜元在汉、宋之外别立门庭，继承稍早的明清之际的北学大儒孙奇逢，而更加极致地推崇事功。颜元治学立人之大旨，在他晚年主

---

① 钱穆：《中国近三百年学术史》，商务印书馆1997年版，第177—215页。

讲漳南书院时，有集中体现。他的教育思想，不仅是学术史上的重要一环，亦是教育史上新变的象征。颜元的《漳南书院记》，详述对书院教学内容和教学体系的设计，分设"文事""武备""艺能""经史""理学""帖括"六斋，礼、乐、书、数、天文、地理、兵法、战术、历史、时务、诗文、水学、火学、工学、象数、理学、八股等都是教习的内容。可见其分科设教、崇尚实效的思想：

> 肥乡之屯子堡，遵中丞于清端公令，建有义学。田百亩。学师郝子文灿以所入倡乡众杨计亮、李荣玉等协力经营，益广斋舍。许侍郎三礼题曰漳南书院。问学者日众，郝子遂谦不任事，别寻师者十有五年。于康熙三十三年，郝子不远数百里，抵荒斋，介友人陈子舞书，延元主院事，元辞去。已，又过，陈说百端，作十日留，元固辞。明年又价张文升以币聘，予再辞。又明年遣院中苗生尚信至，进聘仪，掖起复跪者十日。予不得已，告先祠行。
>
> 距堡北十余里，漳水涨，堡人橛舟入，乃知其地苦水久矣。郝子率弟子拜迎，止其舍。卜吉，郝子及乡父老、子弟咸集，从予行释奠礼于孔子主前。郝子、乡父老再拜，予答拜，揖，升座，弟子委贽四拜，乃令分班，行同学相见礼。谕之曰："而地无文士乎？而遂致予，盖将以成人之道自勖也。予不敏，敢以成人之道告。"乃出予《习斋教条》读讲讫，揖退。时左斋建其一，余未定。乃进郝子曰："谬托院事，敢不明行尧、孔之万一，以为吾子辱。顾儒道自秦火失传，宋人参杂释、老以为德性，猎弋训诂以为问学，而儒几灭矣。今元与吾子力砥狂澜，宁粗而实，勿妄而虚。请建正庭四楹，曰'习讲堂'。东第一斋西向，牓曰：'文事'，课礼、乐、书、数、天文、地

理等科。西第一斋东向，牓曰'武备'，课黄帝、太公以及孙、吴五子兵法，并攻守、营阵、陆水诸战法，射御、技击等科。东第二斋西向，曰'经史'，课《十三经》、历代史、诰制、章奏、诗文等科。西第二斋东向，曰'艺能'，课水学、工学、象数等科。其南相距三五丈为院门，悬许公漳南书院匾，不轻改旧称也。门内直东曰'理学斋'，课静坐、编著、程、朱、陆、王之学。直西曰'帖括斋'，课八股举业，皆北向。以上六斋，斋有长，科有领，而统贯以智、仁、圣、义、忠、和之德，孝、友、睦、姻、任、邮之行。元将与诸子虚心延访，互相师友，庶周、孔之故道在斯，尧、舜之奏平成者，亦在斯矣。置理学、帖括北向者，见为吾道之敌对，非周、孔本学，暂收之以示吾道之广，且以应时制。俟积习正，取士之法复古，然后空二斋，左处傍价，右宿来学。门之左腋房六间，榻行宾，右腋厦六间，容车骑。习讲堂之东北隅为仓库、厨灶，西北隅积柴炭，后为厕。院前门东一斗室曰'更衣亭'。凡客至通候，拂洗更衣，一茶乃入。西为'步马射圃'，上构小亭。此矩模大略也。吾子谓何?"郝子拜手曰："善。但此为百世计，独无处炉地乎?"予曰："念之矣。须院事竣，院前垫启土必更深广，引水植莲，中建亭，窗棂四达，吾子居之。讲习暇，元偕诸子或履桥，或拏舟入，弦歌笑语，作山水乐，黄、虞朋，复何憾乎?"郝子大笑，刻日兴工。

堡人好义云集，许许之声遝迤宵闻。习讲堂成，高二丈有奇，架木覆苫，以肆望汪洋，莫购砖瓦也。中室板屋跌高三尺，三阶，中为师席，朔望弟子调拜，宣明教条，升之。燕坐会客，咸在幄前。读书、作文如常课，而习礼、歌诗、学书计，举石、超距、击拳，率以肆三为程。讨论兵、农，辨商今古，惟射以水不得学。四阅月，颇咀学习乐味。而漳水五泛，初横二十里，继至七十里，赤泥封稻穗，屋倾侧不敢居，堡男妇各口席铺。予叹曰："天也！"乃告归。

父老弟子饯别泣送，予亦洒泪。郝子拜手宣于众曰："是院也，定为颜子书院。颜子生为漳南书院师，殁为先师。灿以祖产赠宅一所，田五十亩，合院原田共百五十亩，生为颜子产，殁为颜子遗产。"复立图券为质。曰："田少获，即延先生还。"又请记其事。别后屡札来促，问其水灾，岁益甚，而予老且病，亦未审遂否矣。然其兴学敦师，与崇信圣道不痼后儒之识，俱不可没也。康熙四十年三月六日博陵颜氏元识。①

颜元的学术，远绍荀子，又糅合孟子，实乃清初极具识见之大儒。在颜元这里，儒生终于回归了经学的本色，那就是，儒学不仅是塑造君子、修养心性而已，它的终极理想，是克己而复礼，是影响现实，改造世界。儒学不是一个内向的学派，而是一个外向的学派；儒学不是一个避世的学派，而是一个入世的学派；儒学不是一个主静的学派，而是一个主动的学派。在儒家发展史上，诚然由于释道大行，必须改造儒学才能保持新鲜和适应各个时代，而使得儒学中关乎内在性情、抽象精微的元素在宋明理学中得到了很大挖掘和宣扬，也成了时代学术的中流砥柱，但是，理学为儒学之变体，并非本体。儒学两千年历久弥新而千变万化，最家喻户晓的一句，当年孔门入室学子铭记的最初一句是"学而时习之"（《论语·学而》）。"宁粗而实，勿妄而虚"，颜元将此一"习"字中的经世致用、实体实用的内涵，大加恢张。

颜元的弟子李塨广交学界人士，是颜元学术得以广播天下的重要推动

---

① 颜元：《颜元集》，中华书局 1987 年版，第 412 页。

者。他的学术思想与其师一脉相承，如其《周易传注序》，将对《周易》的剖析，根植于切近的人事，而不应在人事之外谈天道："易为人事而作也。孔子于大象如天地健顺云雷屯难，而必曰'君子以之'。又曰：'《易》道有四，以言，以动，以制器，以卜筮。'又曰：'百物不废，惧以终始。'皆人事也。……嗟乎！自田何传易，而后说者棼如。而视其象，忸怩徵其数，穿凿按其理，浮游而尤误者，以易为测天道之书。于是陈抟龙图刘牧钩隐邵雍皇极经世并起，探无极，推先天，不惟易道入于无用，而华山道士青城隐者异端隐怪之说群窜圣经，而易之不亡脉脉如线。夫圣人之作易，专为人事而已矣。何以明其然也？乾坤索而为雷风水火山泽，本天道也。伏羲因而重之，何不皆言天道，而蒙需讼师谦履等卦，即属人事。文王象辞于乾，系以元亨利贞，犹天道人事兼言也。至坤牝马之贞，君子攸行等辞，专言人事，周公象辞则勿用。利见大人，朝乾夕惕，无非人事者，以下六十二卦言人事者，勿论如复姤泰否明属天道，而利有攸往，勿用取女，小人大人，必归人事。乃知教人下学不言性天，不惟孔门教法也，自伏羲文王周公以来皆然。人，天所生也，人之事即天道也。……况天与人亦各有其事。天之事在化育，人之事在经纶。天而不为天之事而欲代人经纶，则天工废；人而不为人之事而专测天化育，则人绩荒。天工废则乾坤毁，人绩荒则宇宙乱，故天地人交相为赞而亦各不相能，三极之道也。中庸曰：天命谓性，率性谓道，修道谓教，此易教也。举性天而归诸人事也，引而近之也。程子曰：儒道本天，释道本心。杨氏曰：教人以性为先，此非易教也。举道行而归诸性天也。推而远之也，其言似同，其旨乃异，毫厘之差，千里之谬，学术世运于此分不可不察也。"[①]颜元、李塨

---

① 《影印文渊阁四库全书》第47册，台湾商务印书馆1975年版，第2页。

在中国传统学术大总结的清代学坛，以力排汉宋、独树一帜的态度，张扬北方实学的旗帜，是对北学长期以来深蕴的学术风格的强劲弘扬，亦是对儒家北学学术地位的有力捍卫。

第三节　纪昀为学为文的儒家本色

以《四库全书》总纂修官闻名于世的纪昀（1724—1805），字晓岚，直隶献县（今河北省沧州市献县）人。《清史稿》言："昀学问渊通。撰《四库全书提要》，进退百家，钩深摘隐，各得其要指，始终条理，蔚为巨观。"[1]究竟是治学风格决定学界经历，还是学界经历养成治学风格？在纪晓岚这里，可谓是两者相辅相成。他的博学与开阔是获得《四库全书》总纂官的前提，纂修《四库全书》的经历也更加促成了他的渊通。不仅《四库全书》这样博大浩瀚的总集的编修，与数量庞大类型驳杂的书籍提要的拟撰可以体现纪昀的学术功力，而且从他的各类诗文笔记作品之中，亦可窥见一位广博渊深的学者的学思，并且儒家思想是他为学为文的本色。[2]

以明晰的归宗返本意识为核心，才能在进退百家之时有足够坚定的主导思想，从而避免思路和标准的紊乱。在为友朋的经学著作作序时，纪昀

---

[1]　赵尔巽等撰：《清史稿》，中华书局 1977 年版，第 10770 页。

[2]　蒋寅在《纪昀的诗学品格及其核心理念再检讨》中认为："只要读一读《纪晓岚文集》卷九所收的诗序，就可以清楚地看到，纪昀持论都立足于儒家诗论的传统话语，带有强烈的回归儒家经典的返本意向，但绝非原教旨主义的，而是在折衷的基础上加以改造、发挥。诗教本是儒家诗学的核心观念，向来被论诗者奉为圭臬，清初以来更被学者从多种角度做了大量的阐释和发挥。唯其如此，治丝益棼，多歧亡羊，其本旨反而模糊不清，在纪昀看来大有返本溯源的必要。"《文艺研究》2015 年第 10 期。

亦阐发其破门户、尚会通的经学观点。如《周易义象合纂序》：

> 古今说五经者，惟《易》最夥，亦惟《易》最多歧。非惟象数义理各明一义也，旁及炉火导引乐律星历以及六壬禽遁风角之属，皆可引《易》以为解，即皆可引以解《易》。盖《易》道广大，无所不包，故随举一说而皆通也。要其大端而论，则象数歧而三：一田、孟之《易》，一京、焦之《易》，一陈、邵之《易》也。义理亦歧而三：一王弼之《易》，一胡瑗之《易》，一李光、杨万里之《易》也。京、焦之占候，流为怪妄而不经；陈、邵之图书，流为支离而无用；王弼之清言，流为杨简、王宗传辈，至以狂禅乱圣典。其足以发挥精义、垂训后人者，汉人之主象，宋人之主理、主事三派焉而已。顾论甘者忌辛，是丹者非素，断断相争，各立门户，垂五六百年于兹。余尝与戴东原、周书昌言：譬一水也，农家以为宜灌溉，舟子以为宜往来，形家以为宜砂穴，兵家以为宜扼拒，游览者以为宜眺赏，品泉者以为宜茶荈，洴澼絖者以为利瀚濯；各得所求，各适其用，而水则一也。譬一都会也，可自南门入，可自北门入，可自东门入，可自西门入，各从其所近之途，各以为便，而都会则一也。《易》之理何独不然。东坡《庐山》诗曰："横看成岭侧成峰，远近高低各不同。不识庐山真面目，只缘身在此山中"。通此意以解《易》，则《易》无门户矣。纷纷互诘，非仁智自生妄见乎。①

经过历朝历代、各门各派的研究与运用，《易》的内涵与功用，纷纷

---

① 《续修四库全书》第 1435 册，上海古籍出版社 2002 年版，第 340 页。

杂杂，林林总总，但是，以返本之思路追根溯源，也都不外乎是《易》本经所自有的解释疆域，是《易》本有的蕴含能量，又何必囿于门户而褊狭攻讦呢？纪昀《诗序补义序》又言："余于癸巳受诏校秘书，殚十年之力，始勒为总目二百卷，进呈乙览。以圣人之志，借经以存儒者之学，研经为本。故经部尤纤毫不敢苟。凡易之象数、义理，书之今古文，春秋之主传废传，礼之王郑异同，皆别白而定一尊，以诸杂说为之辅。……攻汉学者，意不尽在于经义，务胜汉儒而已；伸汉学者，意亦不尽在于经义，愤宋儒之诋汉儒而已。各挟一不相下之心，而又济以不平之气，激而过当，亦其势然欤！"[①] 在激荡清代学坛的汉宋之争的漩涡之中，纪昀立于中庭，不加掩饰地揭开门户之见的嘈杂扰攘——那些争扰的目的往往不是纯粹的学术探索，而是为了某种立场的派系争夺罢了。

纪昀的代表作品《阅微草堂笔记》，《续修四库全书》将其收于"子部小说类"。因为此书是文言短篇志怪小说集，所以常被拿来与蒲松龄的《聊斋志异》相提并论。《阅微草堂笔记》以《滦阳消夏录》《如是我闻》《槐西杂志》《姑妄听之》《滦阳续录》五部分组成。嘉庆时，纪昀的门人北平人盛时彦为《阅微草堂笔记》作序，从学术的角度来谈论书中大旨，认为小说亦可载道淳正，有益于世道人心。他对纪昀写作《阅微草堂笔记》来由的表述，可谓是非常到位的："以学问文章负天下重望，而天性孤直。不喜以心性空谈，标榜门户；亦不喜才人放诞，诗社酒社，夸名士风流。是以退食之馀，惟耽怀典籍；老而懒于考索，乃采掇异闻，时作笔记，以寄所欲言。"儒家典籍与学术的意义表现，不仅仅是体现在经部作品中的，它贯穿于各种文体与类型的典籍之中，以各种风格和途径发扬学术之大

---

① 《续修四库全书》第 1435 册，上海古籍出版社 2002 年版，第 341 页。

旨，而化育于人心之细微：

> 文以载道，儒者无不能言之。夫道岂深隐莫测，秘密不传，如佛家之心印，道家之口诀哉！万事当然之理，是即道矣。故道在天地，如汞泻地，颗颗皆圆，如月映水，处处皆见。大至于治国平天下，小至于一事一物、一动一言，无乎不在焉。文其中之一端也。文之大者为六经，固道所寄矣。降而为列朝之史，降而为诸子之书，降而为百氏之集，是又文中之一端，其言皆足以明道。再降而稗官小说，似无与于道矣，然《汉书·艺文志》列为一家，历代书目亦皆著录。岂非以荒诞悖妄者？虽不足数，其近于正者，于人心世道亦未尝无所裨欤！河间先生以学问文章负天下重望，而天性孤直。不喜以心性空谈，标榜门户；亦不喜才人放诞，诗社酒社，夸名士风流。是以退食之馀，惟耽怀典籍；老而懒于考索，乃采掇异闻，时作笔记，以寄所欲言。《滦阳消夏录》等五书，傲诡奇谲，无所不载，洸洋恣肆，无所不言。而大旨要归于醇正，欲使人知所劝惩。故诲淫导欲之书，以佳人才子相矜者，虽纸贵一时，终渐归湮没。而先生之书，则梨枣屡镌，久而不厌，是则华实不同之明验矣。① （盛时彦《〈阅微草堂笔记〉序》）

所以《阅微草堂笔记》虽然是子部小说类作品，还是以志怪为题材的，但是它的写作目的不在于渲染灵异之玄幻，而是体现出明显的儒家思想倾向，以及淳正雅洁的风格。如其中《槐西杂志一》的一则："道家言

---

① 《续修四库全书》第 1269 册，上海古籍出版社 2002 年版，第 1 页。

祈禳，佛家言忏悔，儒家则言修德以胜妖、二氏治其末，儒者治其本也。族祖雷阳公畜数羊，一羊忽人立而舞，众以为不祥，将杀羊，雷阳公曰：羊何能舞，有凭之者也。石言于晋，左传之义明矣，祸已成欤，杀羊何益，祸未成而鬼神以是警余也，修德而已，岂在杀羊？自是一言一动，如对圣贤。后以顺治乙酉拔贡，戊子中副榜，终于通判，讫无纤芥之祸。"①《滦阳消夏录二》之一则："颍州吴明经跃鸣言，其乡老儒林生，端人也。尝读书神庙中，庙故宏阔，傥居者多，林生性孤峭，卒不相闻问。一日，夜半不寐，散步月下，忽一客来叙寒温。林生方寂寞，因邀入室共谈，甚有理致。偶及因果之事，林生曰：圣贤之为善，皆无所为而为者也。有所为而为，其事虽合，天理其心已，纯乎人欲矣。故佛氏福田之说，君子弗道也。客曰：先生之言，粹然儒者之言也。然用以律己则可，用以律人则不可；用以律君子犹可，用以律天下之人则断不可。圣人之立教，欲人为善而已。其不能为者，则诱掖以成之；不肯为者，则驱策以迫之，于是乎刑赏生焉。能因慕赏而为善，圣人但与其善，必不责其为求赏而然也；能因畏刑而为善，圣人亦与其善，必不责其为避刑而然也。苟以刑赏使之循天理，而又责慕赏畏刑之为人欲，是不激劝于刑赏，谓之不善；激劝于刑赏，又谓之不善，人且无所措手足矣。况慕赏避刑，既谓之人欲，而又激劝以刑赏，人且谓圣人实以人欲导民矣。有是理欤？盖天下上智少而凡民多，故圣人之刑赏，为中人以下设教；佛氏之因果，亦为中人以下说法。儒释之宗旨虽殊，至其教人为善，则意归一辙。先生执董子谋利计功之说，以驳佛氏之因果，将以圣人之刑赏而驳之乎？先生徒见缁流诱人布施，谓之行善，谓可得福；见愚民持斋烧香，谓之行善，谓可得福。不如

① 《续修四库全书》第1269册，上海古籍出版社2002年版，第167页。

是者，谓之不行善，谓必获罪，遂谓佛氏因果，适以惑众，而不知佛氏所谓善恶，与儒无异。所谓善恶之报，亦与儒无异也。林生意不谓然，尚欲更申己意，俯仰之顷，天已将曙，客起欲去，固挽留之，忽挺然不动，乃庙中一泥塑判官。"[1]以上均可见纪昀出入各家学说，而以儒学为根本的态度。奇怪灵异的故事，最重要的特点是其反日常，所以人们往往无法以固有的经验来形成适时的、稳妥的判断和理解，这个时候就需要解释和指引，儒家"不语怪力乱神"的本色反而更加有助于将怪诞疏导向理性的、可解释的、有意义的、可反思的层面，并且与儒家"天人合一"的灾异祥瑞阐释学说紧密结合。纪昀以饱学、中立的儒者身份和心态来写志怪小说，遂将儒家与志怪之间这种有趣的若即若离的状态完美地展现出来。

第四节　大兴二朱对乾嘉汉学勃兴的重要作用

朱筠（1729—1781），字竹君，大兴（今北京市大兴区）人，著有《笥河集》。他在乾嘉学坛影响甚著，是最早提出辑佚《永乐大典》并呼吁编纂《四库全书》的学者[2]，弟子著名者有洪亮吉、黄景仁、孙星衍、

---

① 《续修四库全书》第1269册，上海古籍出版社2002年版，第28页。

② 暴鸿昌在《朱筠与乾嘉学术风气》中说："朱筠对乾嘉学术风气的形成，作用显著，其倡导之功，不在著述之下。朱筠借朝廷之力，首开辑佚之风气，而成四库全书馆开设之先声。而四库馆的开设，集中了一大批汉学精英，成为汉学家的大本营，推动了朴学思潮的勃兴。朱筠还以朴学训士，表彰经师先贤以倡朴学。特别是他自身探经嗜古，提出自己的学术主张：尊汉学而薄宋学，重古训而轻义理，并为汉学指出了治学宗旨与门径。此外，他还广招学人于幕下，搜罗承学之士，振拔困厄之士，遂被奉为士林风会之盟主，对乾嘉学术风气的形成起到了重要推动作用。"见《北方论丛》1997年第6期。林存阳《朱筠与清中叶学术变迁》："在清代学术演进过程中，清廷开《四库全书》馆，是清中叶学术发生

章学诚、任大椿、李威、武亿、吴鼐等，知名学者戴震、邵晋涵、王念孙、汪中等曾效力于其幕府中，身边可谓是汉学家云集①，对乾嘉汉学的勃兴起到重要作用。《清史稿·文苑传》载其生平与学术经历：

> 朱筠，字竹君，大兴人。乾隆甲戌进士，选庶吉士，授编修。由赞善大考擢侍读学士，屡分校乡会试。庚寅，典福建乡试，辛卯，督安徽学政。
>
> 诏求遗书，奏言翰林院藏《永乐大典》内多古书，请开局校辑。旋奉上谕："军机大臣议复朱筠条奏校核《永乐大典》一节，已派军机大臣为总裁。又朱筠所奏将《永乐大典》择取缮写，各自为书，及每书校其得失，撮举大旨，叙于本书卷首之处，即令承办各员，将各原书详细检阅，并书中要旨总叙厓略，呈候裁定；又将来书成，著名《四库全书》。"《四库全书》自此始。筠又请仿汉熹平、唐开成故事，校正《十三经》文字，勒石太学。未几，坐事降编修，充《四库全书》纂修官，兼修《日下旧闻考》。高宗尝称筠学问文章殊过人。寻，复督学福建。归，卒，年五十有三。

变迁的一个重要标志，朴实考经证史之风因缘而兴。朱筠倡议开馆从《永乐大典》中辑校遗书，在其间发挥了不可忽视的作用。而朱筠之所以发此倡议，与他'识字以通经'的为学取向密切相关。不惟如此，在朱筠的积极倡导、扶持下，这一为学取向还对一时学风士习的转移产生了重要影响，并有力地推进了'通经稽古'新治学趋向的发皇。"《中国史研究》2011 年第 1 期。

① 侯冬：《乾嘉幕府对清代文学之影响》："朱筠幕府更可称得上汉学家的大本营，云集了章学诚、邵晋涵、洪亮吉、王念孙、汪中、黄景仁等著名学者、诗人，其幕府中研讨经史考据的风气对乾嘉汉学之兴盛，影响很大。洪亮吉曾言：'先生去任后二十年中，安徽八府有能通声音训诂及讲求经史实学者，类皆先生视学时所拔擢。'"《北方论丛》2013 年第 2 期。

　　筠博闻宏览，以经学、六书训士。谓经学本于文字训诂，周公作《尔雅》，《释诂》居首；保氏教六书，《说文》仅存。于是叙《说文解字》刊布之。视学所至，尤以人才经术名义为急务，汲引后进，常若不及。因材施教，士多因以得名，时有朱门弟子之目。好金石文字，谓可佐证经史。诸史百家，皆考订其是非同异。为文以郑、孔经义，迁、固史书为质，而参以韩、苏。诗出入唐、宋，不名一家，并为世重。筠锐然以兴起斯文为己任，搜罗文献，表章风化，一切破崖岸而为之。好客，善饮，谈笑穷日夜。酒酣论天下事，自比李元礼、范孟博，激扬清浊，分别邪正，闻者悚然。著有《筠河集》等。①

　　朱筠大倡训诂文字经史文献之学，体现出明确的汉学本色。章学诚为朱筠做墓志铭，言其"至于文字训诂、象数名物、经传义旨，并主汉人之学"②。朱筠在安徽学政任上刊布《说文解字》，写下序言表示："病今学者无师法，不明文字本所由生，其狃见尤甚者，至于謟谄不分，鍜锻不辨。据旁著处，適内加商，点画淆乱，音训泯棼。是则何以通先圣之经，而能言其义邪？既试，岁且一周，又明年春，用先举许君《说文解字》旧本重刻周布，俾诸生人人讽之，庶知为文自识字始。"③可见其对识字训诂等朴学功底的重视，他的《劝学编序》说道："唐韩愈氏曰：'士不通经，果不足用。'又曰：'为文须略识字。'今汉儒之书，颁在学官者，则有毛苌氏、何休氏、赵岐氏、郑康成氏，其书见传于世者，则有许慎氏，诸生不读许氏书，无以识字，不读毛何赵郑氏书，无以通经。诸生应使者试，为文不

---

　　①　赵尔巽等撰：《清史稿》，中华书局 1977 年版，第 13393 页。
　　②　《续修四库全书》第 1440 册，上海古籍出版社 2002 年版，第 106 页。
　　③　《续修四库全书》第 1440 册，上海古籍出版社 2002 年版，第 69 页。

如此，其求合于诏令清真雅正之指者，盖难矣。夫清真者，非空疏之谓。雅正者，非庸肤之谓。诸生将求免于空疏庸肤，以仰符诏旨，其必不能外乎识字以通经矣。"①识字以通经，正是清代汉学的基础治学路径，正如戴震所言："故训明则古经明，古经明则贤人圣人之理义明，而我心之所同然者，乃因之而明。"②清代的汉学家认为，义理不是像宋明儒者所认为的那样落在抽象的空的层面，而是落在实证的具象的实的层面。通过他们从汉代学术中发扬出来的训诂、考据等实实在在的功夫，就能够接近圣人的文本，从而接近圣人的思想，接近圣人的心灵，并且可以通经致用。

朱珪（1731—1807），字石君，大兴（今北京市大兴区）人，与其兄朱筠并称为"大兴二朱"，著有《知足斋诗文集》。《清史稿·卷三百四十》载其传记：

> 朱珪，字石君，顺天大兴人。先世居萧山，自父文炳始迁籍。文炳官盩厔知县，曾受经于大学士朱轼。珪少传轼学，与兄筠同乡举，并负时誉。乾隆十三年成进士，年甫十八，选庶吉士，散馆授编修。数遇典礼，撰进文册。高宗重其学行，累迁侍读学士。二十五年，出为福建粮驿道。擢按察使，治狱平恕，以父忧去。三十二年，补湖北按察使。会缅甸用兵，以部署驿务详慎，被褒奖。
>
> 调山西，就迁布政使，署巡抚。疏请归化、绥远二城穀二万馀石搭放兵粮，以省采买、免红朽；又免土默特蒙古私垦罪，以所垦牧地三千馀顷，许附近兵民认耕纳租，岁六千馀两，增官兵公费；又太仆寺牧地苦寒，改徵折色，以便民除弊；皆下部议行。珪方正，为同僚

---

① 《续修四库全书》第 1440 册，上海古籍出版社 2002 年版，第 190 页。

② 戴震：《戴震集》，上海古籍出版社 1980 年版，第 214 页。

所不便，按察使黄检奏劾读书废事。

四十年，召入觐，改授侍讲学士，直上书房，侍仁宗学。四十四年，典福建乡试。次年，督福建学政。濒行，上五箴于仁宗：曰养心，曰敬身，曰勤业，曰虚已，曰致诚。仁宗力行之，后亲政，尝置左右。五十一年，擢礼部侍郎，典江南乡试，督浙江学政。还朝，调兵部。五十五年，典会试。出为安徽巡抚。皖北水灾，驰驿往赈，携仆数人，与村民同舟渡，赈宿州、泗州、砀山、灵壁、五河、盱眙馀灾，轻者贷以粮种。筑决堤，展春赈，并躬莅其事，民无流亡。五十九年，调广东。寻署两广总督，授左都御史、兵部尚书，仍留巡抚任。嘉庆元年，授总督，兼署巡抚。珪初以文学受知，洎出任疆寄，负时望，将大用。和珅忌之，授受礼成，珪进颂册，因加指摘，高宗曰："陈善纳诲，师傅之职宜尔，非汝所知也。"会大学士缺，诏召珪，卒为和珅所沮。以广东艇匪扰劫闽、浙，责珪不能缉捕，寝前命，左迁安徽巡抚。皖北复灾，亲治赈，官吏无侵蚀。三省教匪起，安徽亦多伏莽。珪曰："疑而索之，是激之变。"亲驻界上筹防御，遍莅颍、亳所属，集乡老教诫之，民感化，境内迄无事。明年，授兵部尚书，调吏部，仍留巡抚任。

四年正月，高宗崩，仁宗即驰驿召珪，闻命奔赴。途中上疏，略曰："天子之孝，以继志述事为大。亲政伊始，远听近瞻，默运乾纲，雾施涣号。阳刚之气，如日重光，恻怛之仁，无幽不浃。修身则严诚欺之界，观人则辨义利之防。君心正而四维张，朝廷清而九牧肃。身先节俭，崇奖清廉，自然盗贼不足平，财用不足阜。惟原皇上无忘尧、舜自任之心，臣敢不勉行义事君之道。"至京哭临，上执珪手哭失声。命直南书房，管户部三库，加太子少保，赐第西华门外。时召独对，用人行政悉以谘之。珪造膝密陈，不关白军机大臣，不沽恩市直，上倾心一听，初政之美，多出赞助。

寻充上书房总师傅，调户部尚书。诏清漕政，禁浮收。疆吏以运丁苦累，仰给州县，州县不得不取诸民，於是安徽加赠银，江苏加耗米，珪谓小民未见清漕之益，先受其害，力争罢之，令曹司凡事近加赋者皆议驳。长芦盐政请加增盐价，驳曰："芦东因钱价贱，已三加价矣，且免积欠三百六十万两，馀欠展三年，商力已宽，无庸再议加价。"广东请滨海沙地升赋，驳曰："海沙淤地，坍涨靡常，故照下则减半赋之。今视上、中田增赋，是与民计微利，非政体。且民苦加赋，别有涨地，将不敢报垦，不可行。"仓场请预纳钱粮四五十倍，准作义监生，驳曰："国家正供有常经，名实关体要。于名不正，实必伤，断不可行。"凡驳议每自属稿，奏上，皆韪之。五年，兼署吏部尚书。

先是彭元瑞於西华门内坠马，珪呼其舆入舁之，为御史周栻所劾。寻有珪舆人殴伤禁门兵，忌者哄护军统领讦之。诏："珪素恪谨，造次不检，特申戒。"坐褫宫衔，解三库事，镌级留任。七年，协办大学士，复太子少保。寻兼翰林院掌院学士，晋太子少傅。九年，上幸翰林院，联句赐宴，御书"天禄储才"额刻悬院中，以墨书赐珪家。十年，拜体仁阁大学士，管理工部。上以是命遵高宗谕，遣诣裕陵谢。逾岁，年七十六，以老乞休，温诏慰留，赐玉鸠杖；命天寒，间二三日入直。

未几，召对乾清宫，眩晕，扶归第，数日卒。上亲奠，哭之恸。赠太傅，祀贤良祠，赐金治丧。诏："珪自为师傅，凡所陈说，无非唐、虞、三代之言，稍涉时趋者不出诸口，启沃至多。揆诸谥法，足当'正'字而无愧，特谥文正。又见其门庭卑隘，清寒之况，不减儒素。"命内府备筵，遣皇子加奠。启殡日，遣庆郡王永璘祖奠目送。

逾年，上谒西陵，珪墓近跸路，遣官赐奠。高宗实录成，特赐祭，擢长子锡经为四品京堂。二十年，复因谒陵回銮，亲奠其墓，恩礼始终无与比。

珪文章奥博，取士重经策，锐意求才。嘉庆四年典会试，阮元佐之，一时名流搜拔殆尽，为士林宗仰者数十年。学无不通，亦喜道家，尝曰："朱子注《参同契》，非空言也。"①

朱珪是嘉庆帝师，位至高官，学术渊通，历掌科考，士林尊崇，而能够廉洁端正，锐意求才，实为国家一代重臣。他给嘉庆皇帝的五则箴言——养心、敬身、勤业、虚己、致诚，也是朱珪生平所践行。朱珪的诗歌慷慨宏深，颇有北地风骨，徐世昌《晚晴簃诗汇》赞赏他的诗歌成就："其诗探源汉魏，参以昌黎，博大雄深，直吐胸臆。承平台阁中，固当首屈一指也。"如《所见》："赵州以南黄河北，夏旱赤地秋无粮。太行夜雨百川溢，官吏奔走驱飞蝗。青榆龅皮表树白，十口一釜争啜糠。沟中瘠儿气如线，道旁乞妇颜犹装。河水流渐不得渡，北岸匍匐堆尸僵。国家振赐遍九土，诏书恻怛真禹汤。前年河南泽滂沛，发金巨亿粟万仓。此方去天不寻尺，晨请朝报谁敢障。偏灾隅禒要调剂，汉二千石须贤良。况今千里布皑雪，日午雪消滋麦芒。嗟民忍饥待春雨，看割歧穗连云黄。"② 前、后《易水行》尤为人称道，如其《后易水行》，纵论战国末年至秦朝的史事："荆轲既败燕诛丹，秦王虎视六国残。千年遗恨不可释，长与易水争波澜。当时彗星扫北斗，破军万万计斩首。直将鞭石血龙宫，岂惜赭山欺帝妇。民号天醉了不闻，一旦假手望夷君。滆池璧来鱼有臭，芒砀云出蛇

---

①　赵尔巽等撰：《清史稿》，中华书局 1977 年版，第 11091 页。

②　《续修四库全书》第 1451 册，上海古籍出版社 2002 年版，第 687 页。

横分。谁初谋国称奇计，把袖揸胸真易事。欲提匕首刺王僚，遂劫齐桓反
侵地。张仪诈楚如狙公，况乃要约非由衷。濡缕即令祖龙死，燎原岂遽咸
阳红。扶苏袭位枕戈起，王翦蒙骜更臂指。牛声但见下云中，马角谁怜匿
衍水。乃知不笃不虚亡，非匕之短嬴不长。燕丹那得救秦祚，可怜二国同
亡羊。吁嗟秦暴天方纵，掷筑飞椎俱不中。唐雎挺剑亦何为，尚有兰池盗
一哄。"①朱珪运笔颇得韩孟诗派之三昧，复又恢张北地豪纵慷慨之风格而
毫无逼仄之气。作为学者，他弘扬了汉学的治学方法，作为诗人，他也弘
扬了汉魏古风。

第五节　翁方纲汉宋会通的学术眼界

翁方纲(1733—1818)，字正三，号覃溪，大兴(今北京市大兴区) 人，
有《复初斋全集》。长期以来，翁方纲的诗学理论更加受到重视，又以"肌
理说"而成为清代前期的一支主要的诗学流派。其实翁方纲的学问涉及经
学、文学、金石、文献、书法等众多领域，他的诗学主张，也是坚定推崇
学人之诗②。他又曾参与纂修《四库全书》，并撰写了大量的提要稿。《清

---

①　《续修四库全书》第 1451 册，上海古籍出版社 2002 年版，第 674 页。

②　蒋寅在《翁方纲诗学的取法途径与理论支点》中说："细味《苏斋笔记》卷九这段
议论，其实说得很清楚：……举古往今来天下之诗不外乎三类：才人之诗、性灵之诗和学人
之诗。才人之诗是自古以来的传统，王渔洋为其宗匠；性灵之诗是当今流行的时尚，袁枚独
领风骚。两者各擅胜场，但都主于天性，逞才思而易至局促，纵才力而不免流荡。至于学
人之诗，则寄托于学问，独富文藻，因时因地，各适其宜。尤其是正值举世崇尚通经学古、
博洽覃思之际，学人之诗正可附丽世运，润色鸿业。因此他断言为诗必以学人之诗为职志，
乃能有所成就。从内心说，他其实是瞧不起性灵诗的，只有王渔洋代表的才人诗堪为值得
一驳的对手，故而他甚至不惜点名批评这位一向敬慕的前辈。"《学术研究》2017 年第 6 期。

史稿·文苑传》载其生平：

> 翁方纲，号覃溪，大兴人。乾隆壬申进士，选庶吉士，授编修。
> 擢司业，累至内阁学士。先后典江西、湖北、顺天乡试，督广东、江
> 西、山东学政。嘉庆元年，预千叟宴。四年，左迁鸿胪寺卿。十二
> 年，重宴鹿鸣，赐三品衔。十九年，再宴恩荣，加二品卿，年八十二
> 矣。又四年，卒。

> 方纲精研经术，尝谓考订之学，以衷于义理为主，《论语》曰"多
> 闻"、曰"阙疑"、曰"慎言"，三者备而考订之道尽。时钱载斥戴震
> 为破碎大道，方纲谓："诂训名物，岂可目为破碎？考订训诂，然后
> 能讲义理也；然震谓圣人之道，必由典制名物得之，则不尽然。"

> 方纲读群经，有《书》《礼》《论语》《孟子》《附记》，并为《经
> 义考补正》。尤精金石之学，所著《两汉金石记》，剖析毫芒，参以《说
> 文》《正义》，考证至精。所为诗，自诸经注疏，以及史传之考订，金
> 石文字之爬梳，皆贯彻洋溢其中。论者谓能以学为诗。他著有《复初
> 斋全集》及《礼经目次》《苏诗补注》等。①

翁方纲学术眼界之高超即在能够综合评判汉学与宋学，既能兼采，又不
至杂混。他撰写了九篇《考订论》来剖析汉宋，明确汉宋会通的态度。② 其

---

① 赵尔巽等撰：《清史稿》，中华书局 1977 年版，第 13394 页。

② 孙运君在《从汉宋兼采思想兴起看清代学术的现代转向——以翁方纲、章学诚、
许宗彦三家学说为考察中心》中说："翁方纲界定了考据学的相关标准。乾嘉以来，考据学
成为显学，学者发现世间万物，随手拈来，皆可以考订一番。如此，便出现一个十分严肃
的问题：何者宜考，何者不宜考？即：考订的标准是什么？如果漫无边际地考订，势必产生
弊病。翁氏立论即由此而来。翁氏所立第一个标准即'是否有用于世'。……翁氏所言第二

《考订论上之一》言："考订之学以衷于义理为主，其嗜博、嗜琐者非也，其嗜异者非也，其矜己者非也，不矜己、不嗜异、不嗜博、嗜琐而专力于考订，斯可以言考订矣。考订者，对空谈义理之学而言之也，凡所为考订者，欲以资义理之求是也，而其究也，惟博辨之是炫，而于义理之本然反置不问者，是即叛道之渐所由启也。……语其大者则衷之于义理，语其小者则衷于文势，语其实际则衷之于所据之原处，三者备而考订之法尽是矣。然而文势亦必根柢于道也，所据群籍亦必师诸近圣也。故曰考订之学以衷于义理为主。"①《考订论上之二》言："凡考子史诸集者，皆与治经之功一也。天下古今未有文字不衷于义理者也，岂惟诸子、诸史、诸集哉？即稗官说类之流，皆可以此概之矣。"②《考订论中之一》言："有训诂之考订，有辨难之考订，有校雠之考订，有鉴赏之考订，古之立言者，欲明义理而已，不知后之人有考订也。……然而原其大要，则稽古之勤自汉儒始。汉儒所自为训义者，又不尽传于后。……则通经学古之事，必于考订先之。虽沿有明之制义，而实承宋儒之传义，萃汉唐之注疏，则未有过于今日者也。学者幸际斯时，其勿区汉学宋学而二之矣。然而划汉学宋学之界者固非也，其必欲通汉学宋学之邮者亦非也。"③《读李穆堂原学论》："知与行，一事也，必能知而后能行，必能行而后能知，无二理也。由斯义也，二者孰重？则行为要矣。……人必明乎知与行为一事，则一身一家之日用伦理，无在非实学也。"④

在这个基础上，再来审视翁方纲在当代学坛最知名的"肌理"说，其

个标准为'是否有疑难'。综括言之，翁方纲的核心观点就是合汉学与宋学为一。"《西南大学学报》（社会科学版）2016 年第 5 期。

① 《续修四库全书》第 1455 册，上海古籍出版社 2002 年版，第 412 页。

② 《续修四库全书》第 1455 册，上海古籍出版社 2002 年版，第 413 页。

③ 《续修四库全书》第 1455 册，上海古籍出版社 2002 年版，第 414 页。

④ 《续修四库全书》第 1455 册，上海古籍出版社 2002 年版，第 409 页。

"肌理"的内涵，即出自《易》的"言有物"和"言有序"①，亦是与其学术视野中的调和态度相贯通的。翁方纲以杜甫《宗武生日》诗中的"熟精文选理"为切入口来谈论"理"的含义："'理'者，治玉也，字从玉，从里声。其在于人，则肌理也；其在于乐，则条理也。《易》曰'君子以言有物'，理之本也；又曰'言有序'，理之经也。天下未有舍理而言文者。"②（《杜诗熟精文选理理字说》）他不把任何一种学问、任何一种学派当作是孤立的，彼此之间应该糅合通贯，也不把文学独立于学问之外，因为学问的大要既然从圣贤经典贯穿至稗官野史，也体现在日用伦常，那么，文学当然不是能够摒除学问的场域。因此，在文学创作中蕴含学问的"肌理"，就是理所应当，也是势所必然。

第六节　崔述疑古辨伪的治学路径

以辨伪学名著《考信录》③闻名的崔述④（1739—1861），字武承，号

---

①　"言有物"，出自《周易·家人》卦《象辞》："君子以言有物而行有恒。""言有序"，出自《周易·艮卦》六五《爻辞》："艮其辅，言有序，悔亡。"

②　《续修四库全书》第 1455 册，上海古籍出版社 2002 年版，第 440 页。

③　《清史稿·儒林传》："《考信录》一书，尤生平心力所专注。凡《考古提要》二卷，《上古考信录》二卷，《唐虞考信录》四卷，《夏商考信录》四卷，《丰镐考信录》八卷，《丰镐别录》三卷，《洙泗考信录》四卷，《洙泗馀录》三卷，《孟子事实录》二卷，《考古续说》二卷，《附录》二卷。又有《王政三大典考》三卷，《读风偶识》四卷，《尚书辨伪》二卷，《论语馀说》一卷，《读经馀论》二卷，名《考古异录》。"赵尔巽等撰：《清史稿》，中华书局 1977 年版，第 13270 页。

④　李玉莉在《崔述的〈论语〉考辨述论》中说："崔述是清代乾嘉时期的辨伪学家和史学家，平生致力于古史考信，在考证、辨伪方面成绩斐然。崔述不仅大胆'疑传'而且敢于'疑经'，撰述《洙泗考信录》时就提出《论语》的真伪问题。通过考究《论语》源流，

东壁，大名（今河北邯郸市大名县）人。《清史稿·儒林传》述其著书大旨是"不以传注杂于经，不以诸子百家杂于传注。以经为主，传注之合于经者著之，不合者辨之，异说不经之言，则辟其谬而削之。""述之为学，考据详明如汉儒，而未尝墨守旧说而不求其心之安；辨析精微如宋儒，而未尝空谈虚理而不核乎事之实。然勇于自信，任意轩轾者亦多。"①经学作为中国传统学术的领头羊，其内涵十分庞大。经学绝不仅是对儒家经典的抱残守缺，经学既有对经书细致以及有时过于细致的文本注解，也有发掘其历史信息来佐证历史考索，也有发扬经书中的致用元素而参与政治决策，也有依托或利用经学的思想倾向来影响社会家庭人际关系以及求学为人，也有升华经书中的抽象内蕴来探讨天人宇宙与隐微内心，还包括对经书本身的真实可靠性的辨析，等等。治学视野和治学方法的足够多元性是保证儒家经学能够历久不衰的最重要原因之一。

崔述之学术，可归结为一句话，即出自《孟子·尽心下》的"尽信《书》则不如无《书》"：

> 孟子曰："尽信《书》，则不如无《书》。吾于《武成》，取二三策而已矣。仁人无敌于天下，以至仁伐至不仁，而何其血之流杵也？"②

他论定《论语》一书有'窜乱'，有'续附'；通过内容辨疑，发现《论语》篇章之间存在相异之处，在文体结构、前后称谓、问答方式、语言风格和思想意境方面多有抵牾。出现相异的原因或为后人误增，或为断章取义附入，有些则是故意伪托。崔述对《论语》考辨全面、结论精审，堪称清代辨伪《论语》的中心人物。"《史学理论与史学史学刊》2016年第2期。

① 赵尔巽等撰：《清史稿》，中华书局1977年版，第13271页。

② 焦循：《孟子正义》，中华书局1987年版，第959页。

　　尽管后世对这句话的使用时，把"书"扩展成泛指，但是从孟子举《武成》的例子即可看出，此句是针对《尚书》而言，其实可看作是一个经学内部的话题。《武成》中的内容是武王伐纣事件，孟子对"血流漂杵"的记录表示质疑。赵岐注云："《武成》，逸《书》之篇名，言武王伐纣，战斗杀人，血流春杵。孟子言武王以至仁伐至不仁，殷人箪食壶浆而迎其师，何乃至于血流漂杵乎？故吾取《武成》两三简策可用者耳，其过辞则不取之也。"① 可以说，《孟子》中的这段话，是儒家经学疑辨一派的源头，但是它和崔述的治学思路其实并不完全相同。玩味句意，孟子的意思是武王以仁伐不仁，商纣王统治下的百姓早就不满残暴，因而会欢快迎接周军，不应该因为激烈抵抗而造成"血流漂杵"这样的残酷牺牲场面，因此《武成》的记录不符合历史事实。而崔述对经书的质疑，却并不是认为经书记录错了，而是认为流传下来的经书，并不是原来的样子，存在后人的增补改窜。

　　像疑古、辨伪这样的治学路径，因为是带有揭露、批判这样的倾向，所以容易显得暴躁甚至乖张，但是崔述的考辨，并不是就一个现象说一个现象，就一部书说一部书，而是能够发现古书流传史上的一些共同规律，有大视野。因此他的行文便有了一种雍容的气度。

　　如《考信录·洙泗考信录·论语之误》，论及今本《论语》并非孔门原本，有些部分是后人增加的，崔述能够将《论语》中的现象和《春秋》、《孟子》、《史记》、《列女传》、杜诗、韩文流传中的情况进行类比："《季氏》以下诸篇，文体与前十五篇不类；其中或称孔子，或称仲尼，名称亦别；而每篇之末亦间有一二章与篇中语不伦者，正如《春秋》之有续经，《孟

---

① 焦循：《孟子正义》，中华书局 1987 年版，第 959 页。

子》之有外篇,司马迁之《史记》之有元、成时事,刘向之《列女传》之有东汉时人者然,又如近世杜诗、韩文之有外集者然,非后人有所续入而何以如是。"①他并没有把辨伪和疑经当作是一种想当然的标新立异,而是在推导过程中重视旁证。崔述还表示"《论语》者,非孔子门人所作,亦非一人之所作也。曾子于门人中年最少,而《论语》记其疾革之言,且称孟敬子之谥,则是敬子已没之后乃记此篇,虽回、赐之门人亦恐无复有在者矣。《论语》之文往往重出,亦间有异同者。《季氏》一篇俱称'孔子',与他篇不同。盖其初各记所闻,篇皆别行,其后齐、鲁诸儒始辑而合之,其识不无高下之殊,则其所采亦不能无纯驳之异者,势也。……吾恶知非周、秦间之儒者得此数篇而因续之于《论语》之后邪!孟子曰:'尽信《书》则不如无《书》。'《书》者,当世史臣之所记,犹不能以无失,况于传闻追记者乎!后之人宁使圣人受诬于百世而不敢议记者一言之误,亦可谓轻重之失伦矣!"②崔述勇于破除对经典文本的迷信,他非常睿智地阐明了一个道理——对圣贤经典的实事求是,勇于怀疑,并不是对原典的反对诬陷,反而更加有助于对原典的务实求真、去芜存菁。

《考信录提要》中的《读书者与考古界》一文中,崔述畅论他写作《考信录》的原因,出入古今学术之中,言辞真切动人,令读者认识到,用力于考据辨伪的学问,并非只是一种冷静与客观,亦是扎根于对学术研究的一份深沉热爱与对文献紊乱、学术凋敝现象的深邃忧患:"嗟夫!古今之读书者不乏人矣。其事帖括以求富贵者无论已。聪明之士,意气高迈,然亦率随时俗为转移。重词赋则五字诗成,数茎须断;贵宏博则雪儿银笔,悦服缔交。盖时之所尚,能之则可以见重于人,是以敝精劳神而不

---

① 崔述:《崔东壁遗书》,上海古籍出版社,第 284 页。
② 崔述:《崔东壁遗书》,上海古籍出版社,第 295 页。

辞也。重实学者惟有宋诸儒，然多研究性理以为道学，求其考核古今者不能十之二三。降及有明，其学益杂，甚至立言必出入于禅门，架上必杂置以佛书，乃为高雅绝俗；至于唐、虞、三代、孔门之事，虽沿讹踵谬，无有笑其孤陋者。人之读书，为人而已，亦谁肯敝精劳神，矻矻穷年，为无用之学者。况论高人骇，语奇世怪，反以此招笑谤者有之矣，非天下之至愚，其孰肯为之。虽然，近世以来亦未尝无究心于古者也。吾尝观洪景卢所跋赵明诚《金石录》及黄长睿《东观余论》，未尝不叹古人之学之博而用力之勤之百倍于我也。一盘盂之微，一杯勺之细，曰，此周也，此秦也，此汉也。兰亭之序，羲之之书，亦何关于人事之得失，而曰孰为真本，孰为赝本。若是乎精察而明辨也！独于古帝王圣贤之行事之关于世道人心者，乃反相与听之而不别其真赝，此何故哉？拾前人之遗，补前人之缺，则《考信录》一书其亦有不容尽废者与！"[1]崔述的学术思想，不仅是新时代变革的反映，也正是对勇于创新、实事求是的儒家北学精神的传承。

　　以上之外，《清史稿·儒林列传》中收录的京津冀地区的学者还有王源（1648—1710），字昆绳，大兴人（今北京市大兴区）[2]；刁包（1603—

---

① 崔述：《崔东壁遗书》，上海古籍出版社 1983 年版，第 14 页。

② 赵尔巽等撰：《清史稿·儒林列传》："王源，字昆绳，大兴人。兄洁，少从梁以樟游。以樟谈宋儒学，源方髫龀，闻之不首肯，唯喜习知前代典要及关塞险隘攻守方略。年四十，游京师。或病其不为时文，源笑曰：'是尚需学而能乎？'因就试，中康熙三十二年举人。或劝更应礼部试，谢曰：'吾寄焉为谋生计，使无诟厉已耳！'昆山徐乾学开书局于洞庭山，招致天下名士，源与焉。于侪辈中独与刘献廷善，日讨论天地阴阳之变，伯王大略，兵法、文章、典制，古今兴亡之故，方域要害，近代人才邪正，其意见皆相同。献廷殁，言之辄流涕。未几，遇李塨，大悦之，曰：'自献廷殁，岂意复见君乎！'塨微言圣学，源闻之沛然。因持《大学辨业》去，是之。塨乃为极言颜元明亲之道，源曰：'吾知所归矣。'遂介塨往博野执贽元门，时年五十有六矣。后客死淮上。所著《平书》十卷，《文集》二十卷。"中华书局 1977 年版，第 13132 页。

1669），字蒙吉，晚号用六居士，祁州（今河北省保定市安国市人）①；王
馀佑（1615—1684），字介祺，新城（今属河北省高碑店市）人②；雷学淇，
字瞻叔，顺天通州（今北京市通州区）人③；王萱龄，字北堂，昌平（今
北京市昌平区）人④；郑杲，字东甫，迁安（今河北省迁安市）人；以及见
载于《清史稿·遗逸传》的梁以樟（1608—1665），字公狄，清苑（今河
北省保定市清苑县）人。皆能以儒学立世，成一家言。

---

① 赵尔巽等撰：《清史稿·儒林列传》："刁包，字蒙吉，晚号用六居士，祁州人。明
天启举人。再上春官，不第。遂弃举子业，有志圣贤之学。初闻孙奇逢讲良知，心向之。
既读高攀龙书，大喜，曰：'不读此书，几虚过一生。'……所著有易酌、四书翊注、潜室
劄记、用六集，皆本义理，明白正大。又选斯文正统九十六卷，专以品行为主，若言是人
非，虽绝技无取。包初与新城王馀佑为石交。"中华书局 1977 年版，第 13134 页。

② 赵尔巽等撰：《清史稿·儒林列传》："馀佑，字介祺。父延善，邑诸生，尚气谊。
当明末，散万金产结客。有子三，长馀恪，季馀严，馀佑其仲也。明亡，延善率三子与雄
县马鲁建义旗，传檄讨贼。时容城孙奇逢亦起兵，共恢复雄、新、容三县，斩其伪官。顺
治初，延善为仇家所陷，执赴京。馀恪挥两弟出，为复仇计，独身赴难，父子死燕市。馀
严夜率壮士入仇家，歼其老弱三十口。名捕甚急，上官有知其枉者，力解乃免。馀佑隐易
州之五公山，自号五公山人。尝受业于孙奇逢，学兵法，后更从奇逢讲性命之学。隐居教
授，不求闻达。教人以忠孝，务实学。"中华书局 1977 年版，第 13135 页。

③ 赵尔巽等撰：《清史稿·儒林列传》："雷学淇，字瞻叔，顺天通州人。……生平好
讨论之学，每得一解，必求其会通，务于诸经之文无所牴牾。以父镈著《古今服纬》，为
之注释，附以《释问》一篇、《异同表》二篇。又以《夏小正》一书备三统之义，究心参考
二十馀年。以《尧典》中星、诸经历数，采虞史伯夷之说，据周公垂统之文，检校异同，
订其伪误，网罗放失，寻厥指归，著《夏小正经传考》二卷。又考定经、传之文，为之疏证，
成《夏小正本义》四卷。每慨竹书纪年自五代以来颇多残阙，爰博考李唐以前诸书所称引者，
积以九年之蒐辑，颇复旧观。……且以《竹书》长历推验列宿之岁差，历代之日蚀，自唐、
虞以来，无有差贷。尝自云：'传、笺、注、疏取舍多殊，非敢訾议前贤，期于事理之合云
尔。'他著有《校辑世本》二卷，《古今天象考》十二卷，附《图说》二卷，《亦嚣嚣斋经义
考》及《文集》三十二卷。"赵尔巽等撰：《清史稿》，中华书局 1977 年版，第 13269 页。

④ 赵尔巽等撰：《清史稿·儒林列传》："王萱龄，字北堂，昌平人。道光元年副贡，
旋举孝廉方正，官新安、柏乡两县教谕。嗜汉学，精训诂，受业于高邮王引之，《经义述
闻》中时引其说。著有《周秦名字解诂补》一卷，即补引之所阙疑者。"中华书局 1977 年版，
第 13270 页。

　　自荀子开启河北儒学的辉煌历程，作为《荀子》一书首篇的《劝学》，其中"吾尝终日而思矣，不如须臾之所学也""不积跬步，无以至千里"等精神，即贯穿于儒家北学演进之始终，后世北学学者亦多做《劝学》篇阐述其治学与教化之道。1869 年，曾国藩（1811—1872，湖南湘乡人）任直隶总督，发布《劝学篇示直隶士子》，提出在义理、考据、辞章、经济四方面治学济世的方案：

　　　　人才随士风为转移，信乎？曰：是不尽然，然大较莫能外也。前史称燕赵慷慨悲歌，敢于急人之难，盖有豪侠之风。余观直隶先正，若杨忠愍、赵忠毅、鹿忠节、孙征君诸贤，其后所诣各殊，其初皆于豪侠为近。即今日士林，亦多刚而不摇，质而好义，犹有豪侠之遗。才质本于士风，殆不诬与！

　　　　豪侠之质，可与入圣人之道者，约有数端。侠者薄视财利，弃万金而不眄；而圣贤则富贵不处，贫贱不去，痛恶夫播间之食、龙断之登。虽精粗不同，而轻财好义之迹则略近矣。侠者忘己济物，不惜苦志脱人于厄；而圣贤以博济为怀。邹鲁之汲汲皇皇，与夫禹之犹己溺，稷之犹己饥，伊尹之犹己推之沟中，曾无少异。彼其能力救穷交者，即其可以进援天下者也。侠者较死重气，圣贤罕言及此。然孔曰成仁，孟曰取义，坚确不移之操，亦未尝不与之相类。昔人讥太史公好称任侠，以余观此数者，乃不悖于圣贤之道。然则豪侠之徒，未可深贬，而直隶之士，其为学当较易于他省，乌可以不致力乎哉？

　　　　致力如何？为学之术有四：曰义理，曰考据，曰辞章，曰经济。义理者，在孔门为德行之科，今世目为宋学者也；考据者，在孔门为文学之科，今世目为汉学者也；辞章者，在孔门为言语之科，从古艺文及今世制义、诗赋皆是也；经济者，在孔门为政事之科，前代典礼、政书，及当世掌故皆是也。

人之才智，上哲少而中下多；有生又不过数十寒暑，势不能求此四术遍观而尽取之。是以君子贵慎其所择，而先其所急。择其切于吾身心不可造次离者，则莫急于义理之学。凡人身所自具者，有耳、目、口、体、心思；日接于吾前者，有父子、兄弟、夫妇；稍远者，有君臣，有朋友。为义理之学者，盖将使耳、目、口、体、心思，各敬其职，而五伦各尽其分，又将推以及物，使凡民皆有以善其身，而无憾于伦纪。夫使举世皆无憾于伦纪，虽唐虞之盛有不能逮，苟通义理之学，而经济该乎其中矣。程朱诸子遗书具在，易尝舍末而言本、遗新民而专事明德？观其雅言，推阐反复而不厌者，大抵不外立志以植基，居敬以养德，穷理以致知，克己以力行，成物以致用。义理与经济初无两术之可分，特其施功之序，详于体而略于用耳。

今与直隶多士约：以义理之学为先，以立志为本。取乡先达杨、赵、鹿、孙数君子者为之表。彼能艰苦困饿，坚忍以成业，而吾何为不能？彼能置穷通、荣辱、祸福、死生于度外，而吾何为不能？彼能以功绩称当时，教泽牖后世，而吾何为不能？洗除旧日晻昧卑污之见，矫然直趋广大光明之域；视人世之浮荣微利，若蝇蚋之触于目而不留；不忧所如不耦，而忧节概之少贬；不耻冻馁在室，而耻德不被于生民。志之所向，金石为开，谁能御之？志既定矣，然后取程朱所谓居敬穷理、力行成物云者，精研而实体之。然后求先儒所谓考据者，使吾之所见，证诸古制而不谬；然后求所谓辞章者，使吾之所获，达诸笔札而不差，择一术以坚持，而他术固未敢竟废也。其或多士之中，质性所近，师友所渐，有偏于考据之学，有偏于辞章之学，亦不必遽易前辙，即二途皆可入圣人之道。其文经史百家，其业学问思辨，其事始于修身，终于济世，百川异派，何必同哉？同达于海而已矣。

若夫风气无常，随人事而变迁。有一二人好学，则数辈皆思力追先哲；有一二人好仁，则数辈皆思康济斯民。倡者启其绪，和者衍其波；倡者可传诸同志，和者又可禅诸无穷；倡者如有本之泉放乎川渎，和者如支河沟浍交汇旁流。先觉后觉，互相劝诱，譬之大水小水，互相灌注。以直隶之士风，诚得有志者导夫先路，不过数年，必有体用兼备之才，彬蔚而四出，泉涌而云兴。

余忝官斯土，自愧学无本原，不足仪型多士。嘉此邦有刚方质实之资，乡贤多坚苦卓绝之行，粗述旧闻，以勖群士；亦冀通才硕彦，告我昌言，上下交相劝勉，仰希古音与人为善、取人为善之轨，于化民成俗之道，或不无小补云。己巳。①

"刚而不摇，质而好义。""此邦有刚方质实之资，乡贤多坚苦卓绝之行。"曾国藩并非燕赵人士，但他对燕赵风骨和学术主张做了精确恳切而气韵横生的总结与召唤，可见燕赵士风与儒家北学的学风是学人的共识，并且作为一种富有特色的文化类型得到了普遍的认可。此文可谓上溯两千年的时光，与荀子的《劝学》之源相辉映。人才随士风转移，京津冀地区作为自古以来儒学发展的热土，依托文化与学术的成就而形成的文风、士风，亦将成为当代新发展的动能，时代新人才的源泉，促进河朔发展，进而有功于华夏。

---

① 曾国藩:《曾国藩文选》，苏州大学出版社 2001 年版，第 357 页。

附录一 《四库全书·经部》收录
河北地区儒家学者著作

一、《易》类

《周易正义》十卷

魏王弼、晋韩康伯注，唐孔颖达疏。[1]

《读易大旨》五卷

清孙奇逢撰。奇逢字启泰，号钟元，又号夏峰，容城人。前明万历庚子举人。是书乃其入国朝后流寓河南时所作。[2]

《易酌》十四卷

清刁包撰。包字蒙吉，祁州人。前明天启辛卯举人。[3]

《读易日钞》六卷

清张烈撰。烈字武承，大兴人。康熙庚戌进士。授内阁中书。己未召试博学鸿词，改翰林院编修。历官左春坊左赞善。[4]

---

① 纪昀总纂：《四库全书总目提要》，河北人民出版社2000年版，第56页。
② 纪昀总纂：《四库全书总目提要》，河北人民出版社2000年版，第149页。
③ 纪昀总纂：《四库全书总目提要》，河北人民出版社2000年版，第150页。
④ 纪昀总纂：《四库全书总目提要》，河北人民出版社2000年版，第158页。

《易原就正》十二卷

清包仪撰。仪字羽修，邢台人。拔贡生。其始末无考。①

《大易通解》十五卷附录一卷

清魏荔彤撰。荔彤字念庭，柏乡人。大学士裔介之子。官至江常镇道。②

《周易传注》七卷、附《周易筮考》一卷

清李塨撰。塨字刚主，号恕谷，蠡县人。康熙庚午举人。官通州学正。③

《易翼述信》十二卷

清王又朴撰。又朴字介山，天津人。雍正癸卯进士。官至庐州府同知。④

《易象解》四卷

明刘濂撰。濂字濬伯，南宫人。正德辛巳进士。由杞县知县擢监察御史。⑤

《周易铁笛子》一卷

明耿橘撰。橘字庭怀，献县人。万历甲午举人。官至监察御史。⑥

《易经增注》十卷

明张镜心撰。镜心字用晦，磁州人。天启壬戌进士。官至兵部尚书。⑦

《说易》十二卷

明乔中和撰。中和字还一，内邱人。崇祯中由拔贡生官至太原府通判。⑧

---

① 纪昀总纂：《四库全书总目提要》，河北人民出版社 2000 年版，第 160 页。
② 纪昀总纂：《四库全书总目提要》，河北人民出版社 2000 年版，第 161 页。
③ 纪昀总纂：《四库全书总目提要》，河北人民出版社 2000 年版，第 164 页。
④ 纪昀总纂：《四库全书总目提要》，河北人民出版社 2000 年版，第 171 页。
⑤ 纪昀总纂：《四库全书总目提要》，河北人民出版社 2000 年版，第 202 页。
⑥ 纪昀总纂：《四库全书总目提要》，河北人民出版社 2000 年版，第 228 页。
⑦ 纪昀总纂：《四库全书总目提要》，河北人民出版社 2000 年版，第 239 页。
⑧ 纪昀总纂：《四库全书总目提要》，河北人民出版社 2000 年版，第 249 页。

《砚北易钞》十二卷

清黄叔琳撰。叔琳字昆圃，大兴人。康熙辛未进士，官至詹事府詹事。乾隆辛未恩加吏部侍郎衔。①

《大易阐微录》十二卷

清刘琯撰。琯字献白，枣强人。②

二、《书》类

《尚书正义》二十卷

旧本题"汉孔安国传"，其书至晋豫章内史梅赜始奏于朝。唐贞观十六年孔颖达等为之疏，永徽四年长孙无忌等又加刊定。孔《传》之依托，自朱子以来递有论辩。至国朝阎若璩作《尚书古文疏证》，其事愈明。③

《尚书解意》六卷

明李桢宸撰。桢宸字华麓，任丘人。④

《尚书集解》二十卷

清孙承泽撰。承泽号退谷，山东益都人。世隶上林苑籍，故自称曰北平。⑤

《九州山水考》三卷

清孙承泽撰。⑥

---

① 纪昀总纂：《四库全书总目提要》，河北人民出版社 2000 年版，第 276 页。
② 纪昀总纂：《四库全书总目提要》，河北人民出版社 2000 年版，第 292 页。
③ 纪昀总纂：《四库全书总目提要》，河北人民出版社 2000 年版，第 322 页。
④ 纪昀总纂：《四库全书总目提要》，河北人民出版社 2000 年版，第 393 页。
⑤ 纪昀总纂：《四库全书总目提要》，河北人民出版社 2000 年版，第 393 页。
⑥ 纪昀总纂：《四库全书总目提要》，河北人民出版社 2000 年版，第 394 页。

《尚书近指》六卷

清孙奇逢撰。[1]

三、《诗》类

《诗序》二卷

案《诗序》之说,纷如聚讼。以为《大序》子夏作,《小序》子夏、毛公合作者,郑玄《诗谱》也。以为子夏所序《诗》即今《毛诗序》者,王肃《家语注》也。以为卫宏受学谢曼卿、作《诗序》者,《后汉书·儒林传》也。以为子夏所创,毛公及卫宏又加润益者,《隋书·经籍志》也。以为子夏不序《诗》者,韩愈也。以为子夏惟裁初句,以下出于毛公者,成伯玙也。以为诗人所自制者,王安石也。以《小序》为国史之旧文,以《大序》为孔子作者,明道程子也。以首句即为孔子所题者,王得臣也。以为毛《传》初行尚未有《序》,其后门人互相传授,各记其师说者,曹粹中也。以为村野妄人所作,昌言排击而不顾者,则倡之者郑樵、王质,和之者朱子也。然樵所作《诗辨妄》一出,周孚即作《非郑樵诗辨妄》一卷,摘其四十二事攻之。质所作《诗总闻》,亦不甚行于世。朱子同时如吕祖谦、陈傅良、叶适皆以同志之交,各持异议。黄震笃信朱学,而所作《日钞》,亦申《序》说。马端临作《经籍考》,他书无所考辨,惟《诗序》一事,反覆攻诘至数千言。自元明以至今日,越数百年,儒者尚各分左右祖也。岂非说经之家第一争诟之端乎?考郑玄之释《南陔》曰:"子夏序《诗》,篇义各编,遭战国至秦而《南陔》六诗亡。毛公作《传》,各引其《序》冠之篇首,故《诗》虽亡而义犹在也。"程大

---

[1] 纪昀总纂:《四库全书总目提要》,河北人民出版社 2000 年版,第 394 页。

昌《考古编》亦曰:"今六《序》两语之下,明言有义无辞,知其为秦火之后见《序》而不见《诗》者所为。"朱鹤龄《毛诗通义序》,又举《宛丘篇序》首句与毛《传》异辞,其说皆足为《小序》首句原在毛前之明证。邱光庭《兼明书》举《郑风·出其东门篇》,谓毛《传》与《序》不符。曹粹中《放斋诗说》亦举《召南·羔羊》《曹风·鸤鸠》《卫风·君子偕老》三篇,谓《传》意《序》意不相应。《序》若出于毛,安得自相违戾?其说尤足为续申之语出于毛后之明证。观蔡邕本治《鲁诗》,而所作《独断》,载《周颂》三十一篇之《序》,皆只有首二句,与《毛序》文有详略,而大旨略同。盖子夏五传至孙卿,孙卿授毛亨,毛亨授毛苌,是《毛诗》距孙卿再传。申培师浮丘伯,浮丘伯师孙卿,是《鲁诗》距孙卿亦再传。故二家之《序》大同小异,其为孙卿以来递相授受者可知。其所授受只首二句,而以下出于各家之演说,亦可知也。且《唐书·艺文志》称"《韩诗》,卜商序,韩婴注,二十二卷",是《韩诗》亦有《序》,其《序》亦称出子夏矣。而《韩》诗遗说之传于今者往往与毛迥异,岂非传其学者递有增改之故哉?今参考诸说,定《序》首二语为毛苌以前经师所传,以下续申之词为毛苌以下弟子所附,仍录冠《诗》部之首,明渊源之有自。并录朱子之《辨说》,著门户所由分。盖数百年朋党之争,兹其发端矣。《隋志》有顾欢《毛诗集解叙义》一卷,雷次宗《毛诗序义》二卷,刘炫《毛诗集小序》一卷,刘巘《毛诗序义疏》一卷,(案序叙二字互见,盖史之驳文,今仍其旧)《唐志》则作卜商《诗序》二卷。今以朱子所辨,其文较繁,仍析为二卷。若其得失,则诸家之论详矣,各具本书,兹不复赘焉。①

---

① 纪昀总纂:《四库全书总目提要》,河北人民出版社 2000 年版,第 411 页。

《毛诗正义》四十卷

汉毛亨传，郑玄笺，唐孔颖达疏。[①]

《韩诗外传》十卷

汉韩婴撰。婴，燕人。文帝时为博士，景帝时至常山太傅。[②]

《诗经朱传翼》三十卷

清孙承泽撰。[③]

《诗说简正录》十卷

清提桥撰。桥字景如，号澹如居士，河间人。[④]

《诗经传说取裁》十二卷

清张能鳞撰。能鳞字西山，顺天人。顺治丁亥进士，官至四川按察司副使。[⑤]

《毛诗广义》无卷数

清纪昭撰。昭字懋园，献县人。乾隆丁丑进士，官内阁中书舍人。[⑥]

四、《礼》类

《周礼注疏》四十二卷

汉郑玄注，唐贾公彦疏。……公彦，洺州永年人。永徽中官至太学博士。事迹具《旧唐书·儒学传》。[⑦]

---

① 纪昀总纂：《四库全书总目提要》，河北人民出版社 2000 年版，第 413 页。
② 纪昀总纂：《四库全书总目提要》，河北人民出版社 2000 年版，第 461 页。
③ 纪昀总纂：《四库全书总目提要》，河北人民出版社 2000 年版，第 486 页。
④ 纪昀总纂：《四库全书总目提要》，河北人民出版社 2000 年版，第 486 页。
⑤ 纪昀总纂：《四库全书总目提要》，河北人民出版社 2000 年版，第 487 页。
⑥ 纪昀总纂：《四库全书总目提要》，河北人民出版社 2000 年版，第 499 页。
⑦ 纪昀总纂：《四库全书总目提要》，河北人民出版社 2000 年版，第 501 页。

《仪礼注疏》十七卷

汉郑玄注，唐贾公彦疏。①

《礼记正义》六十三卷

汉郑玄注，唐孔颖达疏。②

《郊社考辨》一卷

清李塨撰。③

五、《春秋》类

《春秋左传正义》六十卷

周左丘明传，晋杜预注，唐孔颖达疏。④

《春秋集传纂例》十卷

唐陆淳撰。盖释其师啖助并赵匡之说也。助字叔佐，本赵州人，徙关中。官润州丹阳县主簿。匡字伯循，河东人。官洋州刺史。淳字伯冲，吴郡人。官至给事中。后避宪宗讳，改名质。事迹具《唐书·儒学传》。⑤

《春秋集传辨疑》十卷

唐陆淳所述啖、赵两家攻驳三《传》之言也。⑥

《春秋诸国统纪》六卷、目录一卷

元齐履谦撰。履谦字伯恒，大名人，官至太史院使。事迹具《元史》本传。⑦

① 纪昀总纂：《四库全书总目提要》，河北人民出版社 2000 年版，第 328 页。
② 纪昀总纂：《四库全书总目提要》，河北人民出版社 2000 年版，第 557 页。
③ 纪昀总纂：《四库全书总目提要》，河北人民出版社 2000 年版，第 665 页。
④ 纪昀总纂：《四库全书总目提要》，河北人民出版社 2000 年版，第 679 页。
⑤ 纪昀总纂：《四库全书总目提要》，河北人民出版社 2000 年版，第 687 页。
⑥ 纪昀总纂：《四库全书总目提要》，河北人民出版社 2000 年版，第 689 页。
⑦ 纪昀总纂：《四库全书总目提要》，河北人民出版社 2000 年版，第 725 页。

《春秋繁露》十七卷

汉董仲舒撰。①

《春秋程传补》二十卷

清孙承泽撰。②

《春秋辑传辨疑》无卷数

清李集凤撰。集凤字翔升，山海卫人。今其地为临榆县。集凤尝官洛阳县丞。③

《或庵评春秋三传》无卷数

清王源撰。源字昆绳，号或庵，大兴人。康熙癸酉举人。④

六、《孝经》类

《孝经注义》一卷

国朝魏裔介撰。裔介字石生，号贞庵，柏乡人。顺治丙戌进士，官至保和殿大学士。乾隆元年追谥文毅。⑤

七、五经总义类

《经书音释》二卷

明冯保撰。保字永亭，号双林，深州人。嘉靖中秉笔司礼太监。隆庆及万历之初最用事。事迹具《明史·宦官传》。⑥

---

① 纪昀总纂：《四库全书总目提要》，河北人民出版社 2000 年版，第 775 页。
② 纪昀总纂：《四库全书总目提要》，河北人民出版社 2000 年版，第 802 页。
③ 纪昀总纂：《四库全书总目提要》，河北人民出版社 2000 年版，第 810 页。
④ 纪昀总纂：《四库全书总目提要》，河北人民出版社 2000 年版，第 817 页。
⑤ 纪昀总纂：《四库全书总目提要》，河北人民出版社 2000 年版，第 849 页。
⑥ 纪昀总纂：《四库全书总目提要》，河北人民出版社 2000 年版，第 894 页。

《五经翼》二十卷

清孙承泽撰。①

《勉庵说经》十卷

清齐祖望撰。祖望字望子,号勉庵,广平人。康熙庚戌进士,官至南安府知府。②

八、四书类

《四书集义精要》二十八卷

元刘因撰。因字梦吉,号静修,容城人。世祖至元十九年徵授承德郎、右赞善大夫。未几辞归,再以集贤学士徵,不起。事迹具《元史》本传。③

《学庸正说》三卷

明赵南星撰。南星字梦白,号侪鹤,高邑人。万历甲戌进士,官至吏部尚书,以忤魏忠贤削籍谪戌。崇祯初追谥忠毅。事迹具《明史》本传。④

《四书近指》二十卷

国朝孙奇逢撰。⑤

《四书说约》无卷数

明鹿善继撰。善继字伯顺,定兴人。万历癸丑进士,官至太常寺少卿。崇祯壬午,大兵攻定兴,善继率乡人拒守,城破死之。赠大理寺卿,谥忠节。事迹具《明史》本传。⑥

---

① 纪昀总纂:《四库全书总目提要》,河北人民出版社 2000 年版,第 900 页。
② 纪昀总纂:《四库全书总目提要》,河北人民出版社 2000 年版,第 901 页。
③ 纪昀总纂:《四库全书总目提要》,河北人民出版社 2000 年版,第 941 页。
④ 纪昀总纂:《四库全书总目提要》,河北人民出版社 2000 年版,第 952 页。
⑤ 纪昀总纂:《四库全书总目提要》,河北人民出版社 2000 年版,第 954 页。
⑥ 纪昀总纂:《四库全书总目提要》,河北人民出版社 2000 年版,第 982 页。

《四书集说》二十八卷

明徐养元、赵渔同撰。养元字长善，渔字问源，俱唐山人。崇祯癸未同榜进士。①

《图书衍》五卷

明乔中和撰。②

《四书翊注》四十二卷

清刁包撰。③

《四书大全纂要》无卷数

清魏裔介撰。

《四书钞》十八卷

清秘丕笈撰。丕笈字仲负，故城人。康熙癸丑进士，官至陕西提学副使。④

《论语传注》二卷、《大学传注一卷》、《中庸传注》一卷、《传注问》一卷

清李塨撰。⑤

《四书参注》无卷数

清王植撰。植字槐三，深泽人。康熙辛丑进士，官至邠州知州。⑥

《四书说注卮词》十卷

清胡在用撰。在用，永年人。乾隆丙辰进士，官湖北松滋县知县。⑦

---

①　纪昀总纂：《四库全书总目提要》，河北人民出版社 2000 年版，第 986 页。
②　纪昀总纂：《四库全书总目提要》，河北人民出版社 2000 年版，第 986 页。
③　纪昀总纂：《四库全书总目提要》，河北人民出版社 2000 年版，第 987 页。
④　纪昀总纂：《四库全书总目提要》，河北人民出版社 2000 年版，第 991 页。
⑤　纪昀总纂：《四库全书总目提要》，河北人民出版社 2000 年版，第 994 页。
⑥　纪昀总纂：《四库全书总目提要》，河北人民出版社 2000 年版，第 1001 页。
⑦　纪昀总纂：《四库全书总目提要》，河北人民出版社 2000 年版，第 1005 页。

《四书顺义解》十九卷

清刘琴撰。琴字松雪，任邱人。乾隆丙辰举人，官顺义县教谕。①

九、乐类

《李氏学乐录》二卷

清李塨撰。②

《乐经元义》八卷

明刘濂撰。③

十、小学类

《广雅》十卷

魏张揖撰。揖字稚让，清河人。太和中官博士。其名或从木作楫。然证以稚让之字，则为揖让之揖审矣。④

《群经音辨》七卷

宋贾昌朝撰。昌朝字子明，获鹿人。天禧初赐同进士出身，庆历中同中书门下平章事。英宗初加左仆射，封魏国公。谥文元。事迹具《宋史》本传。⑤

《五音集韵》十五卷

金韩道昭撰。道昭字伯晖，真定松水人。⑥

---

① 纪昀总纂：《四库全书总目提要》，河北人民出版社 2000 年版，第 1005 页。

② 纪昀总纂：《四库全书总目提要》，河北人民出版社 2000 年版，第 1029 页。

③ 纪昀总纂：《四库全书总目提要》，河北人民出版社 2000 年版，第 1040 页。

④ 纪昀总纂：《四库全书总目提要》，河北人民出版社 2000 年版，第 1066 页。

⑤ 纪昀总纂：《四库全书总目提要》，河北人民出版社 2000 年版，第 1068 页。

⑥ 纪昀总纂：《四库全书总目提要》，河北人民出版社 2000 年版，第 1127 页。

《唐韵考》五卷

清纪容舒撰。容舒字迟叟，号竹崖，献县人。康熙癸巳举人，官至姚安府知府。①

《四声篇海》十五卷

金韩孝彦撰。孝彦字允中，真定松水人。②

《韵学臆说》一卷

清王植撰。③

《韵学》五卷

清王植撰。④

《音韵清浊鉴》三卷

清王祚祯撰。祚祯字楚珍，大兴人。⑤

———————————

① 纪昀总纂：《四库全书总目提要》，河北人民出版社 2000 年版，第 1146 页。
② 纪昀总纂：《四库全书总目提要》，河北人民出版社 2000 年版，第 1154 页。
③ 纪昀总纂：《四库全书总目提要》，河北人民出版社 2000 年版，第 1219 页。
④ 纪昀总纂：《四库全书总目提要》，河北人民出版社 2000 年版，第 1219 页。
⑤ 纪昀总纂：《四库全书总目提要》，河北人民出版社 2000 年版，第 1224 页。

附录二 《续修四库全书·经部》收录
河北地区儒家学者著作

易类

《周易正义》十四卷（第1册）

（唐）孔颖达撰。孔颖达（574—648），今河北省衡水市人。

《易经增注》十卷《易考》一卷（第14册）

（明）张镜心撰。张镜心（1590—1656），今河北省邯郸市磁县人。

《说易》十二卷（第16册）

（明）乔中和撰。乔中和，生卒年不详，今河北省邢台市内丘县人。

《易卦图说》一卷（第24册）

（清）崔述撰。崔述（1740—1816），今河北省邯郸市大名县人。

《周易注》二卷（第39册）

（清）李士𫟼撰。李士𫟼（1851—1926），今天津市人。

《周易释贞》二卷（第40册）

（清）王树枏撰。王树枏（1852—1936），今河北省高碑店市人。

《费氏古易订文》十二卷（第40册）

（清）王树枏撰。王树枏（1852—1936），今河北省高碑店市人。

尚书类

《尚书正义》二十卷（第 41 册）

（唐）孔颖达等撰。孔颖达（574—648），今河北省衡水市人。

《古文尚书辨伪》二卷（第 46 册）

（清）崔述撰。崔述（1740—1816），今河北省邯郸市大名县人。

《尚书商谊》三卷（第 53 册）

（清）王树枏撰。王树枏（1852—1936），今河北省高碑店市人。

诗类

《读风偶识》四卷（第 64 册）

（清）崔述撰。崔述（1740—1816），今河北省邯郸市大名县人。

《毛诗昀订》十卷（第 69 册）

（清）苗夔撰。苗夔（1783—1857），今河北省沧州市肃宁县人。

礼类

《五服异同汇考》三卷（第 95 册）

（清）崔述撰。崔述（1740—1816），今河北省邯郸市大名县人。

《礼记附记》十卷（第 103 册）

（清）翁方纲撰。翁方纲（1733—1818），今北京市大兴区人。

《学记笺证》四卷（第 107 册）

（清）王树枏撰。王树枏（1852—1936），今河北省高碑店市人。

《校正孔氏大戴礼记补注》十三卷（第 108 册）

（清）王树枏撰。王树枏（1852—1936），今河北省高碑店市人。

《郊社考辨》一卷（第108册）

（清）李塨撰。李塨（1659—1733），今河北省保定市蠡县人。

《经传禘祀通考》一卷（第109册）

（清）崔述撰。崔述（1740—1816），今河北省邯郸市大名县人。

乐类

《乐经元义》八卷（第113册）

（明）刘濂撰。刘濂，生卒年不详，今河北省南宫市人。

《乐律明真解义》一卷（第116册）

（清）载武撰。载武，生卒年不详，正红旗人，生于北京。

《乐律明真明算》一卷（第116册）

（清）载武撰。载武，生卒年不详，正红旗人，生于北京。

《乐律明真立表》一卷（第116册）

（清）载武撰。载武，生卒年不详，正红旗人，生于北京。

《乐律拟答》（第116册）

（清）载武撰。载武，生卒年不详，正红旗人，生于北京。

春秋类

《春秋左氏传正义》三十六卷（第117—118册）

（唐）孔颖达等撰。孔颖达（574—648），今河北省衡水市人。

《春秋传注》四卷（第139册）

（清）李塨撰。李塨（1659—1733），今河北省保定市蠡县人。

四书类

《论语经正录》二十卷（第156册）

（清）王肇晋撰。王肇晋，生卒年不详，今河北省石家庄市深泽县人。

《大学辨业》四卷（第159册）

（清）李塨撰。李塨（1659—1733），今河北省保定市蠡县人。

《中庸传注》一卷《中庸传注问》一卷（第159册）

（清）李塨撰。李塨（1659—1733），今河北省保定市蠡县人。

《恕谷中庸讲语》一卷（第159册）

（清）李塨撰。李塨（1659—1733），今河北省保定市蠡县人。

《四书说约》三十三卷（第162册）

（明）鹿善继撰。鹿善继（1575—1636），今河北省保定市定兴县人。

《颜习斋先生四书正误》六卷（第166册）

（清）颜元撰。颜元（1635—1704），今河北省保定市博野县人。

群经总义类

《石经残字考》一卷（第184册）

（清）翁方纲撰。翁方纲（1733—1818），今北京市大兴区人。

小学类

《尔雅郭注佚存补订》二十卷（第189册）

（清）王树枏撰。王树枏（1852—1936），今河北省高碑店市人。

《新修絫音引证群籍玉篇》三十卷（第229册）

（金）邢准撰。邢准，生卒年不详，今河北省沧州市人。

《成化丁亥重刊改并五音类聚四声篇海》十五卷（第229册）

（金）韩孝彦、（金）韩道昭撰；（明）释文儒、（明）释思远、（明）释文通删补。韩孝彦，生卒年不详，今河北省石家庄市正定县人。韩道昭，生卒年不详，今河北省石家庄市正定县人。

《续复古编四卷》（第237册）

（元）曹本撰。曹本，生卒年不详，今河北省邯郸市大名县人。

《唐写本切韵》（残卷）（第249册）

（隋）陆法言撰。陆法言（562—?），今河北省邯郸市临漳县人。

《元韵谱》五十四卷（第256册）

（明）乔中和撰。乔中和，生卒年不详，今河北省邢台市内丘县人。

《善乐堂音韵清浊鉴》三卷（第257册）

（清）王祚祯撰。王祚祯，生卒年不详，今北京市大兴区人。

《拙庵韵悟》一卷（第257册）

（清）赵绍箕撰。赵绍箕，生卒年不详，今河北省保定市易县人。

《音泐》一卷（第258册）

（清）徐鉴撰。徐鉴，生卒年不详，今北京市大兴区人。

《韵籁》四卷（第258册）

（清）华长忠撰。华长忠，生卒年不详，今天津市人。

《五方元音》二卷（第260册）

（清）樊腾凤撰。樊腾凤（1601—1664），今河北省邢台市人。

《李氏音鉴》六卷（第260册）

（清）李汝珍撰。李汝珍（1763—1830），今北京市大兴区人。

参考文献

1.《续修四库全书》，上海古籍出版社 2002 年版。

2.《续修四库全书总目提要·集部》，上海古籍出版社 2015 年版。

3.《续修四库全书总目提要·经部》，上海古籍出版社 2015 年版。

4.《续修四库全书总目提要·史部》，上海古籍出版社 2015 年版。

5.《续修四库全书总目提要·子部》，上海古籍出版社 2016 年版。

6.《影印文渊阁四库全书》，台湾商务印书馆 1975 年版。

7. 班固：《汉书》，中华书局 1962 年版。

8. 仓修良：《文史通义新编新注》，浙江古籍出版社 2005 年版。

9. 曹操、曹丕、曹植：《三曹集》，岳麓书社 1992 年版。

10. 陈鼓应：《老子注译及评介》，中华书局 1984 年版。

11. 陈国符：《汉书艺文志注释汇编》，中华书局 1983 年版。

12. 陈澧：《东塾读书记》，三联书店 1998 年版。

13. 陈奇猷：《吕氏春秋校释》，学林出版社 1984 年版。

14. 陈寿：《三国志》，中华书局 1959 年版。

15. 陈寅恪：《陈寅恪集》，三联书店 2001 年版。

16. 程千帆：《文论十笺》，黑龙江人民出版社 1983 年版。

17. 程千帆：《校雠广义》，齐鲁书社 1988 年版。

18. 程树德：《论语集解》，中华书局 1990 年版。

19. 褚斌杰：《诗经全注》，人民文学出版社 1999 年版。

20. 戴震：《戴震集》，上海古籍出版社 1980 年版。

21. 段玉裁：《说文解字注》，上海古籍出版社 1988 年版。

22. 范文澜：《文心雕龙注》，人民文学出版社 1958 年版。

23. 范晔：《后汉书》，中华书局 1965 年版。

24. 方铭：《战国文学史论》，商务印书馆 2008 年版。

25. 房玄龄等：《晋书》，中华书局 1974 年版。

26. 高亨：《周易古经今注》，中华书局 1984 年版。

27. 顾荩臣：《经史子集概要》，华东师范大学出版社 2008 年版。

28. 顾炎武、黄汝成：《日知录集释》，上海古籍出版社 2006 年版。

29. 郭英德、谢思炜、尚学锋、于翠玲：《中国古典文学研究史》，中华书局 1995 年版。

30. 郭英德：《中国古代文体学论稿》，北京大学出版社 2005 年版。

31. 郭预衡：《中国散文史长编》，山西教育出版社 2008 年版。

32. 过常宝：《先秦散文研究：早期文体及话语方式的生成》，人民出版社 2009 年版。

33. 洪迈：《容斋随笔》，中华书局 2005 年版。

34. 洪湛侯：《诗经学史》，中华书局 2002 年版。

35. 黄侃：《文心雕龙札记》，上海古籍出版社 2000 年版。

36. 黄寿祺：《群经要略》，华东师范大学出版社 2000 年版。

37. 黄叔琳、李详、杨明照：《增订文心雕龙校注》，中华书局 2000 年版。

38. 黄宗羲、全祖望：《宋元学案》，中华书局 2007 年版。

39. 黄宗羲：《明儒学案》，中华书局 2008 年版。

40. 纪昀：《阅微草堂笔记》，中华书局 2013 年版。

41. 姜广辉：《中国经学思想史》，中国社会科学出版社 2003 年版。

42. 蒋寅：《视角与方法：中国文学史探索》，北京大学出版社 2018 年版。

43. 焦循：《焦循诗文集》，广陵书社 2009 年版。

44. 焦循：《孟子正义》，中华书局 1987 年版。

45. 焦循：《易章句》，齐鲁书社 2002 年版。

46. 金景芳、吕绍刚：《周易全解》，上海古籍出版社 2005 年版。

47. 李百药：《北齐书》，中华书局 1972 年版。

48. 李道平：《周易集解纂疏》，中华书局 1994 年版。

49. 李塨：《李塨集》，人民出版社 2014 年版。

50. 李山：《诗经析读》，南海出版公司 2003 年版。

51. 李延寿：《北史》，中华书局 1974 年版。

52. 李延寿：《南史》，中华书局 1975 年版。

53. 梁启超：《清代学术概论》，上海古籍出版社 2005 年版。

54. 梁启雄：《荀子简释》，中华书局 1983 年版。

55. 凌廷堪：《校礼堂文集》，中华书局 1998 年版。

56. 令狐德棻等：《周书》，中华书局 1971 年版。

57. 刘宝楠：《论语正义》，中华书局 1990 年版。

58. 刘师培：《经学教科书》，上海古籍出版社 2006 年版。

59. 刘师培：《中国中古文学史·汉魏六朝专家文研究》，商务印书馆 2010 年版。

60. 刘熙载：《艺概》，上海古籍出版社 1978 年版。

61. 刘向、刘歆、姚振宗：《七略别录佚文、七略佚文》，上海古籍出版社 2008 年版。

62. 刘向：《战国策》，上海古籍出版社 1978 年版。

63. 刘昫等：《旧唐书》，中华书局 1975 年版。

64. 刘毓庆：《历代诗经著述考（先秦—元代)》，中华书局 2002 年版。

65. 刘跃进：《秦汉文学编年史》，商务印书馆 2006 年版。

66. 刘知几：《史通》，上海古籍出版社 1978 年版。

67. 柳诒徵：《中国文化史》，东方出版社 2008 年版。

68. 泷川资言、水泽利忠：《史记会注考证附校补》，上海古籍出版社 1996 年版。

69. 逯钦立：《先秦汉魏晋南北朝诗》，中华书局 1983 年版。

70. 吕思勉：《经子解题》，华东师范大学出版社 1995 年版。

71. 马国翰：《玉函山房辑佚书》，上海古籍出版社 1990 年版。

72. 马瑞辰：《毛诗传笺通释》，中华书局 1989 年版。

73. 马叙伦：《老子校诂》，中华书局 1974 年版。

74. 欧阳修、宋祁：《新唐书》，中华书局 1975 年版。

75. 皮锡瑞：《经学历史》，中华书局 1959 年版。

76. 皮锡瑞：《经学通论》，中华书局 1954 年版。

77. 钱基博：《经学通志》，广西师范大学出版社 2009 年版。

78. 钱穆：《国史大纲》，商务印书馆 1996 年版。

79. 钱穆：《国学概论》，商务印书馆 1997 年版。

80. 钱穆：《两汉经学今古文平议》，商务印书馆 2001 年版。

81. 钱穆：《论语新解》，三联书店 2002 年版。

82. 钱穆：《秦汉史》，三联书店 2004 年版。

83. 钱穆:《先秦诸子系年》,商务印书馆 2001 年版。

84. 钱穆:《中国近三百年学术史》,商务印书馆 1997 年版。

85. 钱穆:《中国学术通义》,台湾学生书局 1975 年版。

86. 阮元校刻:《十三经注疏》,中华书局 1980 年版。

87. 尚学锋、过常宝、郭英德:《中国古典文学接受史》,山东教育出版社 2000 年版。

88. 尚学锋:《道家思想与汉魏文学》,北京师范大学出版社 2000 年版。

89. 沈约:《宋书》,中华书局 1974 年版。

90. 司马迁:《史记》,中华书局 1959 年版。

91. 宋濂:《元史》,中华书局 1976 年版。

92. 苏舆:《春秋繁露义证》,中华书局 1992 年版。

93. 孙启治、陈建华:《古佚书辑本目录》,中华书局 1997 年版。

94. 孙启治译注:《政论 昌言》,中华书局 2014 年版。

95. 孙希旦:《礼记集解》,中华书局 1989 年版。

96. 孙星衍:《尚书今古文注疏》,中华书局 1986 年版。

97. 唐晏:《两汉三国学案》,中华书局 1986 年版。

98. 王长华:《河北古代文学史》,人民出版社 2019 年版。

99. 王长华:《河北文学通史》,科学出版社 2010 年版。

100. 王夫之:《读通鉴论》,中华书局 1975 年版。

101. 王利器:《盐铁论校注》,中华书局 1992 年版。

102. 王利器:《颜氏家训集解》,中华书局 1993 年版。

103. 王聘珍:《大戴礼记解诂》,中华书局 1983 年版。

104. 王先谦:《汉书补注》,中华书局 1983 年版。

105. 王先谦:《后汉书集解》,中华书局 1983 年版。

106. 王先谦：《诗三家义集疏》，中华书局 1987 年版。

107. 王先谦：《荀子集解》，中华书局 1988 年版。

108. 王兆鹏：《宋代文学传播探原》，武汉大学出版社 2013 年版。

109. 魏收：《魏书》，中华书局 1974 年版。

110. 魏徵等：《隋书》，中华书局 1973 年版。

111. 吴承仕：《经典释文序录疏证》，中华书局 1984 年版。

112. 吴林伯：《文心雕龙义疏》，武汉大学出版社 2002 年版。

113. 吴树平：《东观汉记校注》，天津人民出版社 1980 年版。

114. 萧统：《文选》，中华书局 1987 年版。

115. 徐复观：《徐复观论经学史二种》，上海书店出版社 2006 年版。

116. 徐元诰：《国语集解》，中华书局 2002 年版。

117. 许慎：《说文解字》，中华书局 1963 年版。

118. 许维遹：《韩诗外传集释》，中华书局 1980 年版。

119. 荀悦：《汉纪》，中华书局 2002 年版。

120. 严可均：《全上古三代秦汉三国六朝文》，中华书局 1958 年版。

121. 阎若璩：《尚书古文疏证》，上海古籍出版社 1987 年版。

122. 颜元：《颜元集》，中华书局 1987 年版。

123. 杨伯峻：《春秋左传注》，中华书局 1990 年版。

124. 杨树达：《汉书补注补正》，商务印书馆 1925 年版。

125. 杨树达：《汉书窥管》，上海古籍出版社 1984 年版。

126. 杨树达：《积微居小学述林》，上海古籍出版社 2007 年版。

127. 姚鼐：《惜抱轩全集》，中国书店 1991 年版。

128. 永瑢等：《四库全书总目》，商务印书馆 1931 年版。

129. 余嘉锡：《古书通例》，中华书局 2007 年版。

130. 余嘉锡：《四库提要辩证》，中华书局 1980 年版。

131. 余英时：《士与中国文化》，上海人民出版社 2003 年版。

132. 袁弘：《后汉记》，中华书局 2002 年版。

133. 张溥：《汉魏六朝百三家集题辞》，中华书局 2007 年版。

134. 张溥：《汉魏六朝百三名家集》，江苏古籍出版社 2002 年版。

135. 张舜徽：《爱晚庐随笔》，华中师范大学出版社 2005 年版。

136. 张舜徽：《广校雠略》，中华书局 1963 年版。

137. 张舜徽：《汉书艺文志通释》，湖北教育出版社 1990 年版。

138. 张舜徽：《四库提要叙讲疏》，云南人民出版社 2005 年版。

139. 张舜徽：《郑学丛著》，华中师范大学出版社 2005 年版。

140. 张舜徽：《中国文献学》，中州书画社 1982 年版。

141. 张之洞：《书目答问》，上海古籍出版社 2001 年版。

142. 章太炎：《国故论衡》，上海古籍出版社 2003 年版。

143. 章太炎：《国学概论》，上海古籍出版社 1997 年版。

144. 章太炎：《国学略说》，上海文艺出版社 2001 年版。

145. 章太炎：《章太炎全集》，上海人民出版社 1985 年版。

146. 章学诚：《文史通义》，中华书局 1985 年版。

147. 赵尔巽等：《清史稿》，中华书局 1977 年版。

148. 赵敏俐：《秦汉诗歌综论》，学苑出版社 2002 年版。

149. 赵岐：《三辅决录》，三秦出版社 2006 年版。

150. 赵翼：《廿二史札记》，中华书局 1984 年版。

151. 郑杰文主编：《中国经学学术编年》，凤凰出版社 2015 年版。

152. 周光庆：《中国古典解释学导论》，中华书局 2002 年版。

153. 朱彬：《礼记训纂》，中华书局 1996 年版。

154. 朱谦之：《老子校释》，中华书局 1984 年版。

155. 朱维铮：《中国经学史十讲》，复旦大学出版社 2002 年版。

156. 朱熹：《诗集传》，上海古籍出版社 1980 年版。

157. 朱熹：《四书章句集注》，中华书局 1983 年版。

158. 朱熹：《朱熹集》，四川教育出版社 1996 年版。

159. 宗福邦、陈世铙、萧海波：《故训汇纂》，商务印书馆 2003 年版。

后　记

本书为我 2015 年承担的河北省社会科学基金项目"河北儒家经学发展史研究"的成果,项目编号为 HB15WX041。

这部专著的撰写,不仅是一个研究和书写的过程,也是一个陶冶和体认的过程,这对我的学问和精神,都是值得欣喜的促进。"不积跬步,无以至千里;不积小流,无以成江海",以求是务实、明体达用为特点的河北学风,不仅令人尊重与钦佩,也教人坚毅与奋进。儒家北学之所以在中华文化史上取得长久而坚实的成就,与其中一以贯之、气韵澎湃的学术风骨是分不开的。这种气质来自于燕赵大地的润养,在胸襟与怀抱中凝结,在治学与为人中体现,在立德、立功与立言中相通,在好古、开新与交融中并进,故而能够历久弥新、进学育人。

这也是中华文明极为优胜之处,我们幅员辽阔的祖国,各种具有地域特征的学术流派,都是与自然风貌、水土人情、历史演进紧密结合的,故而根扎得深、路走得稳,能够非常有效、也非常流畅地作用于人才养成与学术传承,这是我们在坎坷沉浮中能够恒久保持文化自觉与自信的重要源泉。

中国文化的浩瀚广博,让我们远离庸俗而又享受平凡,我会在学术的路途中继续贡献我的绵薄之力，千里虽遥，孰敢不至。

唐　元

2019 年 11 月

责任编辑：王怡石

图书在版编目（CIP）数据

儒家北学发展史 / 唐元 著 . — 北京：人民出版社， 2019.12
ISBN 978 – 7 – 01 – 021289 – 0

I. ①儒…　　II. ①唐…　　III. ①儒学 – 思想史 – 研究 – 中国
　Ⅳ. ① B222.05

中国版本图书馆 CIP 数据核字（2019）第 207972 号

儒家北学发展史
RUJIA BEIXUE FAZHANSHI

唐元　著

人民出版社 出版发行
（100706　北京市东城区隆福寺街 99 号）

北京汇林印务有限公司印刷　新华书店经销

2019 年 12 月第 1 版　2019 年 12 月北京第 1 次印刷
开本：710 毫米 ×1000 毫米 1/16　印张：15.5
字数：240 千字

ISBN 978 – 7 – 01 – 021289 – 0　定价：79.00 元

邮购地址 100706　北京市东城区隆福寺街 99 号
人民东方图书销售中心　电话（010）65250042　65289539